KB196086

나쁜 권력은 어떻게 무너지는가

탄핵의 정치학

나쁜 권력은 어떻게 무너지는가

탄핵의 정치학

이철희 지음

들어가며 탄핵 민주주의의 시대

탄핵, 할까 말까?

그가 하는 꼴을 보자니 탄핵만이 답인 듯싶다. 여론조사를 통해 '그러지 말라'고 경고해도 도통 듣질 않는다. 선거에서 투표로 '이제 그만 바꿔라' 명령해도 요지부동이다. 이쯤 되면 쇠귀에 경 읽기다. 정말 레드카드를 내밀고 싶다. 그런데 그렇게 하자니 걸리는 게 적지 않다. 우선 남은 임기가 너무 길다. 2024년 11월 기준 겨우 임기 절반이 지났다. 촛불을 들고 다시 광장으로 나가는 것도 쉽지 않다. 먹고 살기도 힘든 마당에 또 그래야 하나 싶다. 게다가 아직 딱 부러지는 사유가 없다. 이런 저런 잘못과 의혹이 있긴 하지만 아직 탄핵감은 아니다. 탄핵 효능감, 즉 탄핵 후에 뭐가 달라질지에 대한 그림도 잘 그려지지 않는다. 이쪽이나 저쪽이나 별로 다르지 않아 보인다.

미국 국민이 빌 클린턴Bill Clinton 탄핵을 대할 때 심정이 그랬으려나. 클린턴 대통령은 명색이 대통령인데 백악관 인턴 직원과 부적절한 관계를 맺었다. 의회 다수당이 된 야당(공화당)이 독립검사(Independent Counsel)를 임명해 집요하게 파헤쳤다. 그 독립검사는 인디언 기우제 지내듯이 온갖 의혹을 다 뒤졌고, 마침내 '르윈스키 스캔들Lewinsky scandal'을 찾아냈다. 대통령과 인턴 간의 성관계에 대한 지저분한 얘기로 가득 찬 보고서를 의회에 제출했고, 다수 의석을 가진 공화당은 기다렸다는 듯이 대통령 탄핵에 나섰다. 하원에서 탄핵소추안이 가결됐다.

그때 미국 국민의 마음은 어땠을지 짐작이 간다. 창피한 마음이 앞섰을 것이다. 대통령이 자랑스럽진 않더라도 최소한 부끄러운 수준은 아니어야 하는데… 심정이 얼마나 복잡했으랴. 탄핵을 해야 하나, 참고 내버려둬야 하나. 클린턴이 도덕적으로 문제는 있지만 경제를 살리고 민생을 잘 챙겼다. 부인할 수 없는 공이다. 부인 힐러리의 표현처럼 우익의 거대한 음모로 볼만한 점도 없지 않았다. 헌법에 정한 탄핵 사유에도 부합하지 않았다. 아직 한 번도 탄핵으로 대통령을 파면해본 경험이 없어 두려움도 있었다. 그래서 고심 끝에 내린 결론이 탄핵 보류였다.

사실 탄핵의 참뜻은 잘못하면 직에서 잘릴 수 있으니 조심하라는 데에 있다. 대통령이 중대한 잘못을 저지를 경우 그 직을 유지할 수 없으니 자중하고 절제하라는 얘기다. 삼권분립의 작동 원리가 견제와 균형이다. 과도하여 균형을 잃을 상황이 되면 견제를 통해 균형을 회복하되, 그 견제가 균형을 잃을 정도로 과도하면 안 된다는 원리다. 의회가 대통령에게 행사하는 가장 강력한 견제권이 탄핵이다. 그러니 대통령이 마치 선출된 왕처럼 행세하면서 균형을 해치면 탄핵으로 이를 바로잡아야 한다. 탄핵 위협으로 대통령을 자제하게 하면 최상이다. 위협에도 전혀 달라지지 않는다면 탄핵 실행이 불가피하다.

이 책을 쓰는 지금, 민심은 진퇴양난이다. 딜레마에 빠져 있다. 탄핵으로 나아가기도 부담스럽고, 탄핵을 접고 물러서기도 마땅찮다. 지금 대한민국은 오도 가도 못하는 교착상태(gridlock), 서로 거부하는 통에 아무것도 할 수 없는 비토크라시vetocracy에 빠져 있다. 사실상 국가가 작동하지 않는 멈춤 상태다. 어떻게 해야 하나. 이런 상황을 계속 방치할 순 없으니 국민으로선 고민이 깊어질 수밖에 없다.

더 큰 권력을 가진 대통령이 먼저 성찰하고 양보해야 한다. 여론이나 선거 결과가 대통령에게 변화를 강하게 주문하고 있다. 대통령은 주권자의 뜻에 따라야 하고 국회를 존중해야 한다. 국회의 다수 의석을 차지한 야권도 정부와 여당을 압박만 해서는 안 된다. 기소권을 독점한 검찰이 특정인을 타깃으로 권한을 자의적으로 남용하면 안 되듯, 탄핵소추권을 전속 권한으로 가진 국회가 이를 남발해서도 안 된다. 지금은 탄핵권 행사가 너무 잦다. 윤석열 정부 출범 이후 민주당이 발의한 탄핵소추안이 무려 18건이다.

국민이 준비되지 않은 상태에서 대통령 탄핵이 추진되면 국민은 탄핵 세력을 응징한다. 노무현 대통령 탄핵 때 그랬다. 대통령이 아니라 국회가 탄핵당했다. 국민이 결심하고 있는데도 탄핵을 주저하면 국민은 반反탄핵 세력을 심판한다. 박근혜 대통령 탄핵 때 그랬다. 탄핵 여부는 국민에게 달려 있다. 어느 쪽이든 국민을 우습게 보면 탄핵당한다. 이 책은 어떤 경우 탄핵에 나서고, 어떻게 해야 탄핵을 피할 수 있는지에 대한 정리다.

탄핵, 될까 안 될까?

대통령 탄핵의 요건은 까다롭다. 국회에서 재적 2/3의 동의가 있어야 탄핵안이 가결된다. 여당 의석 또는 탄핵 반대 의석이 1/3에 못 미쳐야 한다는 말이다. 이런 상황은 쉽지 않다. 우리 정치사에서 선거 결과로 여당이 이런 정도의 소수로 전락한 예는 없다. 그만큼 어렵다. 미국은 탄핵소추를 하원에서 담당하는데, 1/2의 찬성을 요건으로 하고 있다. 우리보다 쉽다. 확실한 양당제의 나라이니 여소야대면 언제든지 야당이 탄핵안을 통과시킬 수 있다.

기소가 되면 재판에서 유무죄를 다투듯이 탄핵도 소추가 되면 탄핵심판에서 가부를 다툰다. 한국은 헌법재판소, 미국은 상원의 권한이다. 헌재는 법관 경력을 가진 헌법재판관으로 구성되고, 상원은 정당 소속 의원들로 구성된다. 당연히 상원이 더 정치 바람을 타기 십상이다. 헌재는 사법기관이니 아무래도 상원에 비해 상대적으로 더 법적 판단에 무게를 두기 마련이다. 이처럼 우리의 탄핵 시스템은 미국의 시스템보다 절차를 까다롭게 해놨다. 그런데도 미국은 탄핵으로 대통령을 쫓아낸 경우가 없다. 우리는 한 차례 있었다. 박근혜 대통령이 헌재 판결로 그 직에서 파면당했다. 미국의 민주주의 역사가 우리보다 훨씬 길다는 점을 감안하면 의외다. 청출어람일까.

도널드 트럼프Donald Trump 이전 미국 근세사에서 가장 무능하고, 가장 해를 끼친 대통령으로 평가되는 인물은 아들 부시다. 그가 일으킨 이라크전쟁, 그가 막지 못한 금융위기로 인해 미국은 천문학적인 비용을 치러야 했다. 노벨경제학상을 받은 조지프 스티글리츠Joseph Stiglitz에 따르면 이라크전쟁으로 미국 경제가 부담한 비용은 아무리 짜게 추산해도 무려 3조 달러에 달한다. 이 전쟁은 있지도 않은 대량살상무기(WMD)를 가짜 핑계로 삼아 일으킨 전쟁이었다. 전쟁은 2003년 3월부터 8년 8개월 28일 동안 지속됐다.

금융위기로 약 1조 달러에 달하는 구제금융이 투입되었다.

이를 계기로 중국이 도광양회韜光養晦의 신중함을 벗고 과감하게 미국의 패권에 도전하기 시작했다. 포로 고문 등 전쟁범죄도 있었다. 당연히 탄핵 시도가 나올 수밖에 없었다. 8년 재임 동안 4건의 탄핵안이 제출되었다. 심지어 역대 최강의 부통령으로 평가되던 딕 체니Dick Cheney에 대한 탄핵 시도도 두 차례나 있었다. 부시나 체니에 대한 탄핵안은 하원 본회의에 표결조차 붙여지지 않은 채 폐기됐다. 이처럼 큰 잘못을 했다고 해서 탄핵 위기에 직면하는 건 아니다.

2021년 1월 6일 트럼프 지지자들이 트럼프의 선동에 따라 의회에 난입했다. 바이든의 대선 승리를 확정하는 의결을 저지하기 위한 폭동이었다. 이로 인해 트럼프 탄핵안이 하원에서 통과됐다. 트럼프로선 두 번째 탄핵 위기였다. 민주당이 다수당으로 주도하긴 했으나 공화당 소속 하원의원 10명도 탄핵에 찬성표를 던졌다. 그중 하나가 공화당 하원 서열 3위인 리즈 체니Liz Cheney였다. 체니 전 부통령의 큰딸이다. 딸 체니가 자기 당 대통령 탄핵안에 찬성 입장을 공식 발표했을 때 누군가 그에게 문자를 보냈다. “보기 드문 용기를 보여줘서 고마워. 기대했던 대로 강한 리더십을 보여주었네. 파이팅. 43” 아들 부시 전 대통령이었다. ‘43’은 43대 대통령이었던 아들 부시를 뜻하는 기호였다. 하지만 역대 최악의 대통령 트럼프도 상원 표결에서 탄핵을 면했다. 정치적 양극화 때문에, 팬덤 정치 때문에 공화당 소속 상원의원들이 용기를 내지 못한 탓이다.

여당이 탄핵소추를 저지할 수 있으면 탄핵 시도는 해프닝으로 끝난다. 이를 '의회방패(legislative shield)'라고 한다. 국회에서 탄핵소추안이 통과되더라도 탄핵심판을 담당하는 헌재가 탄핵을 기각하면 탄핵은 실패한다. 이는 '사법방패(judicial shield)'다. 탄핵소추부터 탄핵심판에 이르는 과정까지 대중이 나서 '탄핵 NO'라고 하면 탄핵은 성공하기 어렵다. '대중방패(popular shield)'다. 노무현 탄핵이 이렇게 막혔다. 반면 국회가 탄핵을 주저하면 국민이 나서 탄핵을 압박할 수도 있다. 이러면 의회방패나 사법방패는 쉽게 허물어진다. 박근혜 탄핵이 이렇게 뚫렸다. 이런 점에 비춰보면 윤석열 대통령이 탄핵을 막을 수도 있고 되레 조장할 수도 있다. 야권도 탄핵에 성공할 수도 있고 역풍에 휩싸일 수도 있다. 경험적 사례를 통해 탄핵 여부, 성패 요인, 효과 등을 따져보는 것이 이 책의 목적이다.

탄핵, 약일까 독일까?

2024년 7월 1일 미국 대법원이 중대한 판결을 내놨다. "대통령 재임 중의 공적 행위(official acts)는 면책 대상이다." 이에 반대한 3명의 대법관 중 하나인 소니아 소토마요르Sonia Sotomayor는 이 판결로 인해 대통령이 "법 위의 왕(a king above the law)"이 됐다고 비판했다. "이렇게 되면 대통령이 쿠데타를 일으켜도, 사면 대가로 뇌물을 받아도, 군을 동원해 정치적 경쟁자를 암살해도 처벌할 수 없다." 이 결정은 미국 헌법의 탄핵 조항과 충돌한다. 미국 헌법 2조 4항에는 대통령과 부통령 그리고 공직자들에 대해 "반역, 뇌물, 기타 중대 범죄나 비행"을 이유로 탄핵할 수 있게 되어 있다. 대법원이 말한 '공적 행위' 없이 헌법에 정해진 '탄핵 범죄'를 저지르는 건 불가능하다. 결국 이 판결에 따르면 탄핵제도는 무용지물이 되어버린다.

미국 정치의 극심한 당파적 편싸움, 양극화가 민주주의 최후의 보루라고 일컬어지는 대법원까지 집어삼켰다. 대법관들이 법리로 판단하지 않고 자신의 정치적 입장에 따라, 누구에게 유리하고 누구에게 불리한지에 따라 판결한다. 이 대법원 판결은 6 대 3으로 결정되었는데, 6명은 공화당 3명은 민주당 집권 시절에 임명됐다. 마치 대법관 6명이 미국 헌법을 바꾼, 즉 개헌한 것이나 다름없다. 만약 한국의 헌법재판관들이 당파적 구분에 따라 탄핵 여부를 결정했다면 노무현 탄핵은 성공하고, 박근혜 파면은 불가능했으리라.

이즈음 떠오르는 질문이 있다. 정치가 나빠져서 탄핵제도가 무력화됐을까, 아니면 탄핵 때문에 정치가 나빠졌을까. 미국 정치에서 탄핵은 일상화됐다. 클린턴 대통령 이후 거의 모든 대통령은 경중에 차이가 있긴 하나 예외 없이 탄핵 위협에 직면했다. 선거가 아닌 탄핵으로 정치 구도를 재편하려는 시도는 정치를 험하고 거칠게 만든다. 정치 경쟁이 사생결단의 전쟁이 되면 못 할 일이 없고, 못 할 이유도 없어진다. 이기는 게 선이고 '닥치고 승리'가 이념이다.

탄핵의 부정적 측면은 미국보다 한국에서 더 심각하게 나타났다. 노무현 대통령에 대한 무리한 탄핵이 거대한 역풍을 불러왔고, 그로 인해 치명적 타격을 입은 정치 세력은 절치부심했다. 그때 당한 앙금이 보수정당 집권 후 '전 정부 때리기'로 표출됐다. 이명박 정부는 노무현 전 대통령에 대한 수사와 망신 주기를 정치적으로 활용했다. 검찰이 동원됐고, 노 전 대통령의 비극적 죽음으로 일단락됐다. 이후 박근혜 대통령 탄핵과 적폐 청산을 거치면서 극한의 정치적 양극화가 고착되었다. 탄핵으로 대통령의 잘못을 바로잡고 시스템을 정상화했으나, 결과적으로 그로 인해 정치가 험악해지고 질적으로 나빠지는 부작용을 낳았다.

탄핵을 정쟁화한 데에는 지금의 여야 모두 그 책임에서 벗어날 수 없다. 탄핵으로 인해 뒤뚱거리는 한국의 민주주의를 '탄핵 민주주의'라 부르는 지경에 이르렀다. "'탄핵 민주주의' 시대 도래의 원죄는 어디에 있을까. 사실 탄핵 정치의 원조는 현 여당(국민의힘)으로 볼 수 있다. 민주화 이후 공직자 탄핵소추안 발의 건수를 정권별로 나누어 보면 김영삼 정부 때는 1건이었던 것이 김대중 정부 시절 현 여당이 6건의 탄핵소추안을 발의하여 처음 탄핵이 정치적 압박 수단으로 활용되기 시작됐다. 반면 전체 40건의 탄핵소추안 중 절대다수인 30건(75%)은 현 야당, 나머지 10건은 현 여당에서 발의한 것이었다. 더불어민주당의 '탄핵' 의존도가 압도적으로 높았던 것이다. 원조는 현 여당이었으나 '탄핵 정치'를 만개시킨 것은 민주당이었다."[1] 국민의힘과 민주당은 탄핵 정쟁화의 공동정범이다.

"탄핵의 목적은 처벌(punishment)이 아니다. 탄핵의 용도는 무엇보다 헌정 체제(constitutional government)를 유지하는 것이다." 미국 하원이 펴낸 탄핵 안내서에 나오는 내용이다. 탄핵은 형사처벌이 아니라 교정 절차라는 얘기다. 아주 중요한 포인트다. 탄핵을 치유의 수단으로 써야지 응징의 수단으로 쓰면 안 된다. 그러면 탄핵 대상이나 그 세력이 격렬하게 저항하고, 탄핵 후에는 앙심을 품고 복수의 칼을 갈게 된다. 탄핵에 직면한 리처드 닉슨Richard Nixon이 하야를 결심할 수 있었던 이유도 대통령직을 승계할 부통령 제럴드 포드Gerald Ford가 사면을 이면 약속했기 때문이다. 그래서 미국은 탄핵 절차를 거치지 않고서도 탄핵 효과를 누릴 수 있었다.

이런 절제의 지혜를 배워야 한다. 탄핵은 능사도 아니고 만병통치약도 아니다. 특히 검찰이 탄핵을 빌미로 기소에 나서거나, 수사를 통해 탄핵 절차에 개입하도록 하는 일은 최대한 피해야 한다. 탄핵 여부가 검찰의 손에 맡겨지면 탄핵은 정치 보복의 수단으로 변질되기 십다. 정치가 엉망이 되고 정치 보복의 악순환으로 이어진다.

미국의 경우 대통령이 탄핵당하면 부통령이 그 직을 물려받는다. 곧바로 대선을 치르지 않는다. 여당도 여당의 지위를 유지하고, 여유를 갖고 다음 대선을 준비할 수 있다. 한국처럼 탄핵 후 60일 안에 선거를 치르게 되면 여당으로선 다음 대선에서 패배가 자명하다. 따라서 쉽게 탄핵에 동의하기 어렵다. 박근혜 탄핵 때 여당이 '호되게 당한' 경험을 학습한 바 있으므로 여당으로선 어떻게 해서든 또다시 이런 재앙적 상황에 내몰리지 않으려 할 것이다. 따라서 탄핵을 시도할 경우, 그와 그를 둘러싼 세력에게 명분을 주고 퇴로를 열어줘야 한다. "대통령 탄핵의 목적은 무능하고 부적합한 공무원을 파면하고 일 잘하고 믿을 만한 사람을 그 자리에 세우는 것이다. 누구를 감옥에 보내는 것이 아니다."[2]

탄핵은 잘 쓰면 약, 못 쓰면 독이다. 탄핵을 할 때 하더라도 제한된 목적하에 절제된 방식으로 추진해야 한다. 중대한 잘못을 저지른 대통령을 그 직에서 물러나게 하는 것 외에 다른 목적을 도모해선 안 된다. 탄핵이 불가피하더라도 탄핵으로 치러야 할 대가나 후유증을 제대로 관리하지 못해 민주주의가 더 나빠질 수도 있기 때문이다. 탄핵이 무조건 좋은 결과만 낳는다면 탄핵이 수시로 이뤄진 남미야말로 민주주의 선진국으로 평가받고, 만성적인 정치 불안에 시달리지도 않을 것이다. 그래서 탄핵을 대하는 정치 세력의 자세와 규범이 중요하다. 당장의 정치적 필요에 급급해 잘못된 선택을 한 탓에 결국 나라를 망가뜨리고, 국민의 삶을 처참하게 황폐화한 사례는 역사적으로 차고 넘친다. 박사논문을 수정·보완해 책으로 내는 이유도 여기에 있다.

정치 현장에서 노무현 대통령 탄핵을 지켜봤고, 박근혜 대통령 탄핵 때엔 국회 표결에 직접 참여했다. 그때의 경험 때문에 '왜 한 번은 실패하고 한 번은 성공했을까' 하는 문제의식이 생겼다. '탄핵이 민주주의에 끼치는 영향이 긍정적일까 부정적일까' 하는 고민에 빠지기도 했다. 국회의원 불출마를 선언하고 미뤄놨던 학위논문을 쓰고자 마음먹었을 때 이 문제의식과 고민을 풀어보고 싶었다. 그땐 이렇게 빨리 탄핵 국면이 다시 도래할지는 전혀 예상하지 못했다. 이 책을 통해 독자들이 단순히 탄핵 찬반을 넘어 더 넓은 관점에서, 더 다양한 측면을 고려하면서 탄핵 이슈에 신중하고 균형감 있게 접근하기를 소망한다.

2024년 11월

이철희

차례

일러두기

▶ 이 책은 저자가 자신의 2020년 정치학 박사 학위 논문인 〈대통령 탄핵 결정 요인 분석: 노무현 대통령과 박근혜 대통령 탄핵 과정 비교〉를 바탕으로 현 시국에 대한 논의論意를 더해 새롭게 쓴 것이다.

1장

탄핵이란 무엇인가

탄핵 동지가 된 두 여성 대통령

위키피디아Wikipedia에 탄핵 항목을 검색하면 한 사진이 눈길을 끈다. 두 여성 대통령이 손을 맞잡는 사진이다. 브라질의 지우마 호세프Dilma Rousseff 대통령과 한국의 박근혜 대통령이다. 호세프는 2016년에, 박근혜는 2017년에 탄핵으로 면직됐다. 1990년부터 2020년까지 63개 나라에서 132명의 행정부 수반에 대한 탄핵 시도(impeachment charge)가 최소 272차례 있었다. 1인당 두 번꼴이다. 이제 탄핵은 루틴, 일상적 정치 행위가 됐다.

탄핵의 일상화(routinization)는 일종의 형용모순이다. 탄핵, 특히 대통령에 대한 탄핵은 매우 까다로운 절차를 정해놓은 예외적 조치로 고안된 제도다. 대통령의 임기를 중단하고, 그 직에서 물러나도록 강제한다. 만약 탄핵이 일상화된다면 안정적인 정부는 기대하기 어렵다. 예외와 일상이 하나의 개념으로 공존하니 형용모순이라 할 수밖에. 어쨌든 탄핵은 '뉴노멀'이 됐다.

탄핵은 민주주의가 정착하는 과정에서 조금씩 진화해 오늘날의 형태에 이른 제도다. 군주정에서 민주정으로 바뀌는 과정은 의회가 국왕에 맞서면서 시작됐다. 의회가 국왕을 견제하기 위한 수단 중 하나로 탄핵제도를 발전시켰다. 따라서 탄핵은 기본적으로 민주적 제도다. 민주주의를 구현하고, 민주주의를 지키기 위한 제도로서 탄핵이 근래 들어 민주주의를 위협하는 제도로 변질되고 있다. 민주주의의 퇴행을 말해주는 지표 중 하나가 바로 탄핵의 일상화다.

탄핵제도가 어떻게 생겨나고, 어떻게 제도로서 정착하게 되었는지 살펴보면 요즘 나타나고 있는 현상, 즉 탄핵의 오남용이 왜 문제인지 분명하게 이해할 수 있다. 설계자들이 왜 처음부터 탄핵을 실행하기 어려운 절차로 만들어놨는지 그 깊은 고민도 가슴에 와닿는다.

탄핵 시도 1호 대통령은?

쉬운 질문 같지만 노무현 대통령을 떠올렸다면 오답이다. 노 대통령은 두 번째다. 인식 지평을 임시정부로까지 넓혀야 답을 찾을 수 있다. 답은 이승만 대통령이다. 지금과 다른 헌법 절차이긴 하지만 임시정부 대통령 이승만이 탄핵당한 것만큼은 분명한 사실이다. 그러니 대한민국 탄핵 1호 대통령은 이승만이다.

이승만 대통령은 4·19혁명으로 하야했다. 떠밀렸지만 어쨌든 제 발로 물러났다. 그런데 따지고 보면 미국 닉슨 대통령의 하야와 크게 다르지 않다. 둘 다 국민적 저항에 부딪혀 사퇴했다. 닉슨의 경우 탄핵 절차가 시작되고 이를 막을 수 없다는 판단하에 어쩔 수 없이 내려와야 했다. 이승만 대통령도 탄핵 절차가 시작되지 않았지만 시민 대표와의 면담에서 하야를 요구받고 받아들였다. 대중에 의한 탄핵인 셈이다. 이렇게 따지면 이승만 대통령은 두 번 탄핵당했다.

사실 탄핵은 시민이 직접행동에 나서 대중적 저항운동을 전개함으로써 대통령을 몰아내면 유혈 사태 등 불행한 일이 일어날 수 있으므로 평화적으로 질서 있게 대통령을 물러나게 하는 제도적 장치다. 탄핵소추를 의회의 전속 권한(sole power)으로 정한 이유도 국민을 대표하는 의회만이 국민주권을 대리 행사할 수 있기 때문이다.

어떤 제도든 그 본래의 취지와 달리 엉뚱하게 변질되는 경우는 허다하다. 그럼에도 그 제도의 근본적 속성을 이해하려면 태생적 연원을 따져 보는 게 필수적이다. 탄핵은 의회와 민주주의의 자식이다. 원적은 영국이고, 본적은 미국이다.

1 대통령제와 탄핵

대통령 탄핵(impeachment)은 대통령이 중대한 잘못을 했을 때, 임기 종료 전에 대통령을 그 직에서 강제로 물러나게 하는 제도다.[1] 의회나 사법기관에 의해 이뤄진다. 대통령 탄핵은 대통령제(presidentialism)의 특징적 제도다. 의회제에서는 불신임(censure) 등으로 정부가 교체되므로 탄핵제도를 따로 둘 필요가 없다.

대체로 탄핵은 2단계로 진행된다. 1단계는 '탄핵소추(accusation)', 2단계는 '탄핵심판(trial)'이다. 비유하자면 전자가 검찰의 기소에 해당하고, 후자가 법원의 판결에 해당한다. 그런데 일반적 사법 판결과 달리 탄핵심판은 단심제다. 거의 모든 나라에서 탄핵소추는 의회의 권한이다. 탄핵심판 시스템은 두 부류로 나눌 수 있다. 의회(상원)에 주기도 하고, 헌법재판소와 같은 사법기관에 맡기기도 한다. 소추의 의결정족수 규정도 두 부류로 나뉜다. 미국처럼 1/2 동의로 정해놓은 곳도 있고, 한국처럼 2/3인 경우도 있다. 탄핵심판은 대체로 2/3 동의를 요건으로 두고 있다. 이처럼 대통령 탄핵은 그 효과가 큰 만큼 절차를 매우 까다롭게 정해놓아 웬만하면 발동하기 어려운 제도다.

실제로 대통령 탄핵은 오랫동안 '잊힌' 제도였다. 헌법 조항으로는 존재하되 거의 실행된 적이 없었다. 대통령제를 처음 설계한 나라인 미국에서도 1789년 취임한 초대 조지 워싱턴George Washington 대통령 이후 지금까지 탄핵으로 물러난 대통령은 한 명도 없다. 다만 하원에서 탄핵소추가 가결된 경우는 네 번 있었다. 1868년 앤드루 존슨Andrew Johnson, 1998년 빌 클린턴, 2019년 1차 도널드 트럼프, 2021년 2차 트럼프. 전부 상원에서 기각됐다. 탄핵하면 흔히 떠올리는 리처드 닉슨은 1974년 하원에서 탄핵안이 표결되기 직전에 스스로 물러났다.

미국 밖을 보더라도 1990년대 이전까진 대통령이 탄핵으로 물러난 경우는 아주 드물었다. 대통령이 더러 쫓겨나기도 했으나 형식상 탄핵이라 할 만한 사례는 1955년에 있었던 3건이 거의 전부였다. 제1부통령으로 있다가 대통령직을 승계한 파나마의 호세 기사도José Guizado, 브라질의 카페 필류Café Filho와 그를 승계한 지 3일 만에 탄핵당한 카를루스 루스Carlos Luz다.

대통령 탄핵은 오랫동안 학계의 주목을 받지 못했다. 사례가 거의 없었고 이론적으로 연구할 이유도 거의 없었다. 그러던 1990년 후안 린츠Juan Linz가 대통령제 연구에 한 획을 긋는 논문을 발표했다. "대통령제는 제도적으로 경직된(rigid) 체제이기 때문에 불안정이 발생하면 체제 붕괴로 이어지기 쉽다."

대통령제의 이중적 정당성

대통령제라는 명칭 때문에 이 체제에서는 대통령만이 민주적 정당성을 갖는다고 생각하기 쉽다. 하지만 대통령제는 '이중적 정당성(dual legitimacy)'의 체제다. 대통령과 의회 모두 국민이 선거로 직접 선출한다. 따라서 두 기관이 각각 민주적 정당성을 갖기에 각자의 임기를 별개로 보장받는다. 서로 상대의 존속에 영향을 미칠 수 없다. 이 점이 필요하면 언제든지 총리를 교체할 수 있는 의회제(parliamentarism)와 다른 특징이다. 그래서 서로 다른 형용사를 붙여 '유연한' 의회제, '경직된' 대통령제라고 표현하기도 한다. 이 경직성 때문에 대통령제의 피할 수 없는 약점이 생겼다. 린츠는 대통령과 의회가 대립해 교착상태(deadlock)에 빠지더라도 그 해법이 없거나 있더라도 무용하다고 설명한다.

양자 모두가 명확한 정책 대안을 내걸고 자유로운 경쟁을 통해

서 국민의 투표에 의해 권력을 쥐게 된 이상, 잠재적 대결이 상존할 수밖에 없으며 이것이 극적으로 분출될 경우도 자주 존재한다. 이러한 대결을 해소할 수 있는 민주정치적 원칙은 존재하지 않으며, 만약 헌법상에 그런 해결 방안이 명기되어 있다고 하더라도 그런 방안은 기술적·법리적으로 대단히 복잡한 것이어서 유권자의 신뢰를 얻기가 어렵다.[2]

대통령과 의회 간의 갈등과 대립으로 체제가 위기에 빠지면, 쿠데타와 같은 외부의 개입으로 체제 붕괴(system breakdown)가 이뤄지는 것이 상례이고 탄핵과 같은 합법적·내부적 해결은 어렵다. 즉 국민도 자신이 뽑은 대통령이 물러나는 걸 원치 않기 때문에 탄핵이란 제도가 있어도 실제로 활용되기는 어렵다. 이런 논리로 탄핵은 자연스레 학문적 연구 대상에서 논외가 됐다.

그러던 차에 1990년대 들어 남미에서 대통령 탄핵이 빈번하게 발생하기 시작했다. 그 이전에는 쿠데타에 의한 체제 붕괴가 자주 일어났었는데 1990년대부터는 체제 유지 속에 대통령이 임기를 채우지 못하는 사례가 다수 생겨났다. 대통령 퇴진(presidential breakdown)의 방식은 다양했다. 탄핵당해 임기를 채우지 못하는 경우, 자진 사퇴하는 경우, 의회가 대통령의 통치 불능을 선포하는 경우도 있었다. 정치학자 페레스-리냔

Aníbal Pérez-Liñán은 이 현상을 '새로운 불안정(new instability)'으로 개념화했다. 탄핵으로 물러난 남미의 대통령은 1992년 브라질의 페르난두 콜로르Fernando Collor부터 2016년 브라질의 호세프, 2020년 페루의 마르틴 비스카라Martín Vizcarra, 2021년 칠레의 세바스티안 피녜라Sebastián Piñera, 2022년 페루의 페드로 카스티요Pedro Castillo까지 계속 이어졌다.[3]

남미의 탄핵 사례들

1989년 남미의 거대한 나라 브라질에서 처음 치러진 대통령 직선제에서 페르난두 콜로르가 대통령에 당선됐다. 그는 1, 2차에 걸친 경제개혁안(Collor Plan)을 추진했으나 성과가 미미했다. 1990년부터 각종 스캔들이 터지더니 1992년 5월에는 급기야 남동생이 콜로르를 부패 혐의로 고발하는 지경에 이르렀고, 의회가 조사에 나섰다. 대통령은 하원 의석의 8%, 상원 의석의 4%만 장악하고 있을 뿐이어서 조사를 막기엔 역부족이었다. 수십만 명의 시민이 대통령 퇴진을 요구하며 시위를 벌였다. 시민운동 지도자들은 공개적으로 탄핵을 요구했다. 하원은 441 대 38로 탄핵을 가결했다. 3개월 후 상원 표결 결과 73 대 8로 대통령 탄핵이 최종 결정됐다.

1988년 베네수엘라의 카를로스 안드레스 페레스Carlos Andrés Pérez는 53%의 득표율로 대통령 재선에 성공했다. 제1당의 노회한 지도자로서 경제가 호황이던 1970년대에 이미 대통령을 역임한 바 있었기에 국민의 기대가 컸다. 하지만 그가 다시 대통령직에 복귀했을 때는 불운하게도 경제가 바닥이었다. 취임하자마자 '대전환(Great Turnaround)'이란 이름의 경제개혁 정책을 의욕적으로 추진했으나 인플레이션이 발목을 잡았다. 대중교통 요금 인상과 식료품 부족 사태로 전국에서 폭동이 일어났다. 설상가상 언론이 연이어 스캔들을 터트렸다. 급기야 대통령의 여자친구가 연루된 비리까지 폭로됐다. 이 와중에 두 번의 쿠데타 시도가 있었고, 사회 저명인사들은 대통령 사퇴 운동에 나섰다. 또다시 부패 스캔들이 불거지자 상원이 만장일치로 대통령의 직무를 일시 정지하면서 사법부의 대통령 기소도 승인했다. 1993년 8월 의회는 그를 해임했다.

2010년 브라질 대선에서 노동자당의 지우마 호세프가 최초의 여성 대통령으로 당선됐다. 균형재정과 인플레이션 억제를 표방했으나 원자재 가격의 하락으로 경제가 침체되고, 월드컵과 복지정책 등으로 인해 재정 적자가 심각해졌다. 2014년 재선에 성공했으나 '페트로브라스Petrobras 스캔들'로 인해 탄핵위기는 한층 더 깊어졌다. 이 스캔들은 브라질 석유공사 페트로브라스와 정치인이 결탁한 부패 사건이었다. 여기에 2018년 대선을 겨냥한 연립정부 내부의 권력투쟁이 더해져 마침내 2016년 8월 상원 표결 결과 61 대 20으로 최종 탄핵당했다.

남미 외에도 1996년 마다가스카르(알베르 자피Albert Zafy), 1998~99년 러시아(보리스 옐친Boris Yeltsin), 2000년 필리핀(조지프 에헤르시토 에스트라다Joseph Ejercito Estrada), 2001년 인도네시아(압두라만 와힛Abdurrahman Wahid), 2004년 한국과 리투아니아(롤란다스 팍사스Rolandas Paksas), 2016~17년 한국, 2021년 알바니아(일리르 메타Ilir Meta)에서 탄핵이 일어났다. 1990년대부터 탄핵은 '살아 있는' 제도가 됐다.

한 연구에 따르면[4] 1974~2003년에 신생 민주주의 국가들의 45%가 한 정당 또는 일군의 의원들에 의해 제기된 탄핵 시도(탄핵 호명부터 탄핵 표결까지)를 한 번은 경험했다. 이 중 약 20%의 국가에서 공식적인 탄핵 표결이 최소한 한 번 이상은 있었다. 또 이 기간 재직했던 대통령 중 24%가 최소한 한 번은 탄핵 시도에 맞닥뜨렸다. 유럽을 제외한 다른 지역의 신생 민주주의 국가 중 이 기간에 탄핵 표결을 거친 나라의 비율은 지역별로 달랐다. 탄핵 시도는 아시아에서 가장 빈번한데 75%가 최소한 한 번 탄핵 시도를 경험했다. 동유럽은 약 58%, 중남미는 50%, 사하라 이남의 아프리카는 25%였다.

탄핵의 정치적 성격

탄핵은 의회제의 불신임 투표와 효과가 유사하지만 〈그림 1-1〉에서 보듯이 절차가 훨씬 까다롭다. 국정 운영의 책임을 묻거나 특정 정책에 반대하는 이유로도 실행이 가능한 불신임 투표[5]와 달리 탄핵은 적시된 법 조항 위반의 경우로 한정하는 조건이 붙어 있다. 민주주의 체제에서 행정부 수반(head)인 대통령이나 총리의 임기를 중단하거나 정부를 무너뜨리는 방법은 〈표 1-1〉과 같이 나눌 수 있다.

①~⑥은 민주적인 절차를 따르는 방법이고, ⑦~⑨는 비민주적인 방법이다. 비민주적 방법은 민주주의 체제만이 아니라 독재 체제에서도 가능하다. 민주적 방법 중에서 대통령제와 관련된 방법은 탄핵과 '불능 선포(declaration of presidential incapacity)'[6]이고, 의회제와 관련된 방법은 불신임 투표와 조기 총선이다. 정부 형태와 상관없이 행정부 수반의 임기가 중단되는 또 다른 방법으로 사임과 국민소환(popular recall)[7]이 있다.

불능 선포는 중남미의 일부 국가에서 채택하고 있는데[8] 본래 취지를 왜곡한 유사 탄핵(pseudo-impeachment)으로서 의회의 전형적인 권력 남용이라 할 수 있다. 따라서 탄핵제도만이 대통령제에서 대통령(정부)의 임기를 단축하는 유일하고 합법적인 절차다. 사임은 자의든 타의든 대통령의 정치적 결단이지 헌법적 절차가 아니다. 탄핵은 대통령제 민주주의를 보호하기 위한 헌법적 수단으로 설계되었다. 이것이 미국 탄핵제도 창설의 역사적 의의다.

미국식 탄핵제도는 시작부터 끝까지 정치적 절차다. 행정

〈그림 1-1〉 대통령 탄핵의 게임 트리Game Tree

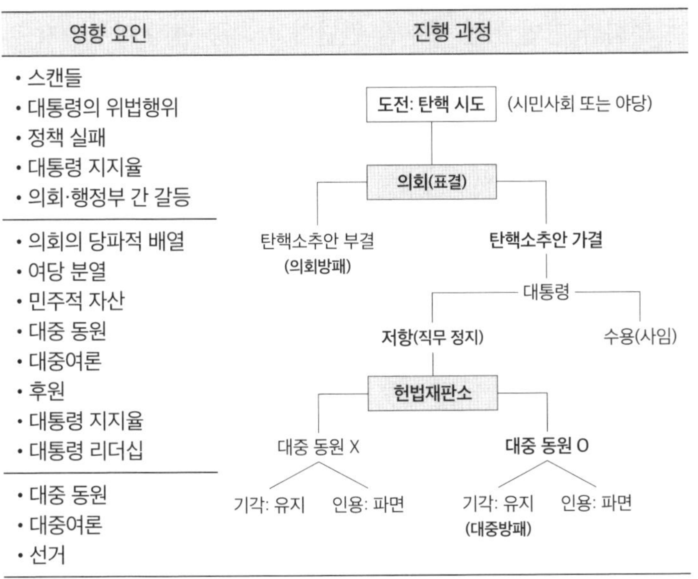

〈표 1-1〉 민주주의 체제 내 행정부 수반의 임기를 중단하는 방법

민주적 방법	대통령제	① 탄핵
		② 불능 선포
	의회제	③ 불신임 투표
		④ 조기 총선
	대통령제·의회제	⑤ 사임
		⑥ 국민소환
비민주적 방법	대통령제·의회제	⑦ 쿠데타
		⑧ 암살
		⑨ 외국의 침략

부와 사법부에 속한 공직자에 대해 두 기관으로부터 분립하는 의회가 헌법 위반 여부를 판단하고 최종 면직 여부까지 결정하는 권한을 지니고 있기 때문이다. 그래서 프랑스의 정치가 알렉시 드 토크빌Alexis de Tocqueville은 탄핵이 편하게 사용될 경우, 쉽게 남용될 수 있는 다수파의 가장 강력한 무기라고 규정했다. 탄핵 연구의 필요성을 강하게 주창한 조디 바움가트너Jody Baumgartner 역시 탄핵이 "법적 절차가 아니라 정치적 절차(political, rather than a legal proceeding)"라고 이야기한다.

> *대통령제는 엄격한 기능 분립이 특징이므로 행정부에 대한 견제보다는 행정부의 안정성을 극대화하는 것으로 디자인되었다. 탄핵 외에는 대통령제에서 인기 없고 무책임한 대통령을 축출할 합법적 수단이 없다. 그러므로 비록 실행하기가 쉽지는 않지만 탄핵이 대통령제에서 행정부의 수장을 견제하는 최고의 수단이며, 따라서 대통령제의 가장 근본적인 민주적 요소다.*[9]

미국에서는 의회 다수당이 상·하원에서 소추와 심판에 필요한 의석수를 확보한 상태에서 탄핵을 추진할 경우 제도적으로 막을 방법이 없다. 그럼에도 실효성이 크진 않으나 몇 가지 안전장치(safeguard)가 마련되어 있긴 하다.

먼저 헌법적 안전장치 세 가지가 있다.

① 탄핵심판 때 상원의원은 선서를 해야 한다.
② 출석 의원 2/3의 동의를 얻어야 유죄판결을 내릴 수 있다.
③ 통상적으로는 부통령이 상원의 의장인데 반해 대통령에 대한 탄핵심판의 경우에는 대법원장이 재판장이 된다.

그리고 정치적 안전장치로 세 가지가 있다.

④ 통상 의원의 최대 관심은 재선이기 때문에 유권자를 의식해 탄핵권의 남용을 피하고 탄핵 이슈에 대해 조심스럽게 숙고하려는 정치적 인센티브를 갖는다.
⑤ 탄핵 과정이 매우 번잡해서(cumbersome) 개인적 또는 당파적 동기를 가진 분파가 공직자를 탄핵해서 파면하기가 쉽지 않다. 분파의 힘은 탄핵이나 파면을 주도하기보다는 봉쇄하는 데에 있다.
⑥ 탄핵에 대한 결정이 다른 기관의 주요 지도자나 결정권자들에 의해 수용되거나 존중되어야 하고 그렇지 못하면 헌법 위기가 발생할 가능성에 직면하게 된다.[10]

정당을 빼놓고는 현대 민주주의를 말할 수 없다. 현대 민주주의는 여러 정당이 정부 구성을 위한 선거에서 자유롭게 경쟁하는 대의 민주주의다. 그래서 '민주적'이라는 것은 곧 '정치적'이라는 뜻이다. 탄핵은 정치적으로 작동될 수밖에 없고, 당파적으로 활용되는 위험도 피할 수 없다. 일종의 제도적 숙명이다.

(미국 탄핵제도의) 운용 과정과 실태를 보면 이 제도는 헌법상 권력분립 원리에 기초하여 의회에 의한 행정부와 사법부의 통제 수단으로 발동된 경우보다는 오히려 정치 세력 간의 대립 과정에서의 정치적 보복 수단이나 당파적 무기로 사용됐음을 알 수 있다.[11]

한국의 경우는 어떨까. 한국에서 탄핵은 주로 법학의 관심 대상이었다. 한국 헌법의 탄핵 조항은 미국 헌법의 조항보다 더 포괄적이고 추상적이다. 그럼에도 주로 법적 측면에 주된 초점을 맞추었다. 즉 탄핵을 국회에 의한 행정부와 사법부 통제 수단으로 보고 법적 책임을 묻는 제도로 이해했다.

탄핵은 명백하게 헌법이나 법률에 위반한 경우에 한하는 것이므로 국책 수립이나 법률 집행이 부적당하다든가 직무에 충실치 못하다든가 하는 등의 이유로는 탄핵의 소추를 할 수 없음은 물론이다. 후자의 경우는 정부 불신임의 이유는 되더라도 탄핵의 사유는 되지 못하는 것이다.[12]

헌법재판소가 2003년에 발간한 《헌법재판실무제요》에서는 탄핵제도를 대통령을 비롯한 고위직 공직자를 대상으로 그 '법적인 책임'을, 특히 헌법이 정하는 특별한 소추 절차에 따라 추궁함으로써 헌법을 보호하는 제도로 규정했다.

그런데 2004년 노무현 대통령 탄핵심판 결정문에서 헌재는 태도가 조금 달라졌다. 탄핵이란 일반적인 사법절차나 징계 절차에 따라 소추하거나 징계하기가 곤란한 행정부의 고위직 공무원이나 법관 등과 같이 신분이 보장된 공무원이 직무상 중대한 비위를 범한 경우에 이를 의회가 소추하여 처벌하거나 파면하는 절차이고, 이는 행정부와 사법부의 고위 공직자에 의한 헌법 침해로부터 헌법을 수호하고 유지하기 위한 제도라고 정리했다.[13] 결정문에서는 '법적인 책임'이란 표현이 보이지 않는다. 헌재가 실제 탄핵심판을 수행하면서 비로소 법적 접근의 편견에서 벗어나 탄핵제도의 정치적 성격을 이해하고 받아들인 것이다.

> *여당이 국회의 다수당이 되지 못하고 군소정당이 난립하거나, 또는 이례적으로 야당이 국회에서 다수를 점하는 경우에만, 탄핵은 국회가 가지는 강력하고도 무서운 무기가 아닐 수 없다. 이런 의미에 있어서 탄핵의 본질은 오늘날과 같은 정당 국가에 있어서는 정치적으로 국회가 가지는 통제권이라기보다 '야당*

의 무기'라고 보는 것이 솔직한 본질 파악이다. 만일 탄핵을 이런 견해에서 볼 때, 우리 헌법의 탄핵 규정은 너무 안이하게 제정된 감이 있다.[14]

이제 국내 법학자들 사이에서도 탄핵의 정치적 성격에 대한 이해가 확산했다. 탄핵 사유가 '헌법과 법 위반'으로 정해져 있음에도 "법적 책임의 형태로 궁극적으로는 의회에 의한 정치적 공세에 노출되는 것이 탄핵제도의 본질"[15]이다. 이처럼 한국의 탄핵제도 역시 본질적으로 정치적 절차이자 현상이다. 다만 높은 가결정족수(voting threshold), 탄핵 권한의 분할 등을 통해 일부 제약을 가하고 있을 뿐이다.

2 탄핵제도의 역사

탄핵제도의 유래

탄핵제도는 영국에서 그 유래를 찾을 수 있다. 특정 시점에 누군가에 의해 창안되지 않고 점진적으로 형성됐다. 다시 말해 민주주의가 잉태·확장하는 지난한 투쟁의 산물이었다. 14세기 영국에서 등장한 탄핵제도는 1805년 멜빌Melville 사건[16]을 끝으로 역사의 뒤안길로 사라졌다. 영국이 의회제로 발전하면서 불신임 표결로 행정의 최고 책임자(총리)와 내각을 해산할 수 있어서 탄핵제도를 운용할 이유가 없어졌다. 사법부에 대해서도 상원이 최고법원의 역할을 하기 때문에 실질적으로 '의회에 의한' 소추 필요성이 없어졌다.[17] 탄핵제도는 기묘하게도 제도가 태동한 나라에서는 퇴화하고, 대서양 건너 미국에서 그 꽃을 피웠다.

영국의 탄핵 역사가 말해주는 명료한 사실이 있다. 곧 국왕의 권력을 제한하는 정치적 제도로서의 성격이다. 영국의 민주화는 국왕 대 의회 간의 오랜 투쟁 속에서 성취됐다. 이 투쟁에서 의회가 승기를 잡은 계기가 1688년의 명예혁명(Glorious Revolution)과 그 결과 얻어진 1689년의 권리장전(The Bill of Rights)이었다. 이를 통해 의회가 왕의 권한을 제한할 수 있다는 민주적 사고가 확립되었다. 이 오랜 투쟁 과정에서 탄생한 가장 중요한 법적·정치적 도구가 바로 국왕의 측근들에게 책임을 추궁하는 탄핵제도였다. 이때까지만 해도 행정의 최고 책임자인 군주는 탄핵 대상이 아니었다. '국왕은 오류를 범하지 않는다'는 무오류의 원칙 때문이었다.

영국에서 탄핵제도가 언제부터 시작됐는지 그 시점을 명확하게 특정하기는 어렵다. 지금까지의 연구는 탄핵제도가 중세 영국 노르만왕조 때의 왕회王會(Curia Regis)에서 비롯됐다고 본다.[18] 고위 관리들이 비행을 저질러도 법 규정의 미비로 문책할 수 없거나 권력자의 청탁과 압력 등으로 인해 통상의 형사재판으로 처벌이 어려울 때, 의회가 나서서 이들에 대한 소추권을 행사하면서 발달했다. 이처럼 탄핵제도의 목적은 처음부터 분명했다. 의회에 의한 정부 감독, 즉 국왕의 직접적 영향권 안에 있는 고관들의 비행이나 무능을 통제하고 심한 경우 파면하는 것이었다. 탄핵제도는 왕회의 사법 작용 결과로 생겨났으며, 후에 의회가 하원과 상원으로 분리될 때 상원에 계승되었다.[19]

영국에선 탄핵 사유가 형사 범죄에 한정되지 않으나, 탄핵심판의 결과로 사형·징역·벌금이 선고될 수 있었기에 형사 절차적 성격도 있었다. 왕이 총애하는 고위 공직자·법관들은 형사소추 대상이 되지 않았기에 의회가 나서서 재판을 요구하는 차원이었다. 17세기 후반 탄핵제도는 부패하고 억압적인 관료들에 대한 통제장치로 정착됐다.

다른 한편 권력을 향한 당파 투쟁의 수단으로 이용되기도 했다. 문제 있는 대신들을 심판하는 기제로서의 탄핵이 국왕의 못마땅한 '정책'을 저지하기 위한 도구로 그 의미가 확장된 것이다. 나아가 탄핵이 특정 대신의 파면을 국왕에게 요구하게 되면서 불신임 투표(Vote of non-confidence)의 성격도 띠게 되었다. 이때부터 의회에 대한 내각책임(accountable to Parliament)의 원칙이 정립되기 시작했다.[20] 요컨대, 영국의 탄핵제도는 최고 권력자인 군주에 대한 의회의 권력 통제장치로 형성·발전됐다.

미국에서 정착된 탄핵제도

1787년 미국의 연방헌법이 채택한 탄핵제도는 영국의 제도를 단순히 모방하기보다는 창조적으로 계승했다. 미국에서 헌법 입안자들이 제헌의회에서 열띤 토론을 벌일 때 영국에서는 탄핵 사건이 심리 중에 있었다. 게다가 이미 미국의 주 헌법에 탄핵제도를 채택한 전례도 있어서[21] 그들은 탄핵제도에 대해 충분히 알고 있었다. 헌법 입안자들은 치열한 찬반 토론과 새로운 제안, 그리고 타협과 표결 끝에 미국식 탄핵제도를 고안해냈다.

가장 먼저 탄핵제도를 도입할지 말지부터 논쟁이 벌어졌다. 반대 이유는 크게 세 가지였다.

① 삼권분립의 원칙에 따르면 의회가 다른 기관에 과도하게 간섭하면 안 된다.

② 종신제인 법관에 대해서는 탄핵이 필요하지만 4년 주기로 국민의 심판을 받는 대통령에 대한 의회의 탄핵은 대통령제의 본질에 어긋난다.

③ 탄핵소추와 심판을 의회가 전담하게 되면 탄핵이 정쟁에 휘둘릴 것이다.[22]

이후 역사를 보면 이들의 우려가 크게 틀리지 않았음을 알 수 있다. 이처럼 탄핵에 대해 삼권분립 위반이나 정치적 남용 등 여러 우려가 제기되었음에도 의회의 집행권(executive power)에 대한 견제 수단이라는 공감대가 형성돼 제도로 수용됐다. 삼권분립 원칙에 따라 행정부의 집행권을 독립시킨 헌법 입안자들이었지만 인민주권 원칙과 견제 차원에서 의회의 탄핵권도 채택했다.

다른 관점에서 이 문제를 보는 시각도 있다. 대통령 권력이 비대하므로 그 권력 남용을 제어하기 위해 탄핵제도가 도입된 것은 아니라는 얘기다. 미국의 헌법 제정 당시 헌법 입안자들이 공유했던 견해는 강력한 의회 건설을 통한 연방정부 구축이었다. 다만 의회 독재가 지나치다는 지적이 있었고, 이를 순화하는 차원에서 행정부를 독립적인 기구로 했다는 주장이다.[23]

입안자들은 의회 중심 정부의 구상하에 대통령 직선제도 거부했다. 그들은 대통령 직선제가 대의제에 위반되는 직접민주주의 기제로 판단해 폐기하고 대신 선거인단(electoral college) 제도를 창설했다. 헌법 입안자들은 이 제도가 실질적으로 작동하진 않을 것으로 보았다. 선거인단이 선거 때마다 바뀌고, 각 주가 따로 모여 표결하는 데다, 투표 중 1표는 다른 주 출신 후보에게 투표해야 하고, 방대한 지리적 거리와 교통·소통 수단의 한계로 후보별 득표 현황 등에 대한 정보가 없어 사실상 과반 득표자가 나오기 어렵다고 판단한 탓이다. 과반 득표자가 없으면 상위 5명을 놓고 하원에서 결정하는 헌법 조항

을 두었기 때문에 결국 입안자들의 의도는 하원이 대통령 선출권을 갖도록 하는 것이었다.[24]

이런 관점에서 보면 의회에 탄핵권을 두는 선택은 자연스러운 귀결이었다. 다시 말해 대통령을 결정하는 사실상의 권한을 하원이 가지는 이상, 그 하원이 탄핵권까지 갖는 것은 당연했다. 이를 포함해 몇 가지 제기되는 우려가 입안자들로 하여금 탄핵제도를 수용하게끔 했다.

먼저 선거 진실성(electoral integrity) 차원이었다. 선거인단 규모가 크지 않아 부패나 협박에 의한 선거 부정의 위험성을 걱정했다. 이는 현직 대통령이 재선을 도모하는 경우에 더 우려되는 위험성이었다. 독립 전쟁을 치른 식민 국가라는 경험 때문에 다른 나라가 제공하는 뇌물이나 반역에 대한 우려도 컸다. 그들의 뇌리엔 프랑스 국왕 루이 16세가 영국 국왕 찰스 2세를 뇌물로 매수한 사건이 생생한 기억으로 남아 있었다. 특히 설계자 제임스 매디슨James Madison이 가장 우려했다. 부패와 권력 남용의 가능성도 고려했다. 마지막으로 선거 후에 대통령이 직무를 수행할 수 없는 불능 상태(incapacity)에 빠지는 경우도 감안했다.[25] 이 관점에서 보면 탄핵은 '제왕적(imperial)' 대통령제에 대한 견제 수단이 아니라 '독재적(tyrannical)' 의회 권력의 발현이다.

미국 헌법에서 탄핵은 의회의 전속 권한이다. 탄핵소추는 하원이, 탄핵 심리는 상원이 배타적 권한을 갖는다. 하원에서는 과반 동의를, 상원에서는 2/3 동의를 가결 요건으로 정해 놓고 있다. 대통령 탄핵의 경우 통상 부통령이 상원의장으로 행사하는 사회권을 연방대법원장이 대신 맡는다. 탄핵의 효과는 자격 박탈에 그친다. 탄핵 사유는 '반역, 뇌물, 기타 중대 범죄와 비행(high crimes and misdemeanors)'으로 정해져 있다.[26]

지금까지 하원에서 탄핵소추 절차가 개시된 사례는 대통령 네 번의 경우를 포함해 60건이 넘는다. 상원의 탄핵심판까지 간 사례는 총 22건이다.[27] 특이하게 트럼프 대통령은 2019년[28]과 2021년[29] 두 차례 하원에서 탄핵소추안이 가결됐으나 상원에서 모두 기각됐다. 두 번째 탄핵안은 그의 퇴임 후 상원에서 표결이 이뤄졌다. 탄핵에 의해 면직된 대통령은 아직 없다. 지금까지 미국 헌정사에서 탄핵심판의 표결로 면직된 고위 공직자는 총 8명인데 모두 연방판사였다.[30] 탄핵심판 중에 판사 3명이 사임했고, 4명에 대해서는 기각 결정이 이뤄졌다.

한국의 탄핵제도

한국의 탄핵제도는 임시정부 때 도입됐다. 1919년 9월 11일 임시 헌법 제4장 21조에 적시됐다.

임시 대통령이 위법 또는 범죄행위가 유有함을 인認할 시時는 총

원 4/5 이상의 출석, 출석의원 3/4 이상의 가결로 탄핵함을 득得함(제14호),

국무원이 실직失職 혹 위법이 유有함을 인認할 시時는 총원 3/4 이상의 출석, 출석원 2/3 이상의 가결로 탄핵함을 득得함(제15호).

탄핵소추와 심판을 따로 구분하지 않는 것으로 봐서 의회(임시의정원)에 소추권과 심판권이 모두 주어져 있는 것으로 추론된다. 탄핵 사유는 임시 대통령의 경우엔 '위법 또는 범죄행위'로 국한한 데 비해 국무원은 '위법'뿐만 아니라 '실직', 즉 실정 또는 부당한 직무집행까지 포괄적으로 규정하고 있다. 탄핵 가결의 정족수는 현재의 헌법 규정보다 강하다. 임시정부하에서 1925년 이승만 대통령이 탄핵당했다. 미국의 대통령에게 독립이 아니라 위임통치를 요청했기 때문이었다.

1944년에는 탄핵 관련 조항이 개정됐다. "임시의정원은 국무위원회 주석, 부주석 및 국무위원이 실직, 위법 또는 내란·외환 등 범죄행위가 있거나 혹은 신임할 수 없다고 인정할 때에는 탄핵안 혹은 불신임안을 제출하여 탄핵안이 통과되면 그를 면직하고 불신임안이 통과되면 그가 자행自行 사직함"(18조)으로 탄핵 사유를 단일화했다.

탄핵안·불신임안은 총 재적 의원 1/3 이상의 연서로 제출할 수 있고, 총 재적 의원 절반 이상의 출석과 출석 의원 2/3 찬성으로 의결할 수 있게 바꿨다. 개정안은 법체계상 이전보다 진전된 것이라 할 수 있다. 탄핵 사유를 통일한 점, 탄핵안의 발의정족수와 의결정족수를 구분하여 규정한 점, 의결정족수를 이전보다 완화한 점, 탄핵 의결의 효과를 면직으로 한정한 점 등이 개선된 내용이다.

탄핵안과 더불어 의회제의 제도인 불신임 조항도 신설했다. 임시정부를 운영하다 보니 경험이 쌓였고, 법적 엄밀성도 강화된 것으로 보인다. 임시정부는 의회의 탄핵권을 민주적 제도로 파악하여 채택했고, 이를 계속 고수했다. 그러나 제도의

〈표 1-2〉 헌법상 탄핵제도의 변천사

헌법 항목	1948~54년 헌법	1960년 6~11월 헌법	1962~69년 헌법
탄핵소추 기관	국회(단원제)	국회(양원제)	국회(단원제)
탄핵심판 기관	탄핵재판소 (재판장: 부통령, 대법관 5인+국회의원 5인)	헌법재판소 (9인 심판관: 법관 자격 필요, 국회 3인 선출, 대통령 3인 임명, 대법관 3인 지명)	탄핵심판위원회 (위원장: 대법원장, 대법원 판사 3인+국회의원 5인) ***대법원장을 심판할 경우 국회의장이 위원장**

헌법 항목	1972~80년 헌법	1987년 헌법
탄핵소추 기관	국회(단원제)	국회(단원제)
탄핵심판 기관	헌법위원회 (9인의 위원: 법관 자격 불요, 국회 3인 선출, 대통령 3인 임명, 대법원장 3인 지명)	헌법재판소 (9인의 재판관: 법관 자격 필요, 국회 3인 선출, 대통령 3인 임명, 대법원장 3인 지명)

자료: 정종섭, 2006, 160쪽.

세부적 설계는 여전히 엉성했다. 독립운동 때문에 미국의 선례를 충분히 파악하지 못하는 등 탄핵 절차의 특성과 복잡성을 온전히 이해하지 못한 탓으로 추정된다.

한국 탄핵제도의 원형은 임시정부 헌법이지만, 1948년의 제헌헌법에서 그 골격이 온전하게 갖춰졌다. 제헌헌법 제46조는 "대통령, 부통령, 국무총리, 국무위원, 심계원장, 법관 기타 법률이 정하는 공무원의 그 직무 수행에 관하여 헌법 또는 법률에 위배한 때에는 국회는 탄핵의 소추를 결의할 수 있다. 국회의 탄핵소추 발의는 의원 50인 이상의 연서가 있어야 하며 그 결의는 재적의원 3분지 2 이상의 출석과 출석의원 3분지 2 이상의 찬성이 있어야 한다"고 규정하고 있다.

제47조는 "탄핵 사건을 심판하기 위하여 법률로써 탄핵재판소를 설치한다. 탄핵재판소는 부통령이 재판장의 직무를 행하고 대법관 5인과 국회의원 5인이 심판관이 된다. 단 대통령과 부통령을 심판할 때에는 대법원장이 재판장의 직무를 행한다. 탄핵 판결은 재판관 3분지 2 이상의 찬성이 있어야 한다. 탄핵 판결은 공직으로부터 파면함에 그친다. 단 이에 의하여 민사상이나 형사상의 책임이 면제되는 것은 아니다"고 규정하고 있다.

미국 모델을 기초로 하되, 탄핵심판 기관은 상원에서 탄핵재판소로 바꿨다. 상원이 없는 단원제를 택했기에 불가피한 결정이었다. 다만 국회가 탄핵재판소를 주도하도록 설계했다. 부통령을 재판장으로 하고 대법원과 국회가 5인씩 추천하도록 한 것이다. 이렇게 되면 의회의 목소리가 더 클 수밖에 없다. 탄핵 사유도 더 포괄적으로 정했다. 요컨대 제헌의회의 탄핵제도는 의회의 주도성을 최대한 보장함으로써 정치적 절차로서의 성격을 분명히 드러냈다.

현행 헌법의 탄핵 관련 규정은 제65조에 정해놓고 있다.

> ① 대통령, 국무총리, 국무위원, 행정각부의 장, 헌법재판소 재판관, 법관, 중앙선거관리위원회 위원, 감사원장, 감사위원 기타 법률이 정한 공무원이 그 직무집행에 있어서 헌법이나 법률을 위배한 때에는 국회는 탄핵의 소추를 의결할 수 있다.
>
> ② 제1항의 탄핵소추는 국회 재적 의원 1/3 이상의 발의가 있어야 하며, 그 의결은 국회 재적 의원 과반수의 찬성이 있어야 한다. 다만, 대통령에 대한 탄핵소추는 국회 재적 의원 과반수의 발의와 국회 재적 의원 2/3 이상의 찬성이 있어야 한다.
>
> ③ 탄핵소추의 의결을 받은 자는 탄핵심판이 있을 때까지 그 권한 행사가 정지된다.
>
> ④ 탄핵 결정은 공직으로부터 파면함에 그친다. 그러나, 이에 의하여 민사상이나 형사상의 책임이 면제되지는 아니한다.

제헌헌법에 비해 국회의 주도성이 많이 약화하긴 했지만 그래도 여전히 국회가 주도하는 절차라는 점은 분명하다. 오직 국회만이 탄핵소추에 나설 수 있기 때문이다. 게다가 탄핵 사유도 여전히 포괄적이고 해석의 여지가 상당히 많다. 정당의 이해나 국민 여론이 영향을 미칠 수 있는 공간이 열려 있는 셈이다. 이렇다 보니 정치 구도가 특이할 경우, 예컨대 여소야대의 상황에선 탄핵이 굉장히 강력한 정치적 무기가 될 수 있는 폭발성을 안고 있다.

지금까지 국회에서 본회의 표결을 거친 탄핵소추안은 총 22건이다. 이 중 20건은 1987년 헌법 개정 이후에 있었다. 발의된 소추안은 검찰총장, 대법원장, 검사 등 사법부를 대상으로 하는 경우가 17건이었다. 대통령과 행정안전부 장관, 방송통신위원장 등 행정부 대상은 5건에 불과하다. 검사 탄핵안이 13건으로 가장 많다. 이는 대통령의 권력 남용이 주로 검찰 수사를 통해 행해진 탓으로 보인다.

검사 탄핵은 검사 출신 대통령이 등장한 윤석열 정부 들어 폭증했다. 과반 의석을 차지한 야당이 자당 대표에 대한 검찰 수사를 정치 보복으로 규정, 탄핵으로 대응하면서 빚어진 현상이다. 탄핵제도가 처음으로 명실상부하게 그 위력을 드러낸 건 노무현 대통령 탄핵소추안이 모든 탄핵안을 통틀어 사상 최초로 가결됐을 때였다. 국회에서 탄핵소추안이 가결된

것은 여덟 번인데, 대통령 두 번, 법관 한 번, 장관 두 번, 검사 세 번이다.[31]

다음 2, 3장에서 자세히 살펴보겠지만 한국은 1987년 민주화 이후 두 번의 대통령 탄핵 사례가 있다. 노무현 탄핵은 국회에서 의결되었으나 헌법재판소에서 기각됐다. 탄핵의 실패 사례다. 박근혜 탄핵은 국회 의결을 거쳐 헌재 결정으로 파면됐다. 탄핵의 성공 사례다. 230여 년의 민주주의 경험을 가진 미국에서는 정작 대통령이 탄핵으로 물러난 예가 없다.

반면 2017년 민주주의 이력 30년에 불과했던 한국에서는 대통령이 탄핵으로 쫓겨났다. 대통령은 그 나라 민주주의의 '질(quality)'에 심대한 영향을 미치는 최고 정치 행위자다. 이런 점에서 민주화 이후 대통령에 대한 탄핵이 두 번이나 있었다는 것은 한국 민주주의를 이해하는 핵심 퍼즐이다. 도대체 왜 탄핵이 일어났는가? 탄핵의 행위자는 누구이고, 탄핵 사유와 탄핵 요인은 무엇인가? 왜 실패하고, 왜 성공했나? 탄핵은 어떤 효과를 낳는가? 두 번의 탄핵 경험이 던지는 질문이다.

대통령 탄핵의 성패와 무관하게 탄핵으로 인해 빚어지는 정치적 변화는 지진에 비견될 정도로 엄청났다. 노무현 대통령에 대한 탄핵은 사상 초유의 의회 권력 교체라는 대변혁을 낳았다. 박근혜 대통령 탄핵은 거대 정당의 분열 등 정계 개편과 조기 대선 및 정권 교체로 이어졌다. 이런 구조적 변화 외에도

〈표 1-3〉 역대 탄핵소추안 발의 및 처리 현황

제안 일자	의결 일자	의안명 및 발의자	발의 이유	결과
1985. 10.18	1985. 10.21	대법원장(유태흥)에 대한 탄핵소추에 관한 결의안 (박용만 의원 외 101인)	법관 인사 불공정 문제	부결[32]
1985. 10.21	1985. 10.21	대법원장(유태흥)에 대한 탄핵소추의 건 법제사법위원회 회부에 관한 동의(류준상 의원)	대법원장(유태흥)에 대한 탄핵소추에 관한 결의안을 법제사법위원회로 회부하여 조사하기 위함	부결[33]
1994. 12.16	1994. 12.19	검찰총장(김도언)에 대한 탄핵소추(신기하 의원 외 100인)	12·12 군사쿠데타 관련자 불기소, 풀어줬다는 이유	부결[34]
1998. 05.26	1999. 06.01	검찰총장(김태정)에 대한 탄핵소추(하순봉 의원 외 149인)	피의사실 공표와 검찰의 정치적 중립성 훼손, 야당 편파·표적 수사	폐기
1999. 02.04	1999. 04.07	검찰총장(김태정)에 대한 탄핵소추(이부영 의원 외 136인)	피의사실 공표와 검찰의 정치적 중립성 훼손, 야당 편파·표적 수사	부결[35]
1999. 08.26	2000. 05.29	검찰총장(박순용) 탄핵소추 (이부영 의원 외 131인)	자료 제출 거부, 선거사범 불공정 처리	임기만료 폐기
2000. 10.13	2000. 11.18	검찰총장(박순용) 탄핵소추 (정창화 의원 외 132인)	자료 제출 거부, 선거사범 불공정 처리	폐기
2000. 10.13	2000. 11.18	대검찰청 차장검사(신승남) 탄핵소추안(정창화 의원 외 132인)	선거사범 처리 불공정과 검찰의 정치적 중립 훼손 등의 사유	폐기
2001. 12.05	2001. 12.09	검찰총장(신승남) 탄핵소추안(이재오 의원 외 136인)	선거사범 처리 불공정과 검찰의 정치적 중립 훼손 등의 사유	폐기
2004. 03.09	2004. 03.12	대통령(노무현) 탄핵소추안 (유용태 의원 등 2인 외 157인)	선거 중립의무 위반	원안 가결[36]

2007. 12.10	2007. 12.15	검사(최재경) 탄핵소추안 (김효석 의원 외 149인)	BBK 사건 수사 관련, 직권 남용·증거 조작·사실 은폐 등 검찰청법 위반	폐기
2007. 12.10	2007. 12.15	검사(김기동) 탄핵소추안 (김효석 의원 외 140인)	BBK 사건 수사 관련, 직권 남용·증거 조작·사실 은폐 등 검찰청법 위반	폐기
2007. 12.10	2007. 12.15	검사(김홍일) 탄핵소추안 (김효석 의원 외 140인)	BBK 사건 수사 관련, 직권 남용·증거 조작·사실 은폐 등 검찰청법 위반	폐기
2009. 11.06	2009. 11.12	대법관(신영철) 탄핵소추안 (이강래 의원 등 4인 외 102인)	촛불집회 재판 개입, 재판의 독립성 침해	폐기
2015. 09.14	2015. 10.15	행정자치부장관(정종섭) 탄핵소 추안(이종걸 의원 외 128인)	'총선 승리' 발언, 헌법 및 공직선거법상 공무원의 중립의무 위반	폐기
2016. 12.03	2016. 12.09	대통령(박근혜) 탄핵소추안 (노회찬 의원·우상호 의원·박지원 의원 등 171인)	뇌물죄, 직권남용, 권리 행사 방해죄 등 헌법 질서 훼손	원안 가결[37]
2021. 02.01	2021. 02.04	법관(임성근) 탄핵소추안 (이탄희 등 161인)	헌법상 국민주권주의, 법관의 독립성 위배 등	원안 가결[38]
2023. 02.06	2023. 02.08	이상민 행정안전부장관 탄핵소추안 (박홍근의원 외 175인)	2029년 10월 29일의 이태원 참사에 대한 조치 미흡 등	가결[39]
2023. 09.20	2023. 09.21	안동완 검사 탄핵소추안 (김용민의원 등 106인)	유우성에 대한 보복기소 등	가결[40]
2023. 11.30	2023. 12.01	손준성 검사 탄핵안 (김용민의원 등 168인) 이정섭 검사 탄핵안 (김용민의원 등 168인)	국회의원 선거에 대한 영향력 행사 등(손준성) 타인의 범죄 기록 열람 비롯한 불법행위 등(이정섭)	가결[41]
2024. 08.01	2024. 08.02	이진숙 방송통신위원장 탄핵소추안 (김현 등 188인)	방송통신위원회 운영 관련 법 위반 등	가결[42]

자료: 김현진, 2017, 200~201쪽. 2017년 이후 사례와 표결 결과에 대한 주석은 새롭게 추가했다.

혐오와 적대의 정치 양극화가 극심해지고 거리에서 피켓 들고 반대를 외치는 이른바 '광장의 정치'가 만연하는 등 문화적 변화도 컸다.

3 탄핵의 유형

어떤 나라든 탄핵제도를 채택한 이유는 같다. 대통령과 행정부의 자의적 권력 남용에 대한 통제의 필요성이다. 이 통제권은 인민주권의 발현으로 대의기관인 의회의 권한으로 인정되고 있다. 하지만 세부적인 설계는 나라마다 조금씩 다르다. 탄핵제도는 탄핵의 소추권과 심판권을 어디에 두는지, 즉 탄핵에 참여하는 행위자의 수와 가결정족수를 어떻게 설정하는지에 따라 몇 가지 모델로 구분할 수 있다. 크게 나누면 의회가 소추부터 심판까지 탄핵권을 전담하는 모델, 의회와 사법부가 탄핵권을 분담하는 모델로 나눌 수 있다. 여기서 사법부는 대법원이나 헌법재판소, 또는 대법원과 의회가 공동으로 구성하는 기관을 포괄한다. 전담 모델은 대개 양원제 의회를 채택하는 나라들, 분담 모델은 단원제 나라들이 주로 채택하고 있다.

'정치형'과 '사법형'으로 구분할 수도 있다.[43] 정치형은 하원-탄핵소추·상원-탄핵심판 모델이다. 정치형은 정치적 책임 추궁을 위한 징계 절차로서의 성격을 강하게 지닌다. 때문에 탄핵 사유가 형사 기소 범죄에 한정되지 않는다. "탄핵은 궁극적으로 정치적 처방이다."[44] 사법형은 의회-탄핵소추·헌재-탄핵심판 모델이다. 의회의 권력 남용 우려, 법치주의 요구, 객관적 판단 등의 필요성 때문에 정치성을 좀 덜어내야 하는 차원에서 등장했다. 제도의 기본 틀을 변형해 의회 비중을 낮췄다. 이 분류에 따르면 한국은 강한 사법형에 속한다.

의회 모델·사법 모델·혼합 모델

비슷하지만 의회 모델(Congress Model)과 사법 모델(Judiciary Model), 혼합 모델(Hybrid Model)로 나누는 입장도 있다.[45] 의회 모델은 미국이 원형이고, 남미의 많은 양원제 국가가 채택하고 있다. 하원이 소추를 담당하고 상원이 심판을 담당하는 구조다. 하원에서의 가결정족수를 초다수(supermajority)[46]로 정한 나라들이 있는데, 예컨대 도미니카는 양원 모두 3/4으로 정해놓고 있다. 사법 모델은 사법부에 탄핵심판 권한을 부여하는 경우다. 탄핵소추는 의회가, 탄핵심판은 사법부가 맡는다. 단원제 국가는 상원이 없으므로 대체로 이 모델을 채택하고 있다. 혼합 모델은 브라질이 대표적이다. 브라질 헌법은 책임 범죄와 일반 범죄를 구분한다. 두 범죄 모두 하원이 소추권을 갖지만, 탄핵심판은 나눠서 맡는다. 책임 범죄의 경우는 상원이 담당하고, 일반 범죄는 최고재판소가 담당한다.

탄핵제도의 세 모델 모두 두 가지 특성을 공유한다. 먼저 탄핵이 일어나기 위해서는 대통령이 저지른 '중대 범죄 또는 비행'이 반드시 문서로 제시되어야 한다. 다음으로 탄핵 절차는 의회가 주도한다. 사법부가 행위자로 참여하는 모델에서는 의회의 결정만으로 불충분하다. 사법부(대법원 또는 헌법재판소)가 의회의 탄핵소추를 받아들이는 결정을 내려야 한다. 그러나 어느 모델이든 의회의 탄핵소추가 없으면 탄핵 절차는 개시되지 않는다. 요컨대 탄핵제도는 어떤 모델이든 근본적으로 정치적 절차 또는 과정이다.

실제 운용에서도 의회 모델과 사법 모델의 차이는 거의 없다. 정치성이 강한 의회 모델의 미국에서는 오히려 아직까지 탄핵심판을 가결한 경우가 없다. 반면 사법성이 강한 사법 모델을 채택한 한국에서 탄핵이 최종 승인된 경우가 있다. 가결 정족수도 사소한 변수다. 초다수결로 정한 나라에서 탄핵이 된 경우도 있고, 과반 이상의 동의를 요구하는 나라에서 탄핵이 안 된 경우도 있다. 그 때문인지 유형 차이에 주목해서 분석한 탄핵 연구는 많지 않다.

대부분의 나라에서 탄핵 절차를 까다롭게 해놓은 까닭은 간단하다. 탄핵이 기본적으로 정치적 과정이고 남용되기 쉽기 때문이다. 이 남용의 위험성 때문에 탄핵 과정에 사법부를 개입시키기도 하지만 말했듯이 효과 면에서 차이는 별로 없다. 게다가 사법부에 최종적인 탄핵 결정을 맡기는 것은 선출된 대통령을 축출하는 정치적 부담을 선출되지 않은 소수의 재판관에게 맡긴다는 점에서 민주성이 떨어진다는 지적도 있다.

이렇게 되면 사법부로서도 탄핵심판 과정에서 어쩔 수 없이 정치적 고려를 할 유인을 갖게 되고, 정당들도 최종 결정의 부담을 회피하면서 당파적 이익을 위한 탄핵에 나서는 동기가 커지게 된다. 정치의 사법화, '정치의 탈정치화(depoliticization of politics)', 사법의 정치화가 횡행하게 된다는 얘기다. 이런 흐름이 계속 심화하면 의회의 대의·숙의 기능이 약화하면서 결국 정치가 쇠락하고, 삼권분립마저 형해화한다.

입법은 의회의 권한이다. 대통령이 탄핵당해 임기를 채우지 못하고 물러나게 되면 정해진 시간 내에 대통령을 새로 선출해야 한다. 기존 선거 일정이 당겨질 수밖에 없다. 탄핵에 의한 선거 일정의 변화는 '입법 없는' 입법 효과라 할 수 있다. 이런 중대한 결정을 선출되지 않은 사법부가 담당하도록 하는 시스템이 과연 민주주의 규범과 원리에 맞을까? 정치학자 최장집은 한국 헌법의 커다란 결함을 다음과 같이 지적한다.

하나는 입법부와 행정부 간의 상호 견제에 의한 갈등으로 인하여 정치와 정부 기능이 교착과 마비 상태로 빠져드는 현상이다. 그 결과는 정부의 무능력을 심화시킴과 동시에 정치의 탈정치화를 가속화하는 것이다. 다른 하나는 사법 기능의 역할, 특히 헌재의 역할이 엄청나게 비대해진 것이다. 이 역시 정치의 범위를 좁히고, 그럼으로써 민주주의의 제약을 가하는 변화다.[47]

4 탄핵은 왜 일어나는가

정치적 성격의 탄핵 사유(impeachable offense)

의회가 탄핵을 발의하기 위해서는 헌법의 '탄핵 사유'에 해당하는 잘못을 대통령이 저질러야 한다. 더 정확하게는 대통령의 특정 행위에 대해 의회가 탄핵 사유에 해당한다고 '정치적으로' 결정해야 탄핵 절차가 시작된다. 탄핵 사유가 되는지 안 되는지는 법적 해석으로만 한정되지 않는다. 법학 관점의 탄핵 연구는 탄핵 사유에 초점을 맞춘다. 그런데 이렇게 접근하면 벽에 부딪힌다. 탄핵 사유를 명료하게 규정할 수도 없고, 딱 떨어지게 해석하는 것도 쉽지 않다. 역사상 위법으로 볼만한 미국 대통령의 행위는 비일비재했다.

로널드 레이건Ronald Reagan은 엘살바도르의 콘트라 반군을 군사적으로 불법 지원했다. 제임스 포크James Polk, 해리 트루먼Harry Truman과 린든 존슨Lyndon Johnson은 의회 비준도 받지 않은 채 일방적으로 전쟁을 개시했다. 이는 헌법 위반이었다.[48] 프랭클린 루스벨트Franklin Roosevelt는 무기대여법을 위반하면서까지 영국에 무기를 보냈다. 워런 하딩Warren Harding은 금주법을 무시하고 백악관에서 포커를 치면서 위스키를 마셨다. 에이브러햄 링컨Abraham Lincoln은 연방 수호를 명분으로 자의적으로 군대를 소집했고, 언론자유·인신보호권을 일시 유예했다. 토머스 제퍼슨Thomas Jefferson은 자신이 그동안 취했던 헌법에 대한 태도를 공개적으로 부정하면서 루이지애나 구매를 승인했다. 조지 워싱턴은 국민이 반대하는 영국과의 조약 체결로 엄청난 분노를 초래하기도 했다. 그럼에도 그들은 너끈히 탄핵을 피해갔다.

탄핵 사유는 미국의 헌법 제정 과정에서도 핵심 논쟁 사항 중 하나였다. 최초의 헌법 초안엔 탄핵 사유가 '실책 또는 직무 태만(malpractice or neglect of duty)'으로 돼 있었으나 '반역, 뇌물 혹은 부패'로 하자는 제안도 나왔다. '반역 혹은 뇌물'로 범위를 줄이는 주장도 있었고, 실정(maladministration)을 추가하려는 시도도 있었다. '실정失政'은 그 모호성 때문에 대통령의 임기가 사실상 상원이 인정하는 동안만 보장되는 것이나 마찬가지라는 반론이 제기됐다. 결국 영국의 탄핵제도에서 차용한 '중대 범죄와 비행'으로 정리됐다. 문제는 이 조항이 명확성과 구체성이 부족하다는 점이었다. 제헌의회에 참여했던 제임스 윌슨James Wilson 대법관은 '중대한(high)'이 '정치적(political)'이라는 의미라고 풀이했다. 그러면서 그는 탄핵의 성격을 이렇게 정의했다.

탄핵은 법학의 범주에서 일반적으로 논의할 수 없다. 그것은 법의 원리와 다른 원리에 의해 지배되고 다른 목적에 의해 운용된다. 탄핵은 정치적 특성을 가진 것으로, 그것은 정치적 범죄와 비행에 대한 정치적 처벌에 한정되어 있다.[49]

제헌의회에 참여했던 알렉산더 해밀턴Alexander Hamilton도 《페더럴리스트》 65번 탄핵심판권에서 다음과 같이 말했다.

공인의 불법행위에서 연유하는 범죄, 다른 말로 하면 공적 책무의 남용이나 위반에서 연유하는 범죄이다. 그런 범죄는 특별히 정치적이라고 부를 만한 성격의 것이다. 왜냐하면 그것은 주로 사회 그 자체에 직접적으로 가해진 위해에 관련되기 때문이다. 이런 이유로, 그에 대한 소추는 전체 공동체의 정념을 불러일으키며, 또한 공동체를 피고에 다소 우호적인 파당과 적대적인 파당으로 분열시킬 것이 분명하다. 많은 경우에, 소추는 기존의 파당들과 연계될 것이며, 이쪽 또는 저쪽에서 그들의 모든 적대

감과 편견, 영향력과 이해관계가 동원될 것이다. 그럴 경우에는 항상, 유무죄의 진정한 입증에 따라서가 아니라 파당들의 상대적 힘에 따라 판결이 좌우될 심각한 위험이 존재할 것이다.[50]

조셉 스토리Joseph Story 대법관도 '중대 범죄와 비행'은 정치적 범죄라고 해석했다. 그는 탄핵 범죄를 대단히 정치적인 성격의 행위로, 공직자가 국민에 대한 그들의 신의와 의무를 위배하는 권한 남용으로 국가에 피해를 준 비행으로 규정했다. 직위에서 해임하고 다시 공직에 취임하지 못하도록 제한하는 탄핵 효과도 그 범죄가 형사 범죄가 아니라 정치적 범죄이기 때문이라고 주장했다.[51]

1970년 윌리엄 더글러스William O. Douglas 대법관을 탄핵하는 과정에서 당시 하원의원 제럴드 포드Gerald Ford는 탄핵 가능 범죄에 대해 이렇게 말했다. "탄핵 범죄는, 그것이 무엇이든 역사의 특정한 시점에 하원의 과반수가 탄핵 사유라고 여기는 모든 행위이며, 그것이 무엇이든, 하나든 여럿이든 상원의 2/3가 피소추인을 그 직책에서 물러나게 할 수밖에 없을 만큼 충분히 심각한 행위로 간주하는 모든 범죄를 말한다." 탄핵 사유가 정치적으로 재단될 수밖에 없다는 얘기다. 이처럼 탄핵 사유 조항은 처음부터 정치적 해석의 문을 열어두고 있었다.

만약 미국의 헌법 입안자들이 형사법을 어긴 공직자를 그 자리에서 쫓아내는 것을 탄핵의 목적으로 삼았다면 탄핵보다 훨씬 더 쉽고 간편한 방법을 고안했을 것이다. 탄핵에 대해 복잡하고, 부담이 되는 절차를 걸어 놓은 까닭은 역설적이게도 형사법 영역 밖에 있는 행위를 겨냥한 것이기 때문이었다.[52] 따라서 그 이후에도 탄핵 사유에 대해 법원이나 의회 모두 명확한 정의를 내릴 수 없었다. 탄핵 사유로 헌법에 정해진 '중대 범죄와 비행'이란 개념은 "정의되지 않고 있을 뿐만 아니라 확립된 용례도 없다."[53]

미국 대법원은 탄핵 사유와 관련해 의회 결정을 존중했다. 1937년 소송대리, 탈세, 법관 재직 중 변호사 활동 혐의 등 추문과 악평으로 사법부의 명예를 실추시켰다는 사유로 탄핵당한 할스테드 리터Halsted L. Ritter 법관이 자신의 죄는 탄핵 사유에 해당하지 않는다고 주장했으나 법원은 이를 기각했다. 탄핵 사유에 대한 판단은 의회의 전속 권한이기 때문에 법원의 관할 사항이 아니라는 게 이유였다. 의회도 해석의 공간을 계속 열어 놓으려 했다. 존슨 대통령에 대한 상원의 탄핵심판 중에 '중대 범죄와 비행'에 대한 해석을 놓고 논쟁이 벌어졌으나 합의를 이루지 못했다. 그때부터 의회는 탄핵 사유의 정의에 대한 합의 시도조차 하지 않았다.

이렇게 보면 헌법상 탄핵 사유에 해당하는지 여부는 구체적인

> 경우마다 개별적으로 판단되어야 한다고 볼 수밖에 없다. 이 같은, 이를테면 '귀납적' 접근 방법은 최근 사례에서도 뒷받침된다. 닉슨 대통령이나 클린턴 대통령에 대한 탄핵소추 사건에서 하원 법사위원회는 '중대 범죄와 비행'의 엄격한 정의를 시도하지 않았던 것이다. 그렇다면 탄핵 사유 해당 여부의 결정에 당파적 고려가 개입될 소지가 생기는데, 이러한 위험은 불가피한 것으로 볼 수밖에 없다.[54]

미국의 사례

헌법 입안자들과 토크빌의 우려대로 미국에서 탄핵은 정치적으로 자주 활용되었다. 그래서 미국의 탄핵 사례를 연구한 윌리엄 퍼킨스William B. Perkins의 대전제도 미국에서 탄핵은 언제나 법의 문제가 아니라 정치의 문제였다는 것이다. 의회가 대통령 탄핵에 나설 때는 법 위반이라는 표면적 이유를 넘어 그 배후에 있는 동기에 주목해야 한다. 즉 법이 아니라 정치가 탄핵의 동인이었다.

> 아직도 탄핵이 법적 문제라고 믿는 사람들이 있다. 아니다. 탄핵은 법이 아니라 전적으로, 그리고 언제나 정치와 정책에 대한 것이었고, 지금껏 그래왔다.[55]

〈표 1-4〉 대통령, 단점·분점정부, 탄핵 흐름

항상 단점정부	주로 단점정부	반/반	주로 분점정부	항상 분점정부
밴 뷰런	잭슨**	포크	아이젠하워**	타일러**
T. 해리슨*	그랜트	피어스	클린턴**	테일러*
링컨	윌슨**	뷰캐넌**		필모어
가필드*	트루먼**	아서		A. 존슨**
맥킨리		B. 해리슨		헤이스
T. 루스벨트		클리블랜드 (2차)**		클리블랜드 (1차)
하딩*		태프트		닉슨**
쿨리지		후버**		포드
F. 루스벨트		부시		레이건**
케네디*				H. 부시**
존슨**				
카터				

자료: Perkins, 2003, p.23.
주: * 임기 중 사망, ** 탄핵 위협에 직면

〈표 1-4〉에서 보듯 탄핵에 시달린 대통령은 많다. 앤드루 잭슨Andrew Jackson은 1834년 상원의 헌법에 없는 불신임 결의안[56] 시도에 맞섰다. 존 타일러John Tyler은 1843년 처음으로 실제 탄핵 표결에 직면했고, 17년 뒤에는 제임스 뷰캐넌James Buchanan 탄핵안 표결이 있었다. 탄핵 시도는 그로버 클리블랜드Grover Cleveland, 허버트 후버Herbert Hoover에게도 닥쳤다. 1952년에는 트루먼에 대한 탄핵 결의안이 무려 3개씩이나 제출됐다. 레이건

은 1983년과 1987년, 아버지 조지 허버트 부시George H. W. Bush는 1991년 탄핵의 표적이 됐다. 탄핵 위협은 우드로 윌슨Woodrow Wilson, 드와이트 아이젠하워Dwight Eisenhower, 린든 존슨도 비껴가지 못했다. 심지어 초대 대통령 조지 워싱턴도 탄핵 위협에 시달렸다.

미국 역사를 통틀어 의회 다수당이 같은 당 소속의 대통령을 탄핵하거나 퇴출하려는 시도는 없었다. 미국 역사에서 탄핵은 늘 권력의 당파적 배열에 변화가 생겼을 때 추진됐다. 즉 단점정부(unified government, 여당=의회 다수당)가 분점정부(divided government, 여당≠의회 다수당)[57]로 전환됐을 때 탄핵은 실행동력을 얻었다. 이렇듯 탄핵은 늘 대통령과 의회 다수당 간의 당파적 차이(partisan differences)로 인해 촉발됐다. 잭슨 대통령은 재선될 때 상원을 휘그당(the Whigs)[58]에 빼앗긴 탓에 탄핵 시도에 내내 시달렸다. 10년 뒤 휘그당의 윌리엄 해리슨William H. Harrison이 당선된 지 한 달 만에 사망하고 전 민주당원 존 타일러 부통령이 직을 승계하자 다수당이던 휘그당은 그를 탄핵하고자 했다. 정책 불화가 원인이었다.[59] 1858년 뷰캐넌은 하원을 장악한 공화당에 의해, 1930년 후버는 하원 다수당이 된 민주당에 의해 탄핵 위기에 몰렸다. 탄핵 직전 사퇴한 닉슨도 상·하원을 모두 잃은 탓에, 1994년 클린턴 역시 하원을 빼앗겨 탄핵 위기에 직면해야 했다.

어떤 경우에 개인의 불법행위가 중대 범죄와 비행 수준에 이르게 될까. 또 어떤 경우에 명확하게 헌법을 위반했음에도 되레 처벌이 완벽하게 면제될까. 답은 당파성이다. 단점정부에선 대통령이 거의 자유로운 통치권을 부여받는다. 법을 위반할 수도 있으나 다수 여당이 축출은 고사하고 탄핵 시도조차 할 가능성이 거의 없기 때문이다. 분점정부에서 대통령은 법의 테두리를 충실히 따라야 하고, 더 중요하게는 대통령과 의회 간 정책 차이에 관심을 가져야 한다. 정책을 놓고 지나치게 강하게 의회와 맞서는 대통령은 탄핵 위험에 직면하기 쉽다.[60]

앤드루 존슨 대통령의 경우

미국 탄핵제도의 정치적 속성을 잘 보여준 사례가 앤드루 존슨 대통령 탄핵이다. 그는 대통령으로서는 미국 역사상 최초로 탄핵소추되었다. 존슨은 남부 출신의 상원의원 중 유일하게 연방 탈퇴에 반대했다. 노예제에 대해서는 모호한 입장을 밝혔으나 대통령 이후 언행을 보면 확고한 노예제 폐지론자는 아니었다. 그는 민주당 소속 테네시주 상원의원이었다. 그런 그가 공화당 대통령 후보인 링컨의 러닝메이트가 된 까닭은 연방을 지지하는 민주당원의 표를 얻기 위해서였다. 연방 유지의 정치적 명분을 강조하는 효과도 노렸다.

1864년 대선에서 링컨-존슨은 55%의 지지를 얻어 승리했다. 공화당 지지층과 친연방 민주당 지지층의 결합을 위해 링컨-존슨은 일종의 가설 정당인 국민연방당(National Union Party)을 만들어 그 당의 후보로 출마했다. 이 선거에서 공화당은 상·하원을 모두 석권했다. 당적이 다른 부통령이니 공화당 의원들이 좋아하기 어려웠던 차에 취임식에서 존슨이 술에 취해 취임 선서를 엉망으로 진행해 공화당 급진파들의 빈축을 사는 일도 있었다.

1865년 4월 14일 링컨 대통령이 암살되자 그다음 날 부통령 존슨이 대통령직을 승계했다. 이로 인해 졸지에 정치 지형이 뒤틀려버렸다. 대통령과 의회 다수당의 당적이 달랐고, 그들 사이의 감정도 좋지 않았다. 공화당 일부는 존슨의 승계에 기대감을 품기도 했다. 남부재건정책(Reconstuction)에서 링컨이 지나치게 타협적인 스탠스를 취한 게 내심 못마땅하던 차에, 남부의 이탈을 완강하게 반대했던 존슨이니 링컨보다 더 원칙적인 태도를 보일 것이라는 희망 때문이었다.

그러나 이런 기대를 저버리고 존슨은 민주당을 정치적 파트너로 삼았다. 존슨과 공화당은 정책, 법안을 두고 첨예하게 대립하기 시작했다. 남부 재건을 둘러싼 갈등이 가장 심각했다. 존슨이 해방된 흑인의 시민권과 투표권에 반대하자 남부에 기반을 둔 친노예 정당인 민주당은 환영하고, 흑인 노예제 폐지를 위해 싸운 공화당은 반대했다. 여야가 뒤바뀐 꼴이었다.

존슨은 남부연합에 적극 가담했던 인물들을 남부의 임시 정부 공직에 등용하고, 남부의 주들이 '블랙코드(black codes)'라고 불리는 흑인단속법을 제정해 흑인들의 권리들을 부정하고 내전 이전으로 되돌리는 조치를 방치했다. 공화당은 이에 맞서 의회가 주도하는 재건 정책을 강력하게 밀어붙였다. 1866년 해방노예국(Freedmen's Bureau)의 권한과 임기를 확대하는 법안을 통과시켰으나 존슨이 거부권을 행사했다. 분노한 공화당은 남부의 블랙코드를 무력화할 목적으로 시민권리법(Civil Rights Act of 1866)을 통과시켰다. 존슨은 즉각 거부권을 행사했다. 시민권 부여는 주정부의 배타적 관리라는 이유를 내걸었다. 이로써 존슨에 우호적이었던 공화당 의원들마저 돌아서게 됐고, 결국 이 법안은 재의결됐다. 미국 역사상 의회가 대통령의 비토를 처음으로 넘어선 순간이었다.

내친걸음 공화당은 여기서 한발 더 나아갔다. 시민권리법의 내용을 헌법에 담는 수정헌법 14조[61]를 의결하고 각 주에 비준을 요청했다. 수정헌법 14조는 1866년 중간선거의 핵심 이슈로 등장했고 존슨은 전국을 돌며 반대 유세를 펼쳤다. 그러나 선거 결과는 존슨의 참패였다. 공화당은 하원에서 37석을 더 얻어 173석이 됐다. 민주당은 47석에 그쳤다. 상원에서도 공화당이 16석을 더 얻어 57석의 압도적 다수당이 됐다. 민주당은 고작 9석에 불과했다. 수정헌법 14조는 1868년 비준을 마치고 발효되었다.

선거 승리 후 공화당은 대대적인 공세에 나섰다. 1867년 2월 남부재건법(Reconstruction Act)을 제정해 대통령을 견제하고 나섰다. 이에 존슨이 비토로 맞섰으나 의회는 표결로 비토를 제압했다. 군예산법(Army Appropriation Act)으로 대통령이 연방군 사령관을 통해 남부 재건에 영향력을 발휘하지 못하도록 했다. 공직임기보장법(Tenure of Office Act)도 제정했다. 상원 인준을 받아 임명한 공직자를 상원 동의 없이 대통령이 임의로 해임할 수 없으며, 상원이 휴회 중일 때에는 해당 공직자를 일단 정직시킨 상태에서 상원의 개회를 기다리도록 규정했다. 존슨이 수정헌법 14조를 지지한 공무원들을 대거 해임한 것에 대한 대응이자 특히 전쟁부 장관(Secretary of War)으로 재직 중인 공화당 급진파의 리더 에드윈 스탠턴Edwin M. Stanton을 보호하려는 조치였다. 남부재건법도 다시 개정하여 존슨을 더 강하게 밀어붙이려 했다.

존슨이 공직임기법, 남부재건법 개정안 등에 대해 거부권을 행사했으나 공화당은 압도적 의석으로 재의결했다. 이때부터 공화당은 대통령 탄핵을 정치적 견제 수단으로 본격 추진하기 시작했다. 하원 법사위원회가 탄핵 사유를 광범위하게 조사하기 시작하자 존슨은 기민하게 몸을 낮췄다. 의회와 갈등을 빚을 만한 행동은 거의 하지 않은 채 조심스럽게 처신했다.

1867년 11월 하원 법사위원회 표결 결과 탄핵 찬성 5명, 반대 4명이었다. 공화당 2명, 민주당 2명이 반대했다. 존슨은 내전 가능성까지 언급하면서 강하게 맞섰다. 이 탄핵안은 하원 전체 표결에서 57 대 108로 부결됐다. 당내 급진파와 대립하던 공화당의 보수·중도파 의원 68명이 반대했기 때문이었다. 존슨의 비공식적 타협 제스처가 효과를 발휘한 덕이었다.

하지만 이게 끝이 아니었다. 탄핵 부결 후 자신감이 넘친 탓인지 존슨이 다시 악수를 뒀다. 표결 두 달 뒤인 1868년 2월 스탠턴 장관을 해임해버린 것이다. 공화당은 탄핵 재추진으로 결연하게 맞섰다. 스탠턴을 해임한 바로 다음 날 탄핵소추안을 다시 발의했다. 공직임기법 위반이 헌법의 탄핵 사유(중대 범죄와 비행)에 해당한다는 이유였다. 이번에는 공화당 전체가 뜻을 같이했다. 북부를 중심으로 탄핵 지지 여론도 매우 높았다. 1868년 2월 24일 제출된 지 이틀 만에 매우 빠르게 탄핵안이 가결되었다. 찬성 126표, 반대 47표였다. 그런데 웬걸 존슨의 탄핵은 상원에서 35 대 19로 기각됐다. 딱 1표가 모자랐다.

정치 게임의 결과였다. 당시 상원은 27개 주에서 2명씩 총 54명이었다. 이 중 공화당 소속이 42명, 민주당 소속이 12명이었다. 공화당 의원만으로도 의결정족수 36명을 훌쩍 넘겨 탄핵 가결은 당연한 수순이었다. 표결에 참여한 민주당 의원 9명은 전원 반대표를 던졌다. 공화당 의원 중에 반대표를 던진 의원은 10명이었다. 이 중 3명은 원래부터 존슨과 가까운 사이였다. 나머지 7명은 '공화당의 반항아(Republican Recusants)'로 불렸는데, 이들은 11월로 예정된 선거 때문에 존슨을 지지하는 유권자들을 의식했을 것으로 추정됐다. 존슨의 임기가 불과 9개월밖에 남지 않았던 점도 작용했다. 탄핵심판이 진행되는 중에 의회에 협조할 것을 물밑에서 약속하는 등 존슨은 탄핵을 저지하기 위해 부지런히 노력했다.

가장 결정적인 이유는 존슨 파면 후의 상황에 대한 정치적 계산이었다. 당시는 수정헌법 25조[62]가 생기기 이전이라 승계한 대통령은 부통령을 임명할 수 없었다. 따라서 당연히 존슨 대통령에게는 그를 승계할 부통령이 없었다. 규정에 따르면 대통령이 파면될 경우 상원 임시의장[63] 벤저민 웨이드Benjamin Wade가 대통령직을 승계했다. 그런데 공화당 급진파(Radicals)의 리더인 데다 무뚝뚝하고 강한 성격의 웨이드에게는 적이 많았다. 보수파는 특히 웨이드 변수가 대선에 끼칠 악영향, 즉 웨이드가 대통령이 되면 어쩔 수 없이 그를 러닝메이트로 지명해야 하는 선거 부담을 우려했다. 따라서 그들로서는 웨이드의 승계를 받아들이기 어려웠다. 이것이 1표차 부결의 숨은 이유였다.

존슨 대통령의 탄핵 사례는 탄핵제도의 본질을 여실히 보여준다. 무엇보다 탄핵 시도가 정치적 동기에서 비롯되었다. 존슨 탄핵을 포함해 영국과 미국의 숱한 탄핵 사례에서 빈번하게 확인되는 디폴트다.

> 존슨 대통령 탄핵의 실제적 이유는 그의 정치 이념에 대한 (공화당) 급진파의 격한 증오에서 유래한 것이고, 그들은 탄핵을 정치적으로 대립하는 대통령을 파면하는 무기로서 성공시킬 수 있다고 생각한 것이다. 이 선례는 의회와의 협조를 집요하게 거부하는 대통령을 파면하기 위하여 행해졌음을 증명하는 것이다.[64]

탄핵은 본질적으로 당파성을 띤다. 토크빌도 탄핵제도가 "상대방을 응징하려는 열정을 가진 정당들에 저항할 수 없는 충동을 불러일으키는"[65] 성격을 갖는다고 지적했다. 존슨의 경우에도 법 위반은 명분이었을 뿐 진짜 이유는 존슨이라는 인물에 대한 거부감이었다. 대통령이 탄핵당할 만한 죄, 즉 탄핵 사유가 있는지는 부차적이었다. 존슨 탄핵은 공화당 급진파가 자신들의 정책에 반대하는 대통령에게 가한 정치적 보복으로서, 법률 위반을 구실로 삼아 의회 다수당이 당파적으로 권력을 남용한 것으로 이해할 수 있다. 탄핵이 상원에서 최종 기각된 까닭도 탄핵 사유의 부실 여부가 아니라 공화당 내부의 분파적 계산 때문이었다. 만약 공화당이 단결했다면 탄핵안은 상원에서 가결되고, 존슨은 세계 최초로 탄핵당한 대통령으로 기록됐을 것이다.

헌법학자들도 대체로 존슨 탄핵이 무리한 시도였다고 평가한다. 캐스 선스타인Cass Sunstein은 비록 존슨이 형편없는 대통령이었으나 그에 대한 탄핵은 헌법에 어긋나는 행위라고 했다. 라울 버거Raoul Berger는 더 직설적으로 탄핵제도를 남용한 사례로 단정했다. 대법관을 지낸 윌리엄 렌퀴스트William Rehnquist는 존슨에 대한 탄핵이 기각됨으로써 대통령의 독립적 권한 행사에 중대한 전환점이 되었다고 평가하면서, 대통령 직무에 대한 책임은 의회의 탄핵이 아니라 선거로 심판하는 것이 헌법의 기본 원칙이라는 것을 확인해주었다고 했다. 물론 반대되는 의견도 있다. 프랭크 보우만Frank Bowman은 존슨에 대한 탄핵 기각이 오늘날의 제왕적 대통령제를 만드는 데 크게 기여했다는 의견이다.[66]

무엇이 탄핵을 불러오나

탄핵은 특정한 조건이 맞아떨어져야 실제로 추진될 수 있다. 바움가트너는 탄핵에 영향을 미치는 요인으로 다섯 가지를 제시했다.

① 정부 내 여러 기관 간의 제도적 권력균형이다. 권력이 약한 대통령이 의회를 통제하려다 탄핵에 직면할 수도 있고, 의회가 강한 대통령을 견제하기 위해 탄핵을 제기할 수도 있다.

대통령이 헌법재판소, 대법원 등 탄핵 행위자들의 구성이나 운영에 강한 영향력을 가진다면 이론적으로 탄핵 시도는 상대적으로 성공하기 어렵다.

② 헌법·법에 정해져 있는 탄핵 절차, 의결정족수 등의 요건이다.

③ 정당정치의 구조다. 양당제인지 다당제인지 등 정당 체계의 제도화 양태, 표결에서 보이는 정당 기율의 정도, 대통령과 특정 정당 간의 연대와 그 수준 등이 주목 사항이다.

④ 대통령의 인기다. 인기 있는 대통령과 맞서는 것은 정치적으로 부담이 크다. 그러므로 탄핵은 대통령이 인기가 있을 때보다 없을 때 시도된다. 닉슨과 클린턴의 탄핵을 비교해 보면, 대통령 인기의 중요성을 알 수 있다. 닉슨과 달리 클린턴은 스캔들로 불거진 탄핵 위기 속에서도 지지율(public approval ratings)이 높았다. 그렇다손 치더라도 대통령이 인기 없다고 해서 쉽게 탄핵당하는 것도 아니다. 보리스 옐친Boris Yeltsin은 임기의 절반이 넘는 6년 동안 인기가 바닥이었지만 탄핵을 버텨냈다.

⑤ 언론 자유와 경제 상황, 그리고 국제적 압력이다.[67]

바움가트너는 스캔들 요인을 특별히 강조한다. 부패나 권력 남용 등 정치적 스캔들 연구는 페레스-리냔에 의해 더 심층적으로 이뤄졌다. 비리 의혹은 의회, 언론, 특별검사, 유력한 공인, 내부자 등이 제기할 수 있다. 제기된 의혹이 의회나 국민의 관심을 끌려면 정치적 인화성이 있어야 한다. 스캔들이 탄핵을 자극하고, 덕분에 탄핵 시도가 명분과 세력을 얻을 만큼의 효과를 내는 자극적 요소를 가져야 한다는 뜻이다. 스캔들의 중요성에 대해서는 연구자마다 의견이 갈린다. 일부는 그 중요성에 대해 공감하지만, 일부는 정치적 스캔들이 실제로 대통령의 실각으로 이어지는 통계적 증거가 없다고 본다.

스캔들로 인해 탄핵이 촉발되더라도 성공에 이르려면 두 가지 요건이 필요하다. 하나는 직접성이다. 대통령이 비행非行(wrongdoing)에 직접 연루됐다고 믿을 만한 충분한 이유가 있어야 한다. 대통령의 연루 정도가 심하면 심할수록 정치적 스캔들로 비화할 가능성이 커진다.

다른 하나는 중대성이다. 비행이 '대통령 권한의 광범위한 남용'**68**이어야 한다. 즉 사안의 성격과 그 위반 정도가 심각해야 한다. 아무리 대통령을 축출하고 싶어도 사안이 중대하지 않고 위반의 정도가 미미하면 어렵다. 닉슨과 클린턴의 희비도 이 점에서 갈렸다. 스캔들은 존재 그 자체보다는 대중여론과 의회의 판단에 어떤 영향을 미치느냐가 더 중요하다. 예컨대 스캔들 때문에 대통령 지지율이 급락해야 한다. 여론이 '유죄 인정, 탄핵 부정(Guilty Yes, Impeachment No)'으로 형성될 수도 있고, 책임이 크진 않으나 탄핵이 불가피한 쪽으로 기울 수도 있다.[69] 대중여론은 여론조사나 엘리트들의 반응, 언론사의 입장 등을 통해 판별할 수 있다. 스캔들은 그렇지 않더라도 대통령에 반대하던 야당에 좋은 명분이 될 수 있다. 대통령을 지지하던 여당 일부가 반대로 돌아서게 만들 수도 있다. 알버트 자피, 옐친, 이온 일리에스쿠Ion Iliescu(루마니아)의 예처럼 스캔들이 없었던 탄핵 시도도 간간이 있었다.[70]

여기서 특별히 주목할 개념이 이노호사와 페레스-리냔이 제시한 의회방패다. 이들은 콜롬비아의 에르네스토 삼페르Ernesto Samper 대통령이 스캔들 속에서 살아남은 이유를 세 가지로 정리했다. 대통령이 의혹에 연루된 결정적 증거가 없었던 점과 대통령의 높은 인기, 그리고 의회방패 등이다. 의회방패는 삼페르 대통령이 의원들을 잘 설득해 의회에서 탄핵을 저지하는데 성공했다는 뜻이다. 그는 후원, 즉 지역개발사업(pork barrel)을 활용해 야당 의원들을 포섭함으로써 탄핵을 면할 수 있었다.[71] 이론적으로 여당이 의석을 방패로 막으면 탄핵은 더 이상 진전되지 못한다. 탄핵소추, 나아가 탄핵심판까지도 의회의 전속 권한인 경우가 많으므로 의회 요인을 강조하는 것은 지극히 합리적이다.

의회는 대통령의 운명을 결정하는 가장 강력한 유일 행위자다. 필리핀과 베네수엘라처럼 탄핵이 아니라 다른 수단에 의해 대

통령이 퇴출된 경우에도, 의회는 대통령의 축출로 이어진 대중적 저항을 촉진하거나(필리핀), 헌법적 권위를 통해 대통령직이 궐위됐음을 선언했다(베네수엘라). 모든 나라에서 대통령이 탄핵소추될지 안 될지를 결정하는 기관은 의회다. 의회의 동의 없이 이뤄진 탄핵 시도는 대통령에 대한 고발 차원을 넘어설 수 없다.[72]

의회 요인의 우위를 강조하는 이 입장은 나중에 대중적 저항(popular protest)을 중시하는 입장과 대립하게 된다. 카다Naoko kada는 의원들이 탄핵에 대한 입장을 정할 때 영향을 미치는 요인을 네 가지로 압축했다.

① 탄핵에 필요한 가결정족수(voting threshold)
② 탄핵 여부를 결정하는 의회의 당파적 배열(partisan composition)
③ 대통령에 의한 후원(presidential patronage)
④ 대중여론(public opinion)[73]

바움가트너가 탄핵이 제기되는 맥락을 살피는 '점검 요인'을 제시했다면, 카다는 탄핵 과정에 작용하는 '영향 요인'을 제시했다.

가결정족수, 즉 표결 문턱은 나라마다 조금씩 다르다. 필리핀에선 특이하게도 1/3만 있으면 탄핵을 가결할 수 있다. 이 때문에 220명 중 겨우 87명의 의원이 동의했음에도 에스트라다 대통령에 대한 탄핵이 진행될 수 있었다. 가결정족수의 벽이 높을수록 대통령이 유리하다. 때론 가결정족수 요건을 무력화하기 위해 의회가 헌법을 자의적으로 해석하기도 한다. 1999년 파라과이의 라울 쿠바스Raul Cubas 대통령에 대한 탄핵 때 헌법의 2/3 요건을 67%가 아니라 66.5%로 재해석했다. 이 탄핵소추는 1표 차이로 가결됐다. 당시 대통령을 지지하던 의원 1명은 휴게실에 억류된 탓에 투표도 못 했다.[74] 가결정족수 요건이 탄핵에 큰 영향을 미치지 못한다는 연구도 있다.[75]

정당별 분포, 즉 당파적 배열은 미국의 예에서 확인되듯 핵심 요인이다. 물론 그렇다고 여당이나 집권 연합이 과반 의석을 확보하고 있다고 해서 무조건 탄핵이 실패하는 것은 아니다. 여당 일부나 집권 연합 일부가 상황에 따라 반대로 돌아설 수 있기 때문이다. 닉슨이 사임한 것도 여당 의원들이 탄핵에 찬성했기 때문이다. 따라서 여야의 의석수만 봐서는 탄핵의 결과를 가늠하기 어렵다. 당파적 배열은 조건 변수이지 그 자체로 탄핵 여부를 가늠하는 예측 변수는 아니다. 더 주목해야 할 포인트는 여당 내 분파가 어떻게 분포되어 있는지, 즉 분파적 배열(factional composition)과 그로 인한 분열 가능성이다. 따라서 당의 기율과 이념적 응집성, 대통령의 정치 스타일과 후원 등도 함께 살펴야 한다.

대중여론은 두 가지 단계로 작용한다. 스캔들 등 대통령에 대한 의혹이 제기되더라도 대통령의 인기가 높으면 의원들이 탄핵에 나서기 어렵다. 예방 효과(precondition effect)다. 하지만 예방 효과가 없을 수도 있다. 미국의 클린턴이나 트럼프의 예처럼, 양극화 정치에선 여론을 무시하고 탄핵소추를 통해 당파적 이득을 취하려고 할 수도 있다. 탄핵 과정이 시작될 때의 여론은 이후 절차가 진행되면서 얼마든지 바뀔 수 있다. 변화된 여론이 미치는 힘이 결정 효과(resolution effect)다. 필리핀의 에스트라다 대통령은 높은 인기를 누렸으나 탄핵 조사가 진행되는 와중에 그의 비행 증거가 드러나 여론이 나빠졌다. 반대로 옐친은 지지율이 20%대에 불과할 정도로 인기가 없었으나 탄핵 과정에서 결정적 증거가 발견되지 않아 대중적 분노에 내몰리진 않았다.[76]

탄핵의 헌법적 주체는 의회 또는 의회와 사법부다. 대통령은 수동적 객체다. 그러나 대통령에게 운신의 폭이 전혀 없는 건 아니다. 탄핵이 시도될 때부터 탄핵심판에 이르기까지 대통령의 정치력도 상당한 영향을 미칠 수 있다. 대통령은 메시지, 의원이나 정당 지도자와의 정치적 타협, 후원 등으로 상황을 자신에게 유리하게 끌고 갈 수 있다. 클린턴 대통령과 콜롬비아 삼페르 대통령은 스캔들에 대한 효과적인 방어를 통해 스캔들의 사회적 파장을 최소화했다. 지지율 하락을 막고, 나아가 반대파의 탄핵 공세가 당파적이라는 여론을 만들어내기까지 했다.[77]

페레스-리냔은 당파성, 즉 의회의 당파적 배열도 중요하지만 대통령의 리더십과 전략도 못지않게 중요하다고 지적한다. 그간에는 대통령의 행위를 제도적 요인의 결과로만 보거나, 의원들이 취하는 전략에 맞서 대응하는 차원으로 한정해서 접근함으로써 대통령이 취할 수 있는 적극적 전략을 무시해왔다.[78] 고립된 대통령, 의회와 대립하는 대통령은 스캔들이 터지고 대중적 불만이 고조되면 탄핵당할 가능성이 크다.

반면 임기 초반부터 정책이나 보조금 등을 통해 의회에서 폭넓은 연합을 구축한 대통령은 살아남을 가능성이 크다. 대통령이 여당을 대하는 태도는 무시, 추종, 공조로 구분할 수 있다. 문제는 무시의 경우다. 여당을 무시한 페레스 대통령은 당의 결속을 잃어 자신이 원했던 개혁에도 실패하는 등 위기를 자초했다.

의회의 반대에 직면한 대통령이 취할 수 있는 전략은 세 가지다. 가능한 한 의회를 건너뛰고 의회 지도자들을 무시하는 고립(isolation), 대중 앞으로 나아가서 국민에게 직접 호소해 여론을 동원함으로써 의회를 양극화해 이득을 취하는 대결(confrontation), 정기적으로 의회 지도자들과 소통하고 거래하는 협상(negotiation) 전략이다.[79] 고립 전략이나 대결 전략은 탄핵 시 부정적이거나 치명적인 영향을 미친다. 야노스Mariana Llanos와 마르슈타인트레데트Leiv Marsteintredet도 대통령의 행동이 탄핵 연구에서 제대로 다뤄지지 않았다면서 대통령의 전략이나 리더십 스타일을 독립변수로 삼으라고 권고했다. 대통령이 '나 홀로' 통치하려는 것은 쉽게 마음이 동하는 제도적 유혹이기 때문에 연립내각(cabinet coalitions)의 구축이 안정과 성공의 원천이지만 연합 붕괴, 여당이나 행정부 내 분열은 몰락의 원천이다. 스캔들의 효과는 내부 갈등, 의회와의 갈등에 연동되어 있다.[80]

이에 대해 캐시 호흐스테틀러Kathy Hochstetler는 신중한 반론을 제기한다. 스캔들, 경제관리, 위법행위 등 모두 대통령이 관련된 것이기 때문에 대통령에겐 자신의 몰락에 책임져야 할 몫이 분명 있다. 그러나 대통령이 가벼운 죄를 저질렀음에도 몰락했다면 대통령만 탓할 수는 없다. 잘못과 무능에도 별 다른 어려움 없이 통치한 대통령들도 있다. 따라서 대통령의 몰락을 설명할 때 의회의 행동, 법원의 결정, 가두시위 등을 배제한 채 대통령에게만 과도하게 초점을 맞추는 것은 잘못된 판단이다.[81] 어느 정도의 비중을 두든 대통령의 정치(presidential politics)가 중요한 요인이란 사실만큼은 인정할 필요가 있다.

바움가트너와 카다가 제시한 인과 요인 중 이후 연구에서 당파성과 대중여론 요인만이 설명 변수로 남았고 나머지는 무시됐다. 페레스-리냔은 중남미의 다섯 가지 탄핵 사례를 분석한 뒤 탄핵 요인을 세 가지로 압축했다. 미디어 스캔들, 정부에 대한 대중적 분노, 대통령에 대한 의회의 낮은 지지다(〈표 1-5〉 참조). 이 요인들은 노무현 탄핵 사례와 대통령 탄핵 사례의 성패를 가르는 핵심 요인들이기도 하다.

첫째, 언론이 나라를 다스리는 대통령과 내각의 도덕적 권위에 의문을 제기했다.
둘째, 통상 엘리트와 대중이 연대해 대통령을 겨냥한 의혹을 제기하고, 대통령의 생명력을 갉아먹는다.
셋째, 대통령은 의회에서 반대 연합이 형성되는 것을 막지 못했다.[82]

이노호사와 페레스-리냔은 미국의 클린턴과 콜롬비아의 삼페르를 통해 당파성 요인에 대한 비교분석을 시도했다. 소추 내용으로나 여론 구도에선 삼페르가 훨씬 나빴다. 여론조사에서 확인되는 호감도도 클린턴이 더 높았다(〈표 1-6〉 참조). 그런데 미국 하원은 탄핵소추를 의결했고, 콜롬비아 하원은 받아들이지 않았다. 〈표 1-7〉에서 확인되듯이, 미국 하원은 여야 간에 이념적 균열 때문에 극한 갈등이 빚어져 의원들은 실리나

〈표 1-5〉 요인별 탄핵 위기의 비교(1990~1999)

대통령	스캔들	대중적 분노	의회의 지지	결과
콜로르 (브라질, 1992)	○	○	×	탄핵 - 대통령 사임
페레스 (베네수엘라, 1993)	○	○	×	탄핵 - 대통령 축출
삼페르 (콜롬비아, 1996)	○	○	○	탄핵 면함
부카람 (에콰도르, 1997)	○	○	×	정신이상 선포 - 대통령 축출
쿠바스 (파라과이, 1999)	○	○	×	탄핵 - 대통령 사임

자료: Pérez-Liñán, 2003, p.118.

〈표 1-6〉 탄핵소추에 대한 여론 동향(%)

대통령	죄가 있다	물러나야 한다	차이(%p)
클린턴(1998년 12월)	59	38	21
삼페르(1996년 4~5월)	54	42	12

자료: Hinojosa & Pérez-Liñán, 2006, p.663.

〈표 1-7〉 하원에서의 탄핵 표결 시 대통령 지지(%)

	삼페르		클린턴	
	탄핵 반대	총 표수	탄핵 반대	총 표수
여당	88.9	90	97.6	205
야당	48.4	64	2.6	229
전체	72.1	154	47.5	434

자료: Hinojosa & Pérez-Liñán, 2006, p.665.

소신에 따른 선택을 할 수 없었다. 이와 달리 콜롬비아에선 찬반이 여야로 나뉘지 않았다. 다수당인 여당이 탄핵 봉쇄 입장을 분명히 하자 야당 의원 다수는 탄핵을 지지하기보다 지역구 예산 등 실리를 선택했다.[83]

이밖에 레이건은 우호적인 여론에 힘입어 살아남았다. 레이건의 지지율은 47%나 됐고 사임 여론은 30%였다. 그래서 비록 소수당이었지만 탄핵을 피할 수 있었다. 아르헨티나의 카를로스 메넴Carlos Menem은 의회 덕분에 탄핵 파고를 넘을 수 있었다.

닉슨과 콜로르의 퇴진엔 사회적 압박이 결정적이었다. 닉슨의 경우 '죄가 있다'는 응답과 '물러나야 한다'는 응답 간의 격차가 31%p에서 8%p로 좁혀졌다. 사퇴 여론이 57%에 달한 반면 지지율은 24%에 불과했다. 하원 법사위원회에서 탄핵을 의결하고, 여당 의원들도 찬성하자 전격 사임했다. 콜로르의 경우 부패 스캔들에 연루되었다는 여론이 84%까지 치솟고, 10만여 명의 시위대가 의회 앞에서 탄핵을 외쳤다. 콜로르는 여소야대임에도 의회에서 강력한 연합을 구축할 생각조차 없었고, 후원 등을 통해 의원들의 지지를 확보하지도 않았다. 상원 표결 전날 사퇴해야만 했다.

결국 탄핵 요인 중 핵심은 대중여론과 의회 행동이다. 대통령 퇴진 여론이 없으면 의회가 행동에 나서기 어렵다. 여론의 역풍이 두렵기 때문이다. 물론 그냥 밀어붙일 수도 있다. 대통령 탄핵을 요구하는 사회적 동원이 이뤄지면 의회가 탄핵에 나서기 용이하다. 물론 그렇지 않은 경우도 있다. 삼페르[84], 클린턴과 트럼프는 의회방패로 살아남은 반면 닉슨은 물러났다.[85] 콜로르의 경우 상·하원에서 각각 4%와 8%의 지지를 받는 극소수파였기에 의회방패는 처음부터 기대난망이었다.

탄핵 연구에서 날카로운 대립각을 세운 연구자가 호흐스테틀러다. 그는 1978~2003년 사이에 남미 대통령들을 위기에 빠뜨린 요인으로 개인적 스캔들[86], 소수파 지위[87], 신자유주의 정책 등 세 가지를 거론한다. 〈표 1-8〉에서 보듯, 탄핵의 성패를 가르는 요인은 대규모 가두시위의 존재 여부다. 가두시위가 새로운 조정 권력(poder moderador), 즉 대통령을 몰락시키는 데에 중심적 역할을 한다. 의회의 호응은 중요치 않다.[88] 그는 '의회 대 광장(institution vs. street)' 논쟁에서 '광장론'을 대표하는 연구자였다.[89]

> *광장에서 대통령의 퇴진을 요구하는, 동원된 국민의 존재가 대통령 축출의 성공 여부를 가름하는 결정 요인(crucial determinant)인 것으로 보인다. 의회는 독자적으로 대통령을 축출할 역량도 의사도 없다. 광장의 저항이 의회의 행동을 추동하고, 광장의 저항만이 대통령을 몰락시키는 독자적 현상이다.[90]*

〈표 1-8〉 선출된 대통령에 대한 시민사회의 도전(1978~2005)

	광장	광장&의회	의회
대통령 퇴진	볼리비아(1984~85) 아르헨티나(1989) 과테말라(1993) 에콰도르(2000) 아르헨티나(2001) 볼리비아(2003) 에콰도르(2005)	브라질(1992) 베네수엘라(1992~93) 에콰도르(1997) 페루(2000) 필리핀(2000~01)	
대통령 유지	필리핀(1986) 엘살바도르(1987) 스리랑카(1988) 엘살바도르(1989) 한국(1991) 한국(1997) 브라질(1999) 스리랑카(2001) 온두라스(2003) 베네수엘라(2002~03) 베네수엘라(2004)	에콰도르(1987) 콜롬비아(1996) 필리핀(2005)	스리랑카(1991) 파라과이(1997) 미국(1998) 한국(2004) 말라위(2005) 니카라과(2005) 페루(2005)

자료: Hochstetler & Edwards, 2009, p.33.

어떤 요인이 결정적인가: 의회(institution) 대 광장(street)

주요 탄핵 연구자들은 거의 예외 없이 가두시위가 의회의 행동과 공조를 이룰 때 가장 치명적이라는 사실에 동의한다.[91] 어느 요인이 더 결정적인가. 이를 두고 벌어진 지적 공방이 '의회 대 광장' 논쟁이다. 포문은 호흐스테틀러가 열었다. 그는 가두시위가 더 중요하다고 주장하면서도 의회와 대중 간의 공조가 시너지 효과를 낸다고 진단한다.

의회의 행동이 대중적 반응을 불러일으키지 못한다면 탄핵 시도는 실패했다. 반대로 대통령에 대한 대중적 분노가 의회의 호응을 받지 못했더라도 광장의 도전은 자체 동력으로 지속될 수 있었고, 가끔 성공하기도 했다.[92]

그가 주장하는 핵심은 두 가지다. 먼저 의회만이 나서서 대통령을 자리에서 물러나게 하려던 시도는 전부 실패했다. 다음으로 대통령이 실제로 축출된 모든 경우에서 가두시위가 중심적 역할을 했다. 제도가 어떻게 되어 있는지는 그 제도 안의 다양한 행위자가 대통령에게 맞설 수 있는 '능력'에 영향을 미치는 반면, 제도 밖에서 발생하는 사건은 실제 행동에 나서도록 하는 '동기'에 영향을 미친다. "세계 어디서든 대통령 축출은 언제나 그에 반대하는 거대한 동원 때문이었다."[93]

야노스와 마르슈타인트레데트는 제도적 변수의 중요성을 강조했다.[94] 그들은 '의회 대 광장' 논쟁의 결론, 즉 가두시위가 우월적 요인(dominant cause)이라는 주류 의견에 반기를 들었다. 시위가 영향을 끼치기는 하지만 의회의 행동보다 중요한 것은 아니다. 대중 봉기가 아니라 의회 행동이 대통령 몰락의 주요 동력이다. 집권 연합의 분열이 대통령 붕고에 가장 독립적이고 중요한 역할을 한다. 가두시위는 대통령 붕괴로 이어지는 연쇄 사건 중 가끔 등장하는 마지막 요인일 뿐이다.[95]

야노스와 마르슈타인트레데트가 제시한 정부 내 정치(intra-governmental politics)는 유용한 분석 도구다. 연합 구축이 안정과 성공의 원천이라면 연합 붕괴, 여당 및 행정부 내의 분열은 불안과 실패의 원천이다. 내부 갈등이 존재하고, 이 갈등으로 인해 집권 연합이 붕괴한다면 대통령은 자리보전하기 어렵다. 따라서 중요한 것은 연합 구축 여부와 제도가 자극하는 배후 동기다.[96] 비슷한 맥락에서 데틀레프 놀테Detlef Nolte[97]는 파라과이의 사례 분석에서 여당의 내부 갈등을 탄핵 요인으로 특별히 강조했다. 여당 내의 분파적 구도와 분열 여부를 탄핵 요인으로 설정하는 분석은 매우 타당하고 강력해 보인다. 박근혜 탄핵이 바로 이 주장에 부합하는 사례다.

크리스토퍼 마르티네스Christopher Martinez도 대통령의 몰락에서 차지하는 비중으로는 가두시위가 의회 지지보다 작다고 주장한다. 심지어 여당 또는 집권 연합의 의회 내 의석 비율이 대통령을 악마화하는 스캔들이나 그 어떤 형태의 사회적 동원, 심지어 유혈 대치보다 더 중요하다.[98] 그가 독특하게 활용한 개념이 있는데, 존 게링John Gerring을 비롯한 연구자들이[99] 말하는 민주적 자산(democratic stock)이다. 즉 민주화의 역사적 경험에 의해 내면 가치로 축적된 정치적 자산이 미치는 영향이다. "대통령의 운명은 궁극적으로 당파적 지지와 그 나라의 민주적 자산에 달려 있다."[100]

대통령이나 의회, 정당 등 정치 행위자들이 민주적 가치와 관행을 존중한다면 탄핵은 일어나기 어렵다. 대통령이 규칙을 따르고 타협을 중시하면 탄핵 사유가 아예 발생하지 않는다. 의회는 당파적 동기에 의한 탄핵 시도를 자제한다. 대중도 시위를 통한 문제 제기보다는 제도적 채널을 활용한다. 다른 한편으로 민주적 자산이 대통령 탄핵을 추동할 수도 있고, 당파적 동기에 의한 탄핵 시도를 저지할 수도 있다. 제도보다는 운동을 중시하는 민주적 자산이 강한 영향을 미치는 경우다. 운동에 의한 민주화의 역사를 가진 한국에서는 민주적 자산이 이런 식으로 활성화됐다.

레온 자모스크Leon Zamosc는 탄핵 요인 중 시민사회에 의한 사회적 동원의 비중을 강조하면서 '제도주의적 편견'을 가장 강하게 비판한다. 그는 호흐스테틀러와 마찬가지로 초점을 제도의 작동과 엘리트의 정치 행태에 국한한 탄핵 연구를 강하게 비판했다. 정치학자들이 정치적 결과를 설명할 때 너무 성급하게 제도에 몰입한다면서 정치 참여자로서 대중의 역할에 주목해야 하고, 국가 대 사회 간 관계 분석에 초점을 둬야 한다고 제안했다. 대중 봉기(popular uprisings) 또는 광장의 행동이 대통령 축출의 유일한 필요충분조건이다.[101]

'대중적 탄핵(popular impeachment)'이 자모스크의 핵심 개념이다. 대통령의 퇴출을 요구하는 대중 시위(popular protests)

가 결정적 역할을 함으로써 대통령이 축출되거나 강제로 사임당하는 예외적 경우를 말한다. 1990년 이후 중남미에서 16명의 대통령이 이런 식으로 몰락했다. 이 현상은 특히 남미에서 심했다. 아르헨티나, 브라질, 파라과이, 볼리비아, 페루, 에콰도르, 베네수엘라 등 이들 나라에서 9명의 선출된 대통령과 2명의 임시 대통령이 이렇게 물러났다.

통상 대중적 탄핵은 대통령의 정책이나 개인적 행위가 도화선이 되어 극심한 정치 위기가 발생할 때 일어난다. 가두시위자들을 자극하는 동기로는 경제정책 실패, 권력 남용 또는 부패만 한 게 없다. 탄핵은 이에 대한 국민적 저항이다. 그는 에콰도르의 세 대통령 탄핵 사례를 통해 자신의 주장을 확인했다. 에콰도르에선 대통령 축출을 둘러싼 정치 위기가 광장에서 벌어지는 대규모 시위로 해소되는 패턴이 익숙해져 어느새 정상으로 받아들여지고 있었다. 몰락의 패턴은 압달라 부카람Abdalá Bucaram을 시작으로 자밀 마후아드Jamil Mahaud로 이어졌고, 루시오 구티에레스Lucio Gutierrez의 시기에 확고하게 굳어졌다.

자모스크는 주장한다. 대통령이 위법행위나 직권남용을 저질렀음에도 선거나 의회의 감시 등 수평적·수직적 책임성을 묻는 제도적 기제들이 제 역할을 못 할 때 시민사회가 직접 처벌에 나서기도 한다. 제도 밖의 요인은 민주정치에서 차지하는 역할이 없다는 편견을 버려야 한다. 시민을 투표자로만 생각하면 시민적 정치 참여의 전체적 윤곽을 놓치게 된다. 시민의 정치 참여가 정부의 투명성과 공적 책임성을 제고하므로 대중적 탄핵을 수직적 책임성의 일부인 사회적 책임성(societal accountability)[102]의 구현으로 개념화해야 한다.

논쟁이 진행되면서 대중적 저항이 합법적 축출의 중점 설명 변수라는 데에 학계의 대체적인 합의가 이뤄졌다.[103] 절충론도 등장했다. 페레스-리냔이 의회와 광장 요인의 통합을 시도했다. 대통령은 스캔들에 의해 상처를 입고, 대규모 시위에 직면하고, 살아남을 만큼의 충분한 의회 의석을 갖고 있지 못할 때 탄핵이 이뤄진다. 그는 의회 대 광장 논쟁에서 한 요인이 우월하다는 입장보다는 두 요인의 연계 또는 결합을 강조했다.[104] 이런 절충적 입장이 서로 모순되게 비칠 수도 있다. "의회의 행동보다 대중적 봉기가 선출된 대통령의 붕괴에 주요 동력이다."[105] 광장중시론이다. "헌법의 틀이 어떻게 되어 있든 간에, 대통령이 의회를 통제할 수 있다면 헌법을 통한 대통령의 축출은 사실상 불가능하다."[106] 의회중시론이다.

그는 2014년에 발표한 논문에서 탄핵 연구의 두 관점을 이론적으로 통합해 '이차원 이론(two-level theory)'을 제시했다. 그가 특별히 주목하는 사례는 2012년에 일어났던 파라과이의 페르난도 루고Fernando Lugo 대통령 탄핵이었다.[107] 탄핵의 이유도 모호했고, 대통령의 몰락을 설명하던 전통적 요인들, 예컨대 대규모 시위, 미디어 스캔들, 경제 위기 등이 전혀 없는 특이 사례였기 때문이다. 그런데도 의회가 이틀 만에 대통령을 탄핵해버렸다. 이 사례는 대규모 저항이 대통령의 축출을 가져오는 가장 중요한 요인이라는 대체적 합의에 흠집을 냈다.

이를 계기로 페레스-리냔은 탄핵의 두 주요 행위자인 의회와 사회운동 간의 상호작용을 탐구했다. 대중 시위는 의회에서의 강한 대통령 지지로 상쇄되고, 의회의 위협은 거리에서의 친親대통령 시위로 상쇄된다. 루고 탄핵 사례는 의회중시론에 새로운 활력을 불어넣었다. 의회가 대통령제에 없는 불신임 제도의 방편으로 탄핵제도를 활용했다는 주장은 이전에도 있었다.[108] 인기 없는 대통령을 축출하는 수단으로 탄핵이나 불능 선포를 반복적으로 활용하게 되면 결국에는 의회제의 불신임 제도와 다를 바 없어진다는 논리였다. 루고 탄핵을 계기로 다시 이런 주장에 힘이 실렸다.[109]

〈표 1-9〉에서 보듯이, 사회운동과 의회 모두 탄핵 위협을 제기할 수도 있고 반대로 침묵할 수도 있다. 마찬가지로 의회와 사회운동 모두 방패를 제공할 수도 있고, 안 할 수도 있다. 사회운동에서 위협이 제기되고 의회에서 방패가 제공되지 않으면 탄핵 가능성이 높아진다([배열 3]). 박근혜 탄핵이 이런 경우였다. 반대로 의회에서 위협이 제기되고, 사회운동에서 방패를 제공하지 않으면 이 또한 탄핵 가능성이 올라간다([배열 7]). 루고

〈표 1-9〉 사회운동과 의회 행위 간의 배열

배열	사회운동	의회	축출 가능성
1	위협 부재	방패 부재	없음
2	위협 부재	방패(잠재)	없음
3	위협 제기	방패 부재	있음
4	위협 제기	방패 제공	없음(?)
5	방패 부재	위협 부재	없음
6	방패(잠재)	위협 부재	없음
7	방패 부재	위협 제기	있음
8	방패 제공	위협 제기	없음(?)

자료: Pérez-Liñán, 2014, p.39.

〈표 1-10〉 위협과 방패의 방정식이 가져오는 두 배열의 조건

	배열 4	배열 8
위협	사회운동: 광범위한 사회적 연합(민중 부분과 중산층)이 행정부 또는 그 정책에 반대하기 위해 광장에서 저항.	의회: 대통령을 축출할 헌법적 권위 보유. 반대파가 과반 의석을 갖고, 행정부를 통제할 의지가 분명.
방패	의회: 친여 연합이 다수 의석을 점하고, 내부 분열을 극복.	사회운동: 높은 대통령 지지율, 광범위한 연합이 광장에서 대통령을 지지.

자료: Pérez-Liñán, 2014, p.41.

대통령의 경우다. 어느 쪽에서든 위협이 제기되었으나 다른 한쪽이 막을 생각이 없으면 탄핵이 성사될 가능성이 크다.

문제는 [배열 4]와 [배열 8]의 경우다(〈표 1-10〉 참조). 어느 한쪽에서 위협이 제기되었으나 다른 한쪽에서 방어에 나서는 경우들이다. [배열 4]는 사회운동에서 탄핵 위협이 제기되었으

나 의회가 막고 나서는 경우다. 삼페르의 예다. [배열 8]은 의회에서 탄핵 위협이 제기되었으나 사회운동이 제지하는 경우다. 노무현 탄핵이 이에 해당한다. 이 경우엔 결과가 가변적이다.

의회와 사회운동이 각기 가진 위협권과 방어권을 어떻게 활용하느냐에 주목하는 설명이 이차원 이론이다. 여기서 새롭게 등장하는 개념이 대중방패다. '의회방패'를 차용한 대구적 개념이다. 이로써 사회운동이 헌법기관인 의회와 대등한 행위자의 위상을 갖게 됐다. 대중방패 개념의 효용성에 대해서는 호흐스테틀러와 에드워즈도 인정한다. 그들은 2004년에 있었던 노무현 탄핵 사례를 거론하면서 이렇게 말했다. "여론과 대중 동원이 방패도 될 수 있고 위협도 될 수 있으며, 심지어 의회의 선택을 뒤집을 만큼 대통령의 운명에 결정적이라는 사실을 강력하게 뒷받침한다."[110]

페레스-리냔은 최근 들어 탄핵 남용에 대해 깊은 우려를 표하고 있다. 1992~2016년에 의회의 탄핵 또는 유사 탄핵(불능 선포)으로 축출된 대통령이 9명인데, 이들 사례에서 공통적으로 발견되는 점이 탄핵 남용이었다. 의회는 대통령을 축출하기 위해 헌법을 자의적으로 해석했고, 탄핵 사유나 절차를 멋대로 변형했다. 정치 엘리트가 탄핵을 의회제의 불신임 투표에 상응하는 수단으로 삼기 위해 제도를 왜곡한 것이다.[111]

5 탄핵을 결정짓는 요소들

탄핵을 시도하려면 그럴 만한 이유가 있어야 한다. 31쪽 〈그림 1-1〉의 탄핵 시작점, 즉 의회나 시민사회나 '그럴 만한 이유'를 내세워 대통령 탄핵을 요구함으로써 탄핵 정치가 시작된다. 그런데 정책의 차이나 정서적 반감 때문에 탄핵을 주장할 수는 있으나 헌법에 정해져 있는 탄핵 사유에 해당하지 않는다. 정책 차이가 숨겨진 기저 요인일지라도 전면에 내세울 공식 명분이 따로 있어야 한다. 헌법에 탄핵 사유가 모호하게 정해져 있으므로 어떤 행위가 과연 그에 해당하는지는 정치 세력 간에 논란이 있을 수 있다. 하지만 명분으로 삼을 만한 행위조차 없으면 탄핵 시도는 애당초 불가능하다. 탄핵의 법적 측면이다.

대개 헌법 조문은 추상성과 개방성을 특징으로 한다. 한국의 헌법도 다르지 않다. 누군가에 의한 권위적 해석이 불가피하다. 한국의 헌법재판소는 탄핵 사유 조항을 중대한 법 위반으로 해석하고, 그 기준에 따라 대통령 파면 여부를 결정한다는 입장을 밝혔다. 이 '중대성'의 판별은 사실상 법적 판단을 넘어서는 차원이다.

미국에서도 탄핵 사유에 대한 합의가 아직 없다. 이 제도를 처음 설계한 헌법 입안자들이 아직 현직에 머물러 있을 당시에도 그랬다. 공식적으로 탄핵 성공 사례가 없어 탄핵 사유의 전범을 수립할 기회도 없었다. 탄핵 연구가 법조문 상의 사유 외에 스캔들과 경제 상황에 주목하는 이유도 이 때문이다.

스캔들과 경제 상황

먼저 스캔들. 대통령이 부패나 권력 남용과 같은 스캔들에 연루되어 있다면 국민적 공분이 일어난다. 보통 이럴 때 대통령에 반대하는 정치 세력이 탄핵 시도에 나선다. 탄핵 제기의 공식이라 할 수 있다. 스캔들이 아니더라도 대통령의 지지율이 떨어져 있는 상황에서 돌출한 대통령의 일탈 행위나 특정 사건을 명분으로 삼을 수도 있다. 스캔들이든 특정 사건이든 국민의 눈에 대통령을 탄핵할 만한 가치가 있어야 한다. 탄핵 요인 중에 많은 관심을 받는 스캔들의 효과는 바움가트너와 카다가 처음 문제 제기할 때는 물론 그 뒤의 후속 연구에서도 계속 주목됐다. 물론 마르슈타인트레데트와 마르티네스처럼 스캔들의 효과에 대해 부정적인 입장을 취하는 이들도 있다. 그러나 대부분은 스캔들의 효과를 인정한다.

> *대통령의 스캔들이 탄핵 드라이브의 강력한 선행 요인이다. 대통령이 정치적 부정행위의 혐의를 받으면 탄핵 캠페인의 표적이 되기 쉽다. 몇몇 대통령이 부패 혐의 없이 탄핵 도전에 직면했지만, 평균적으로는 이 요인이 탄핵 드라이브의 주요한 결정 요인으로 보인다.*[112]

스캔들 없이 탄핵에 직면했던 사례는 루마니아의 일리에스쿠와 러시아의 옐친이 대표적이다. 한국의 노무현 같은 경우도 스캔들이 없었다.

다음으로 경제 상황. 경제 상황에 대한 연구는 주로 중남미에 집중돼 있다. 세 번째 민주화 물결 이후 중남미의 여러 나라가 신자유주의 정책을 도입했다. 그로 인해 사회적 혼란이 야기됐는데, 대통령의 위기도 여기에서 비롯됐다는 얘기다. 약간의 차이는 있으나 페레스-리냔, 호흐스테틀러, 마르슈타인트레데트, 마르티네스 등 탄핵 연구자 대부분이 대체로 공감하는 지점이다. 경제 실정이나 신자유주의 정책 등 경제 상황이 반드시 대통령의 퇴진으로 연결되는 것은 아니다. 단지 정책의 폐기나 수정에 그칠 수도 있다.

그런데 경제 상황에 대해서는 그것이 대통령만의 책임이 아니고 의회도 관여된 것이기 때문에 곧장 대통령 탄핵 요인으로 보는 건 무리라는 반론도 있다.[113] 또 경제 실정은 탄핵 사유에 해당하지 않는다는 점도 지적된다. 정책에 대한 반대 여론이든 실정이든 경제 상황이 나빠지면 대통령에게 부담인 것은 맞다. 그럼에도 임기를 채운 대통령은 많다. 경제가 나빠지면 대통령에게 이런저런 공격과 도전이 제기되곤 하지만 경제문제 그 자체보다는 관리 책임의 유무가 더 중요하다.[114] 결국 경제 상황은 대통령을 끌어내리는 요인이기보다는 상황을 촉진하는 요인이다.

아무리 탄핵을 요구하는 목소리가 높아도 헌법에 정해진 탄핵 문턱을 넘어서지 못하면 탄핵은 문자 그대로 해프닝에 그치고 만다. 대통령이 속한 정당이나 대통령을 지지하는 정치연합이 아예 탄핵소추안 발의를 봉쇄해버리면 탄핵은 국회의 어젠다조차 되기 어렵다. 설사 야당 등 반대파들이 용케 탄핵안을 발의하더라도 대부분의 나라에서 재적 의석 2/3 찬성을 소추의 가결 요건으로 정해놓았기 때문에 실제로 성공하기는 매우 어렵다. 탄핵소추에 성공하더라도 상원 또는 헌법재판소에 의한 탄핵심판이 또 남아 있다. 이때에도 대부분 2/3 요건을 두고 있다.

의회방패와 대중방패

따라서 탄핵 절차에는 의회의 당파적 배열이 중요하다. 특히 여당이 가결을 막기에 충분한 의석을 확보하고 있을 때는 당파적 배열이 바뀌지 않는 이상 탄핵은 시작되지 않는다. 의회의 지지는 탄핵 성패의 중요한 요인 중 하나다.[115] 세부적으로는 여당의 규모와 그 여당 소속 의원이 대통령에게 충성하는지 등 결속의 정도, 당내 분파로 인한 갈등·분열 여부가 핵심이다.

여기서 초점은 의회방패다. 의회방패와 관련해 무스타피크Ana Mustapic 그리고 야노스와 마르슈타인트레데테의 설명에 주목할 필요가 있다. "집권 연합 내에서의 분열이 대통령 붕괴에 직간접적으로 가장 독립적이고 중요한 역할을 한다."[116] 여당을 포함한 여권의 내부 분열로 인해 닉슨의 경우처럼 대통령의 사임으로 곧바로 귀결될 수도 있고, 야당이 그 분열에 힘입어 탄핵 가결에 충분한 표를 모을 수도 있다. 박근혜 탄핵이 후자의 사례다. 스캔들이 분열을 낳을 수도 있고, 역으로 내부 갈등과 분열이 탄핵 시도를 유혹하는 스캔들을 촉발하기도 한다. 여당의 분열이 비록 탄핵의 가결정족수를 충족하지 못하더라도 탄핵 찬반 여론에 영향을 미치고, 그로 인해 다시 여당의 분열이 가속화될 가능성까지 고려하면 그야말로 치명적 효과를 낳는다.

의회방패의 개념적 짝이 대중방패다. 의회방패는 여당 또는 대통령이 포섭한 야당 의원들까지 포괄하는 반탄핵 연합

(anti-impeachment coalition)이 의석수로 탄핵의 가결을 저지하는 방패 역할을 지칭한다. 한편 시민이 나서서 의회의 탄핵 시도를 막는 경우도 가능하다. 탄핵 시도를 차단하기 위해 가두시위에 나설 수도 있고, 탄핵소추안이 가결된 후 사회적 반대운동에 나설 수도 있다. 대규모 시위, 대중 동원(popular mobilization), 사회운동으로 탄핵을 저지하는 경우가 대중방패다. 대중방패란 개념은 페레스-리냔이 처음 사용했지만 사실 다른 연구자들의 문제제기가 먼저 있었다. 대통령이 적극적으로 탄핵에 반대하고 자신을 지지하는 대중 시위를 촉구한 사례에 주목한 이도 있고[117], 대통령을 지지하는 대중 동원을 개념화해야 한다는 이[118]도 있었다. 탄핵 여파로 벌어졌던 의회 규탄의 대규모 시위에 주목하기도 했다. 아르헨티나의 페르난두 데 라루아Fernando de la Rúa 대통령이 몰락한 후 의회로 몰려갔던 'que se vayan todos(그들을 쫓아내자)' 시위, 2000년 에콰도르에서 쿠데타가 실패한 후 광장에서 표출됐던 대중적 분노가 그 예들이다.[119]

대통령 리더십

대통령 리더십이나 전략도 탄핵 정치에서 중요한 요인이다. 대통령은 가장 강력한 정치 행위자이기 때문이다.[120] 그런데 사실 탄핵은 대통령을 겨냥한 정치적 절차이기 때문에 대통령이 주체로 등장하기는 쉽지 않다. 그럼에도 탄핵 과정에서 대통령의 정치적 역할 공간은 열려 있다. 제도적으로 보유한 권력 자원을 쓸 수도 있다. 대통령의 인기도 대통령 리더십의 한 부분이고 대통령의 핵심 자산 중 하나다. 인기 있는 대통령을 탄핵하려고 시도하다간 거센 대중적 저항에 직면하기 십상이다. 그럼에도 탄핵을 강행하게 되면 탄핵이 당파적 권력 수단으로 사용되고 있다는 인식만 강화해 탄핵의 성공 가능성을 현저하게 떨어뜨린다.

대통령 리더십의 또 다른 부분이 후원(patronage)이다. 정부의 예산이나 인사 등을 활용해 의회의 지지를 다지거나 넓힐 수도 있다. 후원을 통해 여당 의원들의 충성을 견고하게 하는 한편 야당 의원들의 지지까지도 얻을 수 있다. 대통령이 가진 위력적 무기다. 후원에는 예산, 정치자금뿐만 아니라 정치적 후견, 공개적 지지나 애정 표시도 포함된다. 대통령이 특정 정치인과 정치적 유대 관계를 맺으면 유사시 든든한 토대가 된다. 반대로 대통령이 공식·비공식적 권력을 이용해 특정 의원을 정치적으로 공격·배제함으로써 갈등 관계에 빠지게 되면 위기 때 그가 탄핵 찬성으로 움직일 공산이 크다.

정치 스타일도 대통령 리더십의 일부다. 린츠의 지적처럼 대통령제에서 정치는 국민투표적 정향을 가지게 된다.[121] 대통령은 전 국민의 투표로 당선된 유일한 공직자이고, 의회와 별

개로 존속하기 때문이다. 제로섬의 선거 과정에 표출된 진영 간의 거대한 대결 구도도 대통령이 통합을 추구하기 어렵게 만든다. 통합성보다 당파성을 추구하면 야당과 대립하는 구도 역시 자연스러운 선택이다. 의회와 협력하기보다는 '국민에게 직접 호소하는(going public)' 전략은 탄핵 시도가 발아하기 좋은 토양이다. 대통령이 취하는 방어 담론도 대통령 리더십의 한 갈래다.[122] 이노호사와 페레스-리냔은 스캔들이 대중적 분노로 연결되지 않도록 여당 의원들이 흔들리지 않게끔 정치적 방어벽을 구축하는 것이 중요하다고 분석했다. 대통령이 여당 의원들이 이탈하지 않도록 하는 한편 여론이 탄핵 대신 다른 해법을 선호하도록 유도하는 리더십을 발휘하면 탄핵 위험은 줄어든다.

민주적 자산

나라마다 민주화의 역사가 다르다. 때문에 그 역사를 통해 형성된 민주적 의식이나 관행 등도 다르다. 최장집이 지적했듯이 한국의 민주주의 이행은 정당이 아니라 운동(movement)이 주도했다.[123] 운동에 의한 민주화는 경로의존성을 낳아 민주적 모멘트마다 반복적으로 나타났다. 2차 세계대전 후 탄생한 민주주의 국가 중 여러 나라가 쿠데타에 의해 전복됐다. 반면 한국은 시민의 힘으로 대통령을 축출한 4·19혁명(1960)을 시작으로 5·18광주민주화운동(1980), 6·10민주항쟁(1987), 그리고 2016~2017년의 촛불집회까지 사회운동이 정치적 변화의 견인차였다. "한국의 민주화는 운동과 저항에 의해서 추동되었다는 역사적인 특징이 있다."[124] 이런 역사적 경험을 통해 형성·내장된 민주적 자산(democratic stock)을 탄핵 요인 중 하나로 주목한 이는 마르티네스다.[125] 이는 탄핵 요인을 둘러싸고 벌어진 '의회 대 광장' 논쟁에 의미 있는 함의를 제공한다. 즉 광범위한 사회운동이 탄핵 게임의 주요 행위자로 참여하는지가 탄핵의 성패를 좌우하는 요인이 될 수 있다는 얘기다. 특히 운동에 의한 민주화의 역사를 가진 한국 같은 나라에선 그 영향력이 더 클 것이다.

사회운동 또는 가두시위, 대중 동원, 대규모 집회 등은 주권자인 국민이 자신의 의사를 표출하는 방법이다. 대규모 동원(mass mobilization)은 세 가지 방식으로 대통령에게 나쁜 영향을 끼친다.

① *대규모 시위는 많든 적든 대통령의 지지율을 떨어뜨리고, 그가 약체라는 신호를 던진다.*

② *대중적 시위가 폭력적 성격을 띨 수 있다. 이런 상황에서는 주요 정치인들이 갈등 악화를 막기 위해 대통령에 대한 지지를 철회할 수 있다.*

③ 시위를 진압하는 과정에서 인도적 비극이 생겨날 수 있다.

이렇게 되면 정부의 정통성이 침식되고 대통령의 몰락이 빨라진다. 대중 시위의 효과 정도는 참여의 사회적 포괄성에 달려 있다. 여러 계층과 세대, 다양한 분야에서 참여하고 대규모일 때 가장 치명적이다. 중산층과 민중이 함께 참여하는 '광장연합(street coalitions)'은 1990년대와 2000년대 초반 중남미에서 맹위를 떨쳤다.[126]

가두시위는 대중여론(public opinion)을 가늠하는 하나의 지표다. 여론조사도 좋은 지표다. 탄핵에 대한 찬반 여론조사, 대통령 지지율 조사 데이터는 여론의 풍향을 알려준다. 탄핵에 대한 주요 언론사의 찬반 역시 여론 측정의 유용한 잣대가 될 수 있다. 언론사의 입장은 사설을 통해 확인할 수 있다.

뭐니 뭐니 해도 여론이 확인되는 가장 확실한 지표는 선거결과다. 민주정에서 선거 결과는 가장 강력하고 근본적이며 직접적인 효과가 있다. 선거를 통해 드러난 대중여론(주권 의사)이야말로 민주적 의사결정의 절대 요인이다. 탄핵을 시도한 세력이 선거에서 패한다면 그것은 국민이 탄핵을 원치 않는다는 의사 표시다.[127] 따라서 탄핵심판 기관이 이를 심각하게 받아들이는 태도는 지극히 당연하고, 전적으로 민주적이다. 탄핵이 헌법적 사유에 입각한 제도적 견제 장치가 아니라 이념 투쟁의 수단, 정쟁의 무기로 전락하고 있는 근래 상황을 고려하면 국민의 판단, 즉 여론을 충분하고도 무겁게 고려하는 진중함은 민주주의를 지키는 덕목이기도 하다.

탄핵 사유에 관한 판단은 법적 측면에서도 엄밀히 따지는 한편 정치적인 맥락에서도 깊고 넓게 살펴봐야 한다. 다시 말해 탄핵 사유가 얼마나 헌법에 규정된 사유에 근접하는지에 대한 법적 평가와 더불어 얼마나 대중적 신뢰를 얻고 있느냐는 정치적 평가도 고려해야 한다. 한국의 헌법재판소는 대통령의 법 위반 정도가 중대할 때 탄핵 사유가 된다고 본다. 그런데 그 '중대성'을 확증하는 정량적 기준이 사실상 없다 보니, 정성적인 측면, 예컨대 국민의 안정적·초당적 지지(durable·bipartisan support) 여부를 중시할 수밖에 없다.[128] 대통령은 국민이 선거라는 민주적 절차를 통해 선출했으므로 그를 부정하는 결정은 마땅히 국민의 뜻을 절대적으로 존중해야 한다. 의회에 탄핵소추권을 부여하는 이유도 의회가 국민의 대의기관이란 사실에 있다.

2장

돌아온 대통령

“경범죄에 사형”

노무현 탄핵에 대한 2004년 3월 13일자 《문화일보》의 헤드라인이다. 탄핵에 대한 국민의 생각을 가장 정확하게 전달하는 문구였다. 사실 노무현 탄핵은 내용보다 탄핵 가결 자체가 우선 충격이었다. 전례가 없었고, 너무 전격적이었다. 국회는 탄핵을 막무가내로 밀어붙였고, 대통령은 한 치의 물러섬도 없이 완강하게 버텼다. 국회와 대통령은 마주 보고 달리는 기차처럼 정면충돌했다. 모두가 평정심을 잃은 듯했다.

그 와중에 정신을 차린 사람도 있었다. 당시 새천년민주당의 추미애 의원이었다. 그는 당내에서 3불가론을 주장했다. 탄핵 대신에 개혁으로 지지층의 동요를 막자. 탄핵을 한나라당이 주도하니 현혹되면 안 된다. 탄핵을 강행하면 역풍을 맞아 총선에서 참패할 것이다. 지극히 상식적인 판단이었고, 그의 예상은 적중했다. 당시 민주당은 노무현 후보를 내세워 대선에서 승리했으나 2003년 9월 노 대통령의 탈당으로 야당이 된 상태였다. 자유민주연합의 김종필(JP) 의원도 반대했다. 헌정 중단에 대한 우려 때문이었다.

탄핵 가결 후 만세를 외치던 야권의 축제 분위기는 3일, 아니 1일 천하로 끝났다. 영국 《파이낸셜타임스》의 표현 그대로 "억지 탄핵(impeachment on flimsy grounds)"이었던 탓이다. 탄핵 세력은 곧바로 거대한 역풍에 직면했고, 급기야 총선에서 무참하고 허무하게 패배했다.

시대와 맞짱 뜬 노무현

고故 한승헌에 따르면 노무현 대통령은 '사상 초유'의 두 가지 일을 겪었다고 한다. 1987년 거제도에서 대우조선 노동자가 사망했다. 그때 노무현 변호사는 현지에서 노조와 가족에게 장례 문제 등을 조언했다가 구속됐다. 죄명이 '장례식 방해죄'였다. 이 죄명으로 기소된 첫 번째 사례였다. 이후 대통령이 된 노무현은 사상 처음으로 국회에서 탄핵됐다. "시대는 단 한 번도 나를 비켜가지 않았다." 노무현의 이 말은 자신이 그 시대를 한 뼘도 돌아갈 생각이 없었다는 소회을 밝힌 것이다.

노 대통령은 여소야대 때문에 "대통령 못 해 먹겠다"는 얘기를 여러 차례 했다. 그는 국회가 밀어붙인 탄핵을 기회, 즉 여소야대를 혁파하기 위한 건곤일척의 승부수로 삼았다. 돌이켜보면 노 대통령은 탄핵을 '도발'했다. 야권이 탄핵으로 나가도록 부추겼다고 해도 과언이 아닐 정도로 그들을 자극했다. 총선과 탄핵을 연계해 국민에게 양자택일을 호소하는 전략이었다. 그의 전략은 멋지게 성공했다.

이것이 과연 답일까

당시 국회의원 보좌관으로 지켜본 정치 현장은 참담했다. 대통령과 국회는 사사건건 대립하고, 서로를 최대한 무시하려 애썼다. 서로 다른 생각은 얼마 남지 않은 총선에서 국민의 판정을 구하면 되니 우선은 '나랏일' 좀 하면 좋겠다는 생각이었다. 대통령을 인정하지 않는 국회나 아예 대놓고 존칭조차 생략한 채 대통령을 이름으로 부르는 야당 정치인들의 태도는 대선 불복으로 비쳤다. 대통령은 대통령대로 자리를 걸고 위험한 도박에 나선 것으로 보였다. 외통수로 몰아가서 결국 국민이 선택하도록 하는 의도는 알겠는데, 대통령이 국정을 볼모로 잡고 승부를 보는 게 좋아 보이진 않았다.

'난장판에 아수라장!' 탄핵이 가결되던 날, 열린우리당(현 더불어민주당) 의원들이 본회의장에서 울부짖고 무참하게 끌려 나가는 모습이 영상으로 생중계됐다. 이 생생한 모습이 방송으로 전해지는 모습을 보면서 울분과 더불어 써늘한 전율을 느꼈다. 이게 국민의 마음을 움직이겠구나. 승리를 직감했다. 1965년 3월 마틴 루서 킹 목사 주도의 시위행진을 경찰이 경찰봉과 최루가스, 가죽 채찍, 철조망을 휘감은 고무파이프로 잔

혹하게 진압하는 모습이 생중계되면서 국민적 공분을 일으켜 결국 투표권법이 통과될 수 있었던 사례가 떠올랐기 때문이다. '우리가 뽑은 대통령을 국회가 감히 탄핵하나.' 국민은 자기 손으로 뽑은 대통령을 자기 손으로 지켰다. 노 대통령은 63일 만에 대통령직에 복귀했다. 어떻게?

*

노무현 대통령에 대한 국회의 탄핵소추안은 2004년 3월 12일 가결됐다. 대통령과 국회 간에 갈등이 지속되고 있었으나 탄핵은 갑작스러웠다. 1987년 직선제 개헌을 통한 민주화 이후 불과 17년 만에 대통령에 대한 탄핵소추가 이뤄졌다. 대통령제를 처음 고안한 미국의 경험에 비춰보더라도 상당히 이른 시점이었다. 앞서 살펴보았듯 미국은 초대 워싱턴 대통령 취임 후 79년 만인 1868년에 앤드루 존슨 대통령에 대한 탄핵소추가 하원에서 통과된 바 있었다.

미국의 존슨 탄핵이 의회 다수당의 정치적 반감에서 비롯되었듯 2004년 노무현 탄핵도 의회의 제도적 견제가 아닌 정치적 동기가 주된 동력이었다. 마찬가지로 미국에서처럼 노무현 탄핵도 여소야대의 정치 구도에서 발생했다. 2000년 김대중(DJ) 대통령 시절 치러진 총선에서 야당인 한나라당이 의회를 장악했고, 그 기세를 몰아 2002년 대선 승리를 기정사실화 하고 있었다.

소위 최초의 '수평적 정권 교체'로 등장했던 DJ정부의 개혁성과 '준비된 대통령'으로서의 능력에 대해 국민적 기대가 컸던 만큼 그 실망의 강도는 매우 컸다. DJ정부는 인사 문제나 노동 문제 등에서 보수와 진보 양측 유권자층의 지지를 동시에 잃어버렸을 뿐 아니라 일반 민주주의적 개혁 정치의 실종으로 자유주의적 성향의 지지층마저도 상실하여 2002년 지방선거와 6·14 보궐선거 등에서 참패하는 등 최장집 교수의 표현처럼 '무력한 국가'로 전락하였다.[1]

이런 사정이 반영돼 16대 대선의 지지율 변화 추이는 2002년 3월~5월의 민주당 경선 시기, 11월 후보단일화 이후의 시기를 제외하면 한나라당 이회창 후보의 일관된 우세였다. 민주당 경선에서 돌풍을 일으켰던 시기에 노무현 후보는 60.5% 대 32.6%로 이회창 후보에게 압도적 우세를 보였다[2] 그러다가 같은 해 4월쯤에 최규선 게이트[3]부터 DJ 대통령의 세 아들과 관련된 '홍삼 게이트'[4]를 거쳐 대통령의 탈당 및 두 아들의 구속으로 이어질 때까지 노 후보의 지지율은 계속 떨어졌다. 마침내 6·13 지방선거 참패를 기점으로 이회창 후보에게 우위를 내줬다. 노 후보의 지지율은 14.7%까지 추락한 뒤[5] 다시 반등하더니 11·24 노무현·정몽준 후보단일화를 전후로 역전에 성공해 이회창 후보를 앞지르기 시작했다. 《중앙일보》의 11월 16일 조사에서 노 후보가 8.4%p 뒤졌으나 단일화 이틀 후 조사에서는 7.2%p 앞섰다.

그런데 투표 전날 정몽준 후보가 갑작스럽게 지지 철회를 선언했다. 단일화 하루 전에 실시된 《한국일보》-〈미디어리서치〉 조사에서 24.5%의 지지율을 기록한 정몽준 후보였기에 많은 사람이 이회창 후보의 승리를 전망했다. 하지만 승패가 바뀌진 않았다. 여론조사에서 예견된 두 후보 간의 3%p~5%p 격차가 실제 득표에서 2.3%p로 좁혀졌을 뿐이었다. 대선에서 '뜻하지 않게' 패배한 한나라당이었기에 노무현을 대통령으로 인정하고 싶지 않아 했고[6], 실제로도 그랬다.

> *크게 보면, 민주화 이후 기득 이익에 기초한 보수파들은 대통령 선거의 결과에 승복하지 않았다.… 이번 탄핵에서 극명하게 드러났듯이, 자해적인 방법도 불사하는 결사항전식 투쟁은 권력으로부터 배제된 구세력들의 이런 정서와 무관하지 않다.*[7]

1997년 대선은 IMF 외환위기를 초래한 한나라당 정부에 대한 심판 선거였다. 때문에 한나라당은 정권교체를 어쩔 수 없이 받아들여야 하는 '일시적 권력 공백'으로 생각했다. 게다가 DJ 대통령이 집권해도 호남 출신의 소수파인 탓에 영남 대 호남의 지역주의 정치 구도 등 구조적 변화에 대한 우려는 그리 크지 않았다. 한나라당은 김대중 정부 출범 이듬해인 1999년부터 이른바 '옷 로비 사건'[8]을 이슈화해 정치적 우위를 잡기 시작했다. 2000년 총선과 2002년 지방선거 승리를 거쳐 한나라당은 2002년 12월 대선에서 재집권하는 것을 기정사실화하고 있었다.

그랬기에 한나라당으로선 직전 1997년 대선에서 처음으로 겪었던 패배보다 2002년의 두 번째 패배가 더 받아들이기 힘들었다. 대선 후 한나라당은 의회 다수 의석을 무기로 인수위원회 시절부터 노 당선자를 압박하기 시작했다.

1 탄핵 막전 막후 I

노무현 탄핵은 3단계로 진행됐다. 먼저 1단계. 국회의 야당 연합(한나라당+새천년민주당)과 대통령 간의 대립이 격화되고 대통령의 지지율이 떨어졌다. 노 대통령이 선거법을 위반했다는 중앙선거관리위원회의 유권해석을 명분으로 야당 연합이 탄핵을 의결했다.

2단계. 국회에서의 탄핵소추안 발의 전부터 탄핵 반대 여론이 비등했으나, 야당 연합은 3일 만에 탄핵안을 통과시켜 헌법재판소로 넘겼다. 소추안 발의와 의결 모두 그 전후 과정에서 대중과 소통하면서 공감대를 형성해가는 노력이 전혀 없었다.

마지막 3단계. 민주적 자산을 가진 시민의 자발적인 대규모 탄핵 반대 촛불집회가 열리면서 탄핵을 저지하는 사회적 동원이 이뤄졌다. 이후 17대 총선에서 신생 여당인 열린우리당이 압승했다. 국회의 야당 연합이 주도한 탄핵이 광장의 대중방패에 막혀버렸다.

탄핵은 왜 실패했을까? 그 과정과 맥락에서 해답의 단서를 찾을 수 있다. 2002년 12월 19일 제16대 대통령 선거에서 한나라당은 뜻하지 않게 패했다. 의외의 결과여서 그런지 한나라당은 깨끗하게 승복하지 않았다. 선거 직후 당선무효 소송과 선거무효 소송을 냈고, 재검표까지 실시됐다.

"대통령 탄핵과 하야도 검토해야 한다."(김용갑 의원, 2003년 6월 12일)

"대통령을 대통령으로 인정하고 싶지 않다. 대통령을 잘못 뽑았다."(최병렬 대표, 2003년 8월 20일)

"노무현이를 대통령으로 지금까지 인정하지 않고 있다. 노무현이 기조를 바꾸지 않고 나간다면 우리당은 노무현 퇴임 운동을 벌어야 한다."(김무성 의원, 2003년 9월 3일)

"노 대통령은 이미 정치적으로 하야한 만큼 즉각 대통령직에서 물러나야 한다."(김기춘 의원, 2003년 10월 11일)

"측근 비리를 숨기고 봐주는 것, 이것 하나만으로도 탄핵감입니다. 더군다나 측근의 비리가 대통령 자신과 어떤 형태로든 관련되어 있다면 그것은 재신임 여부의 문제가 아니라 탄핵의 대

상임을 분명히 밝힙니다."(최병렬 대표, 2003년 10월 14일)

"지난 대선은 노무현이 조직폭력배 호텔업자 등의 불법적인 돈을 끌어다 치른 추악한 사기극이다."(홍준표, 2003년 10월 23일)

이처럼 한나라당은 노 대통령에 대한 반감을 표출하고, 대통령 자격을 불인정하고, 선거 결과를 부정하는 태도를 공개적으로 드러냈다. 문제는 탄핵 발언이 탄핵의 실제 사유로 제시된 노 대통령의 선거법 위반 행위가 있기 전부터 나왔다는 점이다.

대통령제에서 의회가 대통령을 강제로 교체할 수 있는 유일한 방법이 탄핵이다. 이런 이유로 일군의 의원들이 대통령 인기가 하락할 때 설사 대통령이 저질렀다는 비행이 분명하지 않음에도 대통령을 제거하기 위해 탄핵을 활용하고 싶은 유혹을 받는다.[9]

탄핵은 중죄를 범한 대통령을 축출하는 법적 소송이 아니다. 이것은 대개 의회가 대립하는 대통령에 맞서기 위해 사용하는 제도적 무기다.[10]

마치 노 대통령 탄핵에 대한 기술인 것처럼 느껴진다. 노 대통령 탄핵 시도는 처음부터 당파성을 뚜렷하게 드러냈다. 이런 발언들 외에도 야당은 틈만 나면 수시로 탄핵을 거론했다.

2003년 4월, 고영구 국가정보원장의 임명과 관련하여 대통령 탄핵이 언급되었다. 2003년 6월에는 대통령의 일본 방문 중 발언이 문제가 되었다. 노무현 대통령은 공산당이 합법화되는 단계에까지 이르러야 비로소 한국의 민주주의가 완전해지는 것이라는 내용의 발언을 했다가 야당으로부터 사과 요구를 받았고 거절하면 탄핵하겠다는 위협을 받았다. 2003년 9월, 야당은 김두관 행정자치부 장관에 대한 해임건의안을 발의하고, 만일 대통령이 거부권을 행사하면 대통령 탄핵을 고려하겠다고 위협했다. 동년 10월에는 불법 선거 자금 사건에 대통령이 개인적으로 연루된 사실이 드러나면 탄핵하겠다고 했고, 또 대통령이 자신에 대한 신임을 묻기 위해 국민투표를 자꾸 거론하면 탄핵하겠다고 했다.[11]

동년 11월에는 불법 선거 자금 수수와 관련하여 특검 임명안을 거부하면 탄핵하겠다고 했다.[12]

탄핵이 성사되려면 한나라당과 민주당의 연대가 필수조건이었다.[13] 처음부터 연대가 순조롭게 이뤄지진 않았다. 대북송금 2차 특검법을 한나라당이 추진했으나 민주당은 반대했다. 김두관 행정자치부 장관의 해임건의안도 한나라당이 단독 처리했다. 그러다가 2003년 11월 10일 대통령 측근 비리 특검법 처리 때엔 민주당이 한나라당·자유민주연합과 손을 잡았다. 하지만 이 연대로 탄핵 연합(impeachment coalition)이 곧바로 구축되지는 않았다. 민주당은 사안별로 다르게 대응했다. 노 대통령이 특검법을 수용하지 않을 경우 대통령 거부 투쟁에 나서겠다는 한나라당의 입장에 민주당은 시큰둥한 반응을 보였다. 그럼에도 대통령 측근 비리 특검법에 대해 대통령이 거부권을 행사했을 땐 재의결에 나선 한나라당·자유민주연합에 힘을 보태줬다.

민주당이 탄핵 연대에 나선 이유는 2003년 12월 "(총선에서) 민주당을 찍는 것은 한나라당을 도와주는 것"이라는 대통령의 발언과 2004년 1월 민주당의 한화갑 전 대표에 대한 대선자금 수사 때문이었다. 당파적 동기에서 비롯된 연대였다. 이때부터 민주당과 한나라당은 '불법 대선 자금과 노무현 대통령 측근 비리 의혹'에 대한 국회 청문회를 열기로 하는 등 탄핵 연합을 구축하기 시작했다.[14]

민주당 조순형 대표는 "대통령이 선거운동을 하겠다는 것은 헌법과 법률 위반으로 탄핵 사유"(2004년 1월 5일), "노 대통령이 계속 선거에 개입한다면 민주당은 탄핵 발의도 불사할 것"(2004년 2월 3일)이라고 밝혔다. 위협 수준을 넘어 실제로 탄핵을 추진하는 단계로 나아가는 수순이었다.

한나라당 최병렬 대표는 2월 4일, 민주당 조순형 대표는

2월 5일 각각 교섭단체 대표연설에서 탄핵 추진 의사를 천명했다. 최 대표는 "대통령 탄핵을 포함해 모든 조치 검토"라 했고, 조 대표는 "헌정사상 초유의 대통령 탄핵 사태에 직면할 것"이라 했다.[15] 탄핵이 급물살을 타게 된 계기는 2월 24일의 노 대통령 발언이었다. 이날 노 대통령은 열린우리당에 대한 지지 입장과 지원 의사도 밝혔다. 민주당은 선거법 위반이라며 중앙선관위에 유권해석을 의뢰했다. 같은 날 민주당은 탄핵에 대한 법률적 검토를 마쳤다고 했고, 다음 날 한나라당도 같은 입장을 밝혔다. 3월 3일 선관위는 대통령 발언이 공무원의 선거 중립의무 위반이라는 유권해석을 내리면서 대통령에게 더 이상 선거법 위반을 하지 말라고 공개 경고했다. 탄핵으로 향하는 문이 열리기 직전이었다.

3월 6일 대통령은 부당한 정치적·정략적 압력과 횡포에 굴하지 않을 것이란 입장을 밝혔고, 3월 8일 재차 반복했다. 한나라당과 민주당은 3월 9일 159명 의원의 동의로 탄핵소추안을 국회에 발의했다. 노 대통령도 물러서지 않았다. 3월 11일 기자회견을 열어 총선을 통해 국민의 심판을 받겠다고 강경 대응했다. 총선과 탄핵을 연계시키는 승부수였다. 3월 12일 질서유지권 발동 속에 탄핵소추안은 참석 195명 중 193명의 찬성으로 가결됐다. 당시 재석 271명의 의석 분포를 보면, 한나라당이 145명, 민주당이 62명, 자민련 10명, 무소속 7명이었다. 신생 여당인 열린우리당 의원이 47명에 불과했으니 처음부터 가결은 기정사실이었다. 한나라당에서는 16명이 회의에 불참해 129명이, 민주당은 9명이 불참해 53명, 자민련은 2명이 불참해 8명이 투표에 참여했다.

이처럼 노무현 대통령에 대한 탄핵은 헌정사상 최초의 탄핵이라는 사실에 걸맞지 않게 느닷없이 제출됐고, 신속하게 처리됐다. 토론과 숙의는 없었다. "사과하면 탄핵하지 않겠다"는 언명이 상징하듯 명분이 약했기에 토론과 숙의가 부담스러웠을 것이다.[16] 왜 그렇게 서둘렀을까. 한 달여 뒤의 4·15 총선을 겨냥한 캠페인 전략, 정치 보복이나 정치 재편의 수단이었다. "형식상으로는 대통령의 위헌 행위가 사유였으나 숨어 있는 내용상으로는 더 이상 대통령을 수행할 자격이 없는 수준 미달의 지도자라는 함의가 깔려 있었다."[17] 탄핵의 함의가 "수준 미달"이라는 솔직한 고백은 탄핵 추진의 진의를 그대로 드러낸다. 즉 노무현 탄핵이 헌법에 정해진 탄핵 사유 때문에 불가피하게 의회가 나선 것이 아니라는 얘기다. 사실 이유는 따로 있었다.

대부분의 탄핵 사례에서 그 동기와 절차가 과연 얼마나 정당한지는 피할 수 없는 논란거리였다. 중남미와 미국의 의회는 의심의 여지 없이 탄핵권을 오남용했다. 탄핵을 의회제의 불신임 투표에 상응하는 수단으로 삼기 위하여 제도를 왜곡하는 등 사유화했다. 대통령의 인기가 낮은 시점을 골라 범죄 의혹을 제기하는 방법이 다수 의석을 가진 반대파들이 흔히 쓰는 루틴이었다.[18] 따라서 탄핵의 사유보다 의도가 탄핵의 성패를 가른다. 노무현 탄핵이 그 예다. 무심코 행한 실언(Freudian slip)인지 자신감의 발로인지 몰라도 이처럼 탄핵 추진 세력이 공개적으로 드러낸 당파적 의도는 향후 탄핵심판에 심각한 약점으로 작용했다.

〈표 2-1〉 노무현 대통령 탄핵 일지

일 자	내 용
2003년 7월 3일	사회 각계 원로 10명, 새로운 전국 정당 건설 촉구
2003년 7월 7일	이부영, 이우재, 김부겸, 안영근, 김영춘 등 한나라당 탈당
2003년 9월 3일	한나라당, 국회에서 김두관 행정자치부 장관 해임 건의안 처리
2003년 9월 4일	민주당의 신당추진모임, 독자적인 신당 창당 선언
2003년 9월 20일	민주당 신당파 의원 37명 탈당, 한나라당 탈당파와 교섭단체 등록
2003년 9월 23일	노무현 대통령, 민주당 분당에 대해 민주주의 발전을 저해하고 있는 일부 질서가 해체되고 있는 중이라고 밝힘
2003년 9월 29일	노 대통령, 민주당 탈당
2003년 11월 10일	한나라당·민주당·자민련, 대통령 측근 비리 특검법 통과
2003년 11월 11일	열린우리당 공식 창당
2003년 11월 26일	최병렬 한나라당 대표, 단식 및 원외 투쟁 돌입
2004년 1월 4일	국회, 대통령이 거부권 행사한 대통령 측근비리 특검법 재의결
2004년 1월 5일	조순형 민주당 대표, “대통령이 선거운동을 하겠다는 것은 헌법과 법률 위반으로 탄핵 사유”
2004년 1월 24일	노 대통령, “민주당을 찍는 것은 한나라당을 도와주는 것”
2004년 1월 30일	민주당, 검찰의 한화갑 전 대표 수사에 맞서 ‘대정부 전면 투쟁’ 선언
2004년 2월 3일	조순형 대표, “대통령이 계속 선거에 개입한다면 탄핵 발의도 불사할 것”
2004년 2월 4일	최병렬 대표, “불법 관건 선거와 공작 정치를 중단하지 않을 경우 대통령 탄핵을 포함해 모든 조치 검토”
2004년 2월 5일	조순형 대표, “노 대통령이 국민 분열을 부추기고 민주당 죽이기와 불법 관권 선거를 계속한다면 헌정사상 초유의 탄핵 사태에 직면할 것”

2004년 2월 18일	노 대통령, "총선에서 개헌 저지선이 무너지면 그 뒤에 어떤 일이 생길지 정말 말씀드릴 수 없다"
2004년 2월 23일	조순형 대표, 탄핵에 대한 법적 검토가 이미 끝났다고 주장
2004년 2월 24일	노 대통령, "총선에서 열린우리당을 압도적으로 지지해줄 것으로 기대"
2004년 2월 24일	조순형 대표, "노 대통령에 대한 탄핵의 법률 검토를 마쳤다. 국민의 이해를 얻으면 탄핵을 추진할 것"
2004년 2월 25일	한나라당, 대통령의 24일 발언에 대해 선관위에 고발하기로 결정
2004년 3월 2일	노 대통령, "대통령은 정치인인데 어디에 나가서 누구를 지지하든, 발언하든 왜 시비를 거냐"
2004년 3월 3일	중앙선관위, 노 대통령이 공무원의 선거 중립의무를 위반한 것으로 유권해석
2004년 3월 4일	청와대, 선관위의 결정에 대해 "납득하지 못하겠다"고 공식 브리핑
2004년 3월 4일	한나라당·민주당, 노 대통령의 공개 사과를 촉구하는 한편 탄핵 발의를 본격 검토하겠다는 입장 제시
2004년 3월 5일	조순형 대표, "7일까지 선거 중립의무 위반과 본인 및 측근 비리 등에 대해 사과하고 재발 방지를 약속하지 않을 경우 8일 탄핵소추안을 발의하겠다"
2004년 3월 8일	노 대통령, 탄핵 근거의 취약함을 지적하고 정면 대응 방침 천명
2004년 3월 9일	한나라당·민주당, 소속 의원 159명의 서명으로 탄핵소추안 발의
2004년 3월 12일	국회, 탄핵소추안 가결
2004년 4월 15일	제17대 총선에서 열린우리당 승리, 152석 획득
2004년 5월 14일	헌재, 탄핵심판 기각

2 의회 쿠데타

대통령이 선거 중립의무를 위반했다!

노무현 대통령에 대한 국회의 탄핵소추 이유는 크게 세 가지였다.

① 2004년 3월 중앙선관위가 같은 해 2월의 노 대통령 발언[19]이 공직선거법상 공무원의 정치적 중립의무를 위반한 것으로 결정했고, 노 대통령은 선관위의 판정과 국회의 인사청문 의견을 묵살함으로써[20] 선관위와 국회 등 헌법기관을 경시하여 삼권분립의 정신을 파괴했다.

② 노무현 대통령은 자신과 안희정·양길승·최도술·이광재·여택수 등 측근들의 권력형 부정부패로 인해 국정을 정상적으로

수행할 수 있는 최소한의 도덕적·법적 정당성을 상실했다.

③ 세계적인 경기 호황 속에서도 미국보다 낮은 성장률에 머물러 있는 등 국민경제와 민생을 도탄에 빠뜨려 국민에게 IMF 위기 때보다 더 극심한 고통을 안겨주고 있다.

세 가지 이유 중에서 경제 파탄 부분은 세부적인 내용에서 아무런 설명이나 근거를 제시하지 않아 탄핵의 명분을 제고·홍보하는 차원에서 끼워 넣은 것으로 추정된다. 법 위반에다 경제까지 망친 대통령의 이미지를 더하려는 의도였다. 유일하게 제시하는 지표가 '미국보다 훨씬 낮은 성장률'이다. 하지만 팩트가 틀렸다. 2003년 한국의 경제성장률은 2.9%이고, 미국도 2.9%이다. 낮은 게 아니라 같았다. 게다가 논거도 부실했다. 경제 실정을 논할 때 특정 국가와 비교해 낮다는 이유로 경제 파탄이라는 주장은 유례없이 낯선 논리이자 억지였다.

두 번째 이유로 제시된 부정부패 중에서 측근들의 비리는 이미 형사재판이 진행 중이라 새로울 게 없었다. 정작 대통령 본인의 부정이나 부패에 대한 구체적인 증거도 없었다. 이미 사법절차가 진행 중이고 본인이 연루된 직접증거나 강력한 정황증거조차 없어 여론을 자극하는 스캔들로서 기능하기 애당초 무리였다. 따라서 공무원의 선거 중립의무 위반이 유일한 탄핵 사유였다.

미국 헌법상의 탄핵 조항의 근본적인 목표는 대통령의 권한 행사에 있어서 그 권한을 '광범위하게 남용한 것(large-scale abuses for presidential authority)'이 명백한 경우에 한정하여 탄핵을 허용하는 데 있으며, 그 외의 경우에 대통령을 탄핵하는 것은 미국의 전통과 헌법에 반한다.[21]

한국의 탄핵제도는 미국의 탄핵제도를 차용했으므로 그 목표도 같다. 즉 대통령의 광범위하고 명백한 권력 남용에 대한 처벌이 목표다. 노무현 탄핵은 이 목표에 부합하지 않았다. 선스타인은 "대단히 극단적인 경우가 아니면 탄핵권 행사는 심각한 체제상의 위험을 안고 있다"[22]고 지적했다. 노무현 탄핵은 대통령의 권력 남용이 아니라 체제를 위험에 빠뜨리는 국회의 권력 남용이 문제였다.

미국 등 다른 나라의 탄핵 사례를 보면, 대개 탄핵 사유는 표면상 명분에 불과하고 배경과 동기는 따로 있다. 정책적 대립이든 정서적 반감이든 탄핵을 통해 정치적 이익을 얻으려고 한다. 노무현 탄핵에서 당시 한나라당과 민주당이 연합한 것도 이런 차원에서 이해할 수 있다. 그들은 노무현 대통령을 대통령으로 인정하지 않았다. 한나라당은 후보 단일화라는 정치 공학 때문에 승리를 도둑맞았다고 생각했다. 민주당은 노 대통령의 탈당을 배은망덕으로 받아들였다.

민주화 운동을 하다 정치에 입문한 노무현 대통령은 초선 의원 시절부터 두각을 나타냈다. 특히 5공 청문회에서 전두환 전 대통령을 강하게 몰아붙여 정치 스타로 떠올랐다. '3당합당'도 야합이라며 단호히 거부했다. 3당합당은 '대구·경북(노태우, 민주정의당) + 부산·경남(김영삼, 통일민주당) + 충청(김종필, 신민주공화당)'의 지역 연합이자 정치 연합으로서 보수의 다수파 지위를 유지하기 위한 전략적 기획이었다. 노무현 대통령은 박정희-전두환으로 이어지는 보수의 역사, 3당합당이라는 정치적 틀을 부정하는 '위험한' 존재였다. 게다가 부산·경남 출신인 노 대통령은 영남 지역에 균열을 낼 수도 있었다. 상업고등학교 출신이라 사회의 다수를 이루는 비주류의 대표로서 소수의 주류 엘리트에 대항하는 정치 전선을 형성할 수도 있었다.

이뿐만이 아니다. 노 대통령은 대선 과정에서 사상 처음으로 세대 대결 구도를 만들어냈다. 이 또한 한나라당의 미래를 불안하게 만들었다. 한마디로 그는 영남 중심의 보수 주류에겐 용납하기 힘든 안티 테제였다. 따라서 보수 세력은 수시로 그에 대한 적대감을 표출했다. 김무성 의원이 2003년 9월 3일 당시 한나라당 회의 석상에서 "노무현이를 대통령으로 지금까지 인정하지 않고 있다"고 말한 것이 대표적이다. 대통령이란 직함도 아예 안 붙일 정도였다. 이런 정서에 선거 패배의 상실감까지 더해져 한나라당이 선택한 회심의 반전 카드가 탄핵이었다.

새천년민주당도 노무현 대통령에 대한 반감이 컸다. 당시 민주당은 반노무현 정서에 긴박緊縛되어 있었다. 대선 도중 노무현 후보의 지지율이 떨어지자 후보 교체를 시도했던 세력이 당의 주축이었다. 비록 노무현이 당선되었으나 이들에게 대통령을 향한 충성심(loyalty)이 있을 리 없었다. 2003년 9월 20일 노 대통령을 지지하는 37명의 의원이 집단 탈당하고[23], 9일 뒤 노 대통령마저 탈당함으로써 민주당은 졸지에 야당이 됐다.[24] 그들에게 노 대통령은 배신자나 다름없었다. 이런 정서가 그들을 탄핵으로 이끌었다. 탄핵 당시 국회의장이던 박관용은 반감 정치의 흔적을 회고록에 적나라하게 남겨두었다. 그는 여당의 원로이자 노무현 대통령의 정치 멘토로 불리던 김원기 의원에게 이렇게 말했다.

> *사태가 이렇게 될 줄을 정말 몰랐다는 것입니까? 자신을 대통령으로 만들어준 정당을 바보로 만들어버리고 배신한 사람을 그냥 보고만 있을 사람이 어디 있어요? 부부 간에도 이혼을 하고 나면 남남보다 못할 정도로 미움이 쌓이는데 멀쩡한 정당을 쪼개어 한쪽을 버려놓고도 이런 사태가 오리라는 것을 예측하지 못했다는 겁니까?*[25]

분당과 배신은 헌법에 정해진 탄핵 사유에 해당하지 않는다. 대외적으로는 선거법을 위반한 대통령에 대한 국회의 문책이라고 주장하지만 스스로 고백하듯이 당파적 이유가 본질이었다. 탄핵은 공직자의 모든 경솔함이나 판단 착오를 교정하는 기제가 아니다. 게르하르트는 이것이 클린턴 대통령 탄핵이 주는 교훈이라고 했다.[26] 2004년 한국의 야당들은 6년 전 미국에 있었던 클린턴 탄핵 사건을 통해 탄핵제도의 효용을 발견했으나 그 교훈까지 학습하진 못했다. 그 무지의 대가는 참혹했다.

의회가 탄핵소추권을 독점하지만 그렇다고 해서 의회만이 탄핵 정치에 참여하는 행위자는 아니다. 특히 여론조사 응답이나 집회 참석 등으로 의사를 표출하는 대중 또는 시민사회도 핵심 플레이어다. 노무현 탄핵에 대한 대중 반응은 처음부터 긍정적이지 않았다. 탄핵소추안 제출 전인 2004년 3월 6일 여론조사에서 반대 의견이 68.8%에 달했고, 3일 뒤 KBS의 조사에서는 65.2%로 나타났다.[27]

대중여론을 자극하는 스캔들이 없었고, 취임 1년이 막 지난 데다 총선을 눈앞에 둔 시점에서 급하게 추진된 탄핵이었다. 탄핵할 만해서 의회가 나섰다는 생각보다는 법률 위반은 구실일 뿐 사실은 의회 다수 세력의 당파적 권력 남용이란 인식이 더 컸다. 시민들은 대규모 탄핵 반대 촛불집회를 전국을 넘어 심지어 해외에서까지 개최하고, 다양한 온라인 반대 운동까지 펼치는 등 자발적인 사회적 저항에 나섰다.

법 위반 OK, 탄핵 NO!

헌법재판소는 국회가 제시한 탄핵 사유에 대해 세밀한 판단을 내렸다. 먼저 대통령이 선거 중립의무를 지는 공무원이며, 따라서 열린우리당을 지지하는 취지의 발언은 선거법 위반이라는 건 인정했다. 그러나 선거운동이란 주장은 기각했다. 문제의 발언이 있었던 2004년 2월 18일, 24일은 아직 정당의 후보자가 결정되지 않은 시점이므로 후보자의 당선이나 낙선을 위한 행위, 즉 선거운동으로 볼 수 없었다. 또 선거운동은 행위의 목적성이 있어야 하는데 노 대통령의 발언에는 그런 목적성이 없었다.

중앙선관위의 경고를 무시하는 발언에 대해 헌재는 헌법수호 의무 위반으로 인정했다. 반면 인사청문회 의견에 대한 무시는 위법하지 않다고 판단했다. 측근들의 부패는 대통령으로서의 직무 집행과 무관하다고 봤다. 경제 파탄은 헌법상 탄핵 사유에 해당하지 않는다. 그래서 헌재가 위법성 여부에 대해 내린 결론은 '위반 OK'였다. 노무현 대통령은 공직선거법 제9조의 '공무원의 정치적 중립의무'를 위반했다. 중앙선관위의 경고 후 청와대 대변인의 유감 입장 발표 및 대통령의 재신임 투표 제안은 헌법 수호 의무 위반이다. 헌재는 '헌법과 법률 위반'이란 헌법 조항에 대해 공직자의 파면을 정당화할 정도로 '중대한' 법 위반으로 해석했다. 그런데도 헌재는 '탄핵 NO', 즉 노무현 대통령을 파면해달라는 요청은 기각했다.

헌재의 논리를 요약하면 이렇다. 파면 결정을 할 것인지는 공직자의 '법 위반 행위의 중대성'과 '파면 결정으로 인한 효과' 사이의 법익 형량을 통하여 결정되어야 한다. 다시 말해 대통령을 파면하는 것은 국민이 부여한 민주적 정당성을 박탈하는 한편 직무 수행의 단절로 인한 국가적 손실과 국정 공백, 그리고 국론 분열로 인한 정치적 혼란 등의 파면 효과를 낳기 때문에 그만큼의 중대한 사유가 있어야 한다. '중대성' 여부는 두 가지 기준, 즉 헌법 수호의 관점에서 용납할 수 있는지와 국민 신임의 관점에서 자격을 상실했는지를 고려해서 판단한다.

> *결국, 대통령의 직을 유지하는 것이 더 이상 헌법 수호의 관점에서 용납될 수 없거나 대통령이 국민의 신임을 배반하여 국정을 담당할 자격을 상실한 경우에 한하여, 대통령에 대한 파면 결정은 정당화된다.*[28]

헌재에 따르면 '헌법 수호의 관점에서 중대한 법 위반'은 자유민주적 기본 질서를 적극적으로 위협하는 행위를 말하고, '국민의 신임을 배반하는 행위'는 자유민주적 기본 질서를 위협하는 행위 외에 예컨대 뇌물수수, 부정부패, 국가이익을 명백히 해하는 행위를 말한다.

중대성 요건은 헌법은 물론 그 어떤 법률에도 근거가 없다. 헌재가 새롭게 추가한 것이다. 이는 사실상 새로운 조문을 만든 입법이나 다름없는 효과가 있다. 반론이 나올 수밖에 없다. 헌재에게 그럴 권한이 있는지도 의문이지만 추가한 요건조차 불명확해 자의적으로 판단될 수 있다는 주장이 대표적이다. 헌재가 "정치적 부담을 회피하기 위해 여론에 따른 결론을 도출하는 방편으로 중대성 개념을 사용"[29]하는 점은 이해되나, "법 위반이 중대한지 여부를 판단하는 것 자체, 특히 이것의 객관적 기준 또는 수준을 제시하는 것이 거의 불가능"[30]하다. "객관적 논거를 댈 수 없는 정치적 판단에 휘말리게 되어 결국 탄핵심판이 법적 판단이 아니라 정치적 심판 절차로 변질될 우려가 있다."[31]

헌법재판소는 법을 위반하기는 했으나 그 정도가 심하지 않고, 국민의 신임을 저버렸다고 보기 어렵다는 이유로 탄핵을 기각했다. 요컨대 중대성 기준을 충족하지 못한다는 얘기다. 결정문에 적시하지는 않았지만 헌재가 주요하게 고려한 준거는 대중여론과 국민 정서였다. 결국 탄핵심판을 관통한 핵심은 순수한 법적 판단이 아니라 민주주의에 부합하는지에 대한, 즉 정치적 판단이었다. 이는 당시 판결에 참여했던 헌법재판관의 인터뷰에서 잘 드러난다.

"나는 국민이 뽑은 대통령을 그만두게 할 수 있는 건 헌재가 아닌 국민의 권한이라고 생각했다. 국회의 탄핵소추도 어느 정도 감정적인 부분이 있었던 것 같고…."[32]

미국 헌법의 탄핵 조항과 그 해석을 참고하면, 탄핵 사유는 반역죄나 뇌물죄에 준할 정도로 나라에 심각한 손상을 가하는 중차대한 권력 남용이어야 하고, 그럴 의도가 분명해야 한다.[33] 이런 이유로 1804년 결투를 통해 전 국무장관 해밀턴을 사망케 한 부통령 에런 버Aaron Burr에 대한 탄핵도 이뤄지지 않았다. 탄핵 범죄(impeachability)는 형사 범죄(criminality)와 다르기 때문에 범죄의 증거를 요구하지 않는다. 1989년 앨시 헤이스팅스Alcee Hastings 판사가 형사재판에서 무죄를 받았으나 탄핵당한 경우가 좋은 예다. 헌재가 중대성을 탄핵 사유의 기준으로 삼아 국회가 제시한 선거법 위반은 탄핵 사유에 포함되지 않는다고 한 결정은 불가피했다.

헌재 판결의 맥락을 제대로 파악하려면 미묘한 차이지만 논리가 다른 두 관점에 대한 이해가 필요하다. 탄핵 요건을 엄격하게 하고 그 요건에 해당하면 무조건 파면되도록 하는 의견과, 탄핵 요건을 완화하되 파면 여부는 그 적절성을 따져서 해야 한다는 의견이다. 전자는 법 위반이 중대하지 않으면 아예 탄핵 요건에 해당하지 않는 것으로 본다. 후자는 탄핵 요건에는 해당하나 그 위반 정도가 파면할 만큼 중대하지 않은 것으로 본다. 헌재는 후자의 입장을 취했다. 전자의 주장도 그 논리가 나름 탄탄하다.

> *특히 대통령의 선출권자가 주권자인 국민 자신이므로 국민의 대표 기관인 의회는 국민의 적극적인 여론에 반하여 그 권한을 행사하는 것은 매우 중대하고도 명백한 헌정 유린의 사실이 있는 경우에 한정하는 것이 국민주권주의의 이념에 부합한다. 더구나 예외적으로 대통령의 법적 책임을 추궁하는 제도가 탄핵제도인데 탄핵 요건은 성립하나 정황을 고려할 때 파면은 부적절하다고 판단하는 것은 사법제도로서의 특성에 부합하지 않으며, 오히려 요건을 엄격히 하여 요건에 해당하는 경우 선택의 여지 없이 파면의 결정을 내리도록 논리 구성을 하는 것이 사법제도로서의 탄핵제도의 성격에 비추어 바람직하다.*[34]

헌재 판결은 법 위반의 '중대성'을 어떻게 판단할 것인지에 대한 다양한 논의를 촉발했다.[35] "헌법재판소는 중대성이 무엇을 의미하는지 그리고 중대성에서 어떤 요건이 충족되는지 구체적인 논증을 제시하지 않고 있다."[36] 헌재는 '헌법 수호의 관점'과 '국민 신임 배반의 관점'을 기준으로 제시했다. 그런데 이 기준 역시 매우 모호하고 객관적이지 않다. 중대성이라는 개념도 주관적 불확정 개념인데, 헌법 수호와 신임 배반의 경우도 불확정 개념이다. 이는 중대성의 판단이 헌재의 재량이라는 것이고, 결국 헌재가 정치적 판단을 할 수밖에 없다는 얘기다.

> *법 그 자체는 전문성을 요구하는 영역인 까닭에 법을 실천하는 기술적·절차적·형식적 측면에서 특별한 언어와 논리를 필요로 하며, 이 차원에서 법에 관한 이해나 해석을 둘러싼 이성적 사고와 판단 그리고 그와 관련된 논리를 법리라고 표현할 수 있을지 모른다. 그러나 현실에서 이 법리라는 말은 절차적 차원의 전문 지식의 의미를 넘어 실질적 내용을 갖는 어떤 근원적 원리라는 의미로 확대되곤 한다. 실정법의 조문 또는 그것이 담고 있는 어떤 규범적 문제에 관한 해석은 그것을 계도하는 이른바 법리에 기초해 이루어져야 하며, 이때의 법리는 사회의 공익을 대변하는 불편부당한 것으로 전제된다.… 그리하여 법리라는 이 말은 명시적으로는 정치를 비하하면서 암묵적으로 민주주의의 범위를 축소시킴과 더불어, 파당적 정치를 초월하여 공익에 충실하고 이성적인 법의 영역이 존재한다는 인식을 사회에 부과하는 것이다.*[37]

민주주의를 넘어서는 법은 없다. 정치 논리는 자의성과 당파성을 기본으로 하므로 멀리해야 한다는 주장은 편견이다. 이

때의 정치 논리는 당파적 이익을 추구하는 정략을 뜻한다. 정략과 정치는 다르다. 정치는 민주적 절차와 합의를 중시한다. “정치가 없으면 민주주의도 없다.”[38] “민주주의는 정치를 필요로 한다.”[39] 요컨대 정치 논리는 민주주의 논리다. 민주주의는 인민주권의 체제이므로 정치 논리는 국민 의사, 대중적 합의를 존중하는 것이다. 그래서 입법부가 삼권 중 첫 번째다. 배척할 대상은 당파적 판단이지 정치적 판단이 아니다.

탄핵은 법적 성격을 가진 정치적 절차다. 따라서 법적 판단과 정치적 평정評定이 모두 필요하다. 탄핵이 기소-공판의 형사재판 절차를 준용하고, 위반 행위에 대한 법적 판단을 거쳐야 하므로 법적 절차다. 탄핵에 참여하는 주요 참여자들이 정치적 행위자들이고, 결정을 내릴 때 정치적 판단을 해야 할 뿐만 아니라 정치 세력 간의 경쟁에도 심대한 영향을 미치기 때문에 정치적 절차다. 미국의 헌법 입안자들도 탄핵 시도를 추동하거나 과정에 개입하는 당파성을 경계했을 뿐 정치나 정치적 요인의 영향을 인정할 수밖에 없었다.[40]

3 의회와 대통령의 힘겨루기

대통령과 의회 간 갈등

노무현 후보는 16대 대선에서 승리해 대통령이 됐으나 의회는 여전히 여소야대의 기울어진 운동장이었다. 김대중 정부 시절 치러진 16대 총선(2000년)에서 야당인 한나라당은 총 273석 중 133석을 차지했고, 여당인 새천년민주당은 115석에 그쳤다. 그 외 자유민주연합 17석, 기타 8석이었다. 노 대통령이 취임할 시점에는 이미 DJP연합[41]이 붕괴했기에 그는 분점정부하의 소수파 대통령(minority president)이었다. 게다가 민주당은 대선 과정에서 노무현 후보 교체를 둘러싼 갈등으로 파생한 친노親盧 대 비노非盧 간의 분파주의(factionalism)가 극심해 노 대통령으로선 사실상 의회 통제력을 상실한 정치 구도였다.

당연히 노 대통령도 처음엔 국회와의 협력을 강조했다. 취임 전인 2003년 1월 18일 한나라당과 민주당의 원내총무[42]를 만나 "국정이 국회 중심으로 운영되도록 삼권분립 원칙을 지키겠다"며 국회 존중과 초당적 국회 운영 의사를 밝혔다. 나흘 뒤에는 한나라당 당사를 방문해 "한나라당과 합치되는 공약부터 먼저 시작할 계획"이라며 "합치되지 않는 부분도 만나서 상의하고 절충해나가면 여소야대라도 효율적으로 국민에게 봉사할 수 있을 것"이라고 했다. 한나라당이 발의한 대북 송금 특검법도 수용했다.

그러나 그해 7월부터 대선 자금 수사가 정치 쟁점으로 부상하면서 대통령과 의회의 관계는 대결과 교착으로 바뀌었다. 특히 대통령의 당적 변경과 재신임 국민투표 주장이 결정적이었다. 2003년 7월 사회 각계 원로 10명이 여야 개혁 세력의 대통합을 통한 새로운 전국 정당 건설을 촉구하는 성명을 발표했다. 7월 7일 한나라당 의원 5명이 탈당하면서 신당 논의가 본격화됐다. 2003년 9월 친노 의원들과 노무현 대통령이 연이어 새천년민주당을 탈당했다. 노 대통령은 의원 47명만의 지지를 받는 극소수파 대통령으로 전락했다. 이는 링컨 대통령의 사망과 존슨의 대통령직 승계로 인해 빚어진 당파적 불균형이 존슨 대통령의 탄핵으로 이어진 흐름과 유사하다. 노 대통령이 선택한 분열은 의회방패의 자발적 포기를 뜻했다. 이런 점을 고려하면 그 의도와 상관없이 노 대통령도 탄핵 사태의 책임에서 100% 자유로울 수는 없다.

미국 역사에서 탄핵은 언제나 의회 다수당이 야당일 때 일어났다. 즉 대통령의 소속 정당이 탄핵 시도를 개시한 적은 없다. 노무현 대통령 탄핵도 여소야대, 그것도 역대 최악의 소수파 정부라는 조건에서 발생했다. 탄핵소추 당시 여당의 47석(17.3%)은 탄핵 발의 저지 의석인 1/3에 턱없이 부족했다. 민주화 이후 최초로 여소야대 의회가 만들어졌던 1988년의 13대 총선에서 여당인 민주정의당은 전체 299석 중 125석을 확보해 1/3을 넘었다. 김대중 대통령이 1998년 취임할 당시엔 한나라당이 162석(전체 295석의 54.9%)이었고, 연정의 파트너인 새정치국민회의와 자민련이 각각 78석(26.4%)과 43석(14.6%)이었다. 집권 연합이 1/3이 넘는 41%의 의석을 갖고 있었다. 2000년 16대 총선에서도 여소야대가 만들어졌으나 여당이 42%(115석)를 차지했다. 그런데 노무현 대통령은 여소야대 역사상 처음으로 탄핵소추를 원초적으로 막을 수 없는 처지였다. 노 대통령은 사실 매우 위험한 선택을 했다.

이런 당파적 배열이 탄핵 연합으로 하여금 지나친 자신감을 갖게 했다. 지나친 과신은 허점을 낳기 마련이다. 탄핵 연합은 탄핵 사유와 탄핵 반대 여론을 부차적인 요인으로 취급했다. 헌재의 인적 구성에 대해서도 오판했다. 9명의 재판관 중

7명이 노 대통령과 무관하게 임용됐다는 사실이 자신들에게 유리하게 작용할 것으로 받아들였다. "비록 헌법재판소의 심판이 법률적 판단이라고는 하지만 정치적 사안이며 명확한 기준이나 판례가 없는 상태에서 한나라당과 민주당은 나름대로 기대할 수 있는 구성이라고 판단할 개연성"[43]이 충분했다. 실제로 당시 야당은 헌재가 탄핵심판에서 인용 결정을 내릴 것으로 예단했다. 탄핵소추에 대한 표결 직후 헌재의 탄핵심판에 대한 전망을 묻는 설문조사에서 한나라당 의원의 60.7%와 민주당의 50%가 탄핵 인용을 예상한다고 답했다.[44] 그들은 탄핵 성공의 핵심은 민심, 즉 대중적 지지라는 점을 알지 못했거나 애써 외면했다. 이 희망 사항(wishful thinking)의 대가는 막대했다.

2003년을 기점으로 노 대통령과 야당은 극심한 대립을 보였다. 대선 자금 수사와 측근 비리, 검찰 수사 방해, 인사 논란, 장관 해임 건의, 재신임 국민투표 언급, 선거 중립의무 위반 발언 등 사사건건 부딪쳤다. 양자 간 대립은 '노무현 대통령 측근 비리 특검법'을 둘러싸고 절정에 이르렀다. 야당은 2003년 11월 10일 의원 193명의 동의로 이 특검법을 의결했으나 노 대통령은 거부권 행사로 맞섰다. 야당은 12월 4일 209명의 의원이 동의하는 특검법 재의결로 대응했다. 대통령의 거부권 행사를 국회의 재의결로 뒤집은 경우는 1954년 형사소송법 이후 49년 만에 처음이었다. 과거에도 대통령의 거부권 행사가 더러 있었지만 대부분 국회에서 폐기되거나 철회되는 등 재의결에 성공하는 경우는 단 1건 외에 없었다.[45] 거부권이 무력화되면 대통령으로선 제도적으로 할 수 있는 게 거의 없는 식물 대통령이나 다름없었다. 시행령이나 인사권, 사정권만으로는 정상적인 국정운영이 불가능하다.

찰스 가드너 게이Charles G. Geyh는 탄핵의 정치적 성격을 다음과 같이 말한다.

> *비록 탄핵 과정이 사법적인 것으로 보이지만 최소한 세 가지 측면에서 통상 정치적 특징을 갖는다. ① 국가에 해가 되는 정치적 범죄를 교정하는 것이므로 탄핵은 원래 그 의미가 정치적이다.[46] ② 대의기관을 통해 이뤄지는 대중적 또는 정치적 다수결의 결정에 따르는 과정이기 때문에 정치적이다. ③ 공공연하게 당파성을 띠기 때문에 정치적이다.[47]*

노무현 탄핵 사례는 게이 모델에 딱 들어맞는다. 노 대통령의 행위가 '국가에 해가 된다'고 확신했던 탓인지 또는 의회 다수결이란 절차적 정당성에 빠진 탓인지 탄핵 세력은 당파적 의도를 너무 당당하게 드러냈다. 게이는 그럼에도 탄핵의 겉모습에 속지 말라고 충고했는데, 노무현 탄핵은 이 말에도 부합한다. 대통령의 위법에 대한 의회의 제도적 교정으로 보이는 외양에도 실질은 야당이 위법을 핑계로 정치 구도를 뒤집으려는 일종의 의회 쿠데타였다. 한국의 첫 번째 대통령 탄핵 사례로 탄핵의 일반 명제 두 가지를 분명하게 확인할 수 있다. 첫째, 탄핵은 정치적 과정이며 당파적 동기에 의해 추동된다. 둘째, 그럼에도 그 당파성의 한계를 벗어나지 못하면 탄핵은 실패한다.

스캔들

스캔들이 탄핵 모멘텀으로 작용하는 경우가 적지 않다. 중남미의 6개 탄핵 사례를 분석한 페레스-리냔에 따르면, 대통령이 탄핵에 직면하는 까닭은 대통령이 연루된 스캔들 때문이다. 이들 6명의 대통령은 취임할 때 평균 64%의 지지를 얻었으나 스캔들의 영향으로 물러날 때는 23%에 불과했다. 취임 후 매달 1~1.5%p씩 하락한 셈이다. 스캔들은 통상 대통령의 입지가 위축된 뒤 발생하기 마련이다.[48] 다시 말해 지지율이 스캔들 보도를 저지할 수도, 유발할 수 있다는 뜻이다. 언론의 폭로로 지지율이 하락하기도 하지만 반대로 지지율이 하락해 언론이 부담 없이 의혹을 제기할 수도 있다. 후자의 경우가 더 위험하다. 언론이 경쟁적으로 의혹 보도에 나서게 되고, 그것이 다시 지지율 하락을 야기하는 하향 악순환이 벌어진다.

노무현 대통령 탄핵에서는 이처럼 탄핵 스토리의 단골 메뉴인 스캔들이 없었다. 여야 간 정치적 공방의 대상이 된 부정부패와 비리 사건은 있었으나 검찰 수사 중에 있었고, 대통령과 직접 관련된 증거도 없었다.

스캔들의 부재는 노무현 탄핵의 치명적 약점이다. 탄핵 추진력을 끌어올리는 대중적 분노(public outrage)를 촉발할 수 없었기 때문이다. 대통령의 지지율이 바닥이었음에도 권력 남용이나 부패와 관련된 의혹이 제기되지 않았다. 대통령의 형(노건평)과 관련된 의혹이 일부 제기되기도 했으나 인화성이 큰 권력 비리 스캔들은 아니었다. 국회의 탄핵소추안에도 대통령이 직접 연루되었다거나, 심각한 법 위반의 혐의를 받는 스캔들이 적시되어 있지 않았다. 대통령의 인기가 매우 낮은 데다 보수 언론이 노 대통령에 대해 공공연하게 드러낸 반감까지 고려하면 의외다. 즉 대형 스캔들이 터질 만한 분위기는 조성되었으나 정작 폭로되는 스캔들은 없었다. 이 '스캔들 부재' 때문에 야당의 당파적 의도가 더 선명하게 부각되어 탄핵에 대한 반대 여론을 증폭하는 요인으로 작용했다.

대통령의 위반 행위(offense)

국회가 제시한 탄핵 사유 중 일부는 헌재에 의해 수용됐다. 대통령이 반복적으로 특정 정당을 거론하며 지지를 호소한 발언은 선거법 위반이었다. 선관위의 선거법 위반 판정에 대해 대통령이 그 선거법의 정당성과 규범력을 문제 삼은 것도 헌법 수호 의무 위반이었다. 대통령의 재신임 국민투표 제안도 관련 헌법상의 조항이 없으므로 헌법 수호 의무 위반이었다. 그 외 나머지 항목은 다 기각됐다.

'대통령이 선거 중립의무를 위반했다.' 헌재가 인정한 핵심 탄핵 사유다. 이제 초점은 그 위반 정도가 중대한지 여부였다. 역대 대통령들은 다 정치를 해왔고, 선거에 개입해왔다. 대통령이 여당 총재직을 겸하면서 공천에서부터 선거운동까지 직접적이고 노골적인 간섭을 일삼았다. 그런 관행과 상식을 무시한 채 유독 노 대통령에게만 중립의무를 과도하게 지우고, 그 이유로 탄핵하면 온당한 판정으로 받아들여졌을까. 게다가 더 중요한 사실이 있었다. 지지를 말로 표현하는 것에 그쳤을 뿐 공무원의 동원이나 조직적 지원은 없었다. 정당 공천으로 당선된 대통령이 자신이 속한 정당에 대해 애정이나 지지를 표시하는 행위와 정부 직을 동원해 특정 정당이나 후보를 지원하는 등의 권력 남용 행위는 차원이 다르다.

국민으로부터 위임받은 정책을 실시하기 위해 필요한 국회 내 협조 세력의 확보는 정책 실현의 필수 요소이므로 국회 내 우호 세력의 확보를 위해 국민에게 자신의 정치적 의사를 표명하는 것은 국민주권을 실현하기 위한 필수적인 헌법상의 권한이자 의무이다. 정당민주주의에서 정당의 주요한 기능은 선거에

의 참여인데 정당원인 대통령이 선거와 관련하여 절대적 중립을 지키도록 요구하는 것은 모순이다. 만일 대통령제 국가에서 국회 내 협조 세력의 구축을 위한 활동을 근원적으로 금지하게 될 때는 행정권의 의회 권력에 대한 무한 종속을 의미하며 대통령제에서 행정권의 독자성을 확보할 수 있는 길을 봉쇄함으로써 국민으로부터 직접 행정권을 수권받은 대통령의 자율성을 극도로 축소시키고 국민주권 원리와 삼권분립의 원칙을 형해화하는 것을 의미한다.[49]

선거운동이 없었으니 권력 남용도 없었다는 점이 헌재에 의해 분명하게 확인됐다. 대통령의 지지 발언이 부적절하기는 하지만 과거부터 그런 관행이 있었던 데다 그 관행을 정착시킨 정당들이 그걸 핑계로 대통령 탄핵에 나섰으니 의회의 과잉 견제로 볼 여지는 충분했다.[50] 이뿐이랴. 대통령에 취임한 지 고작 1년이 조금 넘은 시점이었다. 극도의 여소야대 때문에 대통령이 자신의 공약한 정책과 비전을 밀어붙이기 어려웠다. 대선 과정에서 그를 후보직에서 끌어내리려 했던 정당과 대선 패배 정당이 탄핵을 주도했다. 이런 점들을 고려하면 국민의 눈에는 탄핵이 거대 의석을 가진 야당 연합의 부당한 권력 남용으로 비쳤을 것이다.

반노무현 정서를 촉발하는 사안도 없었다. 파라과이의 쿠바스 대통령이 문제 인물을 사법부 판결에 맞서 석방한 초법적 행위, 루고 대통령 탄핵 과정에서 시위대와 경찰의 충돌로 일어난 불행한 '인명 사고' 같은 악재가 없었다. 대통령이 연루된 비리나 권력 남용의 스캔들도 없었고, 국민이 선거를 통해 부여한 위임(mandate)을 부정할 만한 법 위반이나 대형 참사도 없었다. 그런데도 야당이 탄핵을 밀어붙였으니 의회 쿠데타로 비치기에 안성맞춤이었다.

4 탄핵 실패가 남긴 교훈

의회의 당파적 배열

노무현 정부는 가끔 등장하는 그저 그런 분점정부가 아니었다. 여당 의석은 극히 미미한 반면, 야당 의석은 무슨 결정이든 마음대로 할 수 있을 만큼 거대했다. 노무현 탄핵 시점의 의석 분포를 보면 재석 271명 중 열린우리당 17.3%(47석), 한나라당 53.5%(145석), 민주당 22.9%(62석), 자민련 3.7%(10석)였다. 야당 연합의 합계 의석이 80.1%에 달했다. 의석 분포로만 보면 노 대통령에겐 탄핵 가결이나 법안 재의결(override)을 막을 수 있는 최소한의 저지선마저 없는 상황이었다. 요컨대 원천적으로 의회방패가 부재했다. 이럴 때 대통령으로선 싫어도 어쩔 수 없이 야당이나 야당 의원들의 지지를 도모해야 한다.

국정 운영에 있어서 견제와 균형의 원리가 더욱 첨예하게 대립할 수 있는 분점정부의 상황이 합리적인 것인지 혹은 비합리적인 것인지에 대한 논쟁은 차치하더라도, 정부와 의회에 사이의 관계에서 의회에 대한 설득과 신뢰, 대화와 타협을 위한 대통령의 정치적 리더십은 효율적인 국정 운영을 위한 중요한 변수임에 틀림이 없다. 분점정부 상황에서 정부의 제반 정책과 법안을 추진하기 위하여 대통령은 의회의 다수를 차지하고 있는 야당에 대해 보다 적극적인 대화와 설득의 노력을 경주해야 할 필요가 있는 것이다.[51]

하지만 노 대통령에게는 그런 선택을 할 의지가 부족했고 조건도 열악했다. 노 대통령과 한나라당·새천년민주당 간에는 당내 경선에서 대선에 이르는 동안 돌이킬 수 없을 정도로 정서적 앙금과 정책적 대치가 고착화해 있었다. 대선 승리부터 취임 초까지의 짧은 시기를 제외하면 노 대통령은 야당과 타협할 생각이 없어 보였다. 반면 한나라당과 새천년민주당 간의 관계는 미묘했다. '대북비밀송금사건 진상규명을 위한 특검법안'을 둘러싸고선 이견이 상당했다. 그러나 이후 양당 사이에 심각한 이견 사안은 없었다. 대신 노 대통령과 민주당 간 갈등이 점점 거칠어지면서 양당은 반노무현이란 공통분모를 바탕으로 점차 연대의 보폭을 넓혀갔다.

결국 린츠가 말한 대통령제의 병폐, 즉 행정부와 입법부 간의 제도적 대립이 표출하기 시작한 셈이었다. 이는 대통령에게 위험해도 너무 위험한 정치 구도였다. 의회가 가진 '기관 파워'를 제어할 헌법적 수단이 없기 때문이다. 이런 갈등과 교착을 타개할 헌법적 장치는 탄핵과 선거뿐이다. 행정명령, 시행령은 그 효과가 제한적이다. 선거 일정은 법으로 정해져 있으므로 누구든 선거 시기를 임의로 정할 수 없다. 선거가 임박해 있으면 굳이 탄핵을 추진할 이유가 없다. 물론 그 선거를 위한 전략 차원에서 탄핵을 추진할 수는 있다. 노무현 탄핵이 국회에서 2004년 3월 12일에 있었으니 총선을 불과 한 달여 남겨놓은 시점이었다. 노 대통령의 취임일을 기준으로 계산하더라도 총선은 불과 14개월 뒤로 예정되어 있었다. 따라서 합리적으로 판단해보면 양쪽 모두 선거를 통해 교착상태를 해소하는 전략적 선택이 최선이었다. 또 그게 민주적 태도였다.

그러나 불행하게도 여소의 대통령과 야대의 국회 모두 대결을 선택했다. 강공과 역공이 연쇄적으로 이어졌다. 검찰의 대선 자금 수사로 정치적 갈등이 심화하자 대통령은 재신임 국민투표를 제안했다. 이게 야당 반대로 무산되자 총선을 재신임의 계기로 삼겠다고 선언했다. 그의 표현에 빗대면 '구시대의 막내'가 아니라 '새 시대의 맏형'이 되기로 작정한 듯했다. 야당은 야당대로 대뜸 최후의 수단, 즉 탄핵 카드를 꺼냈다. 너무 설

불렀다. “선거 경쟁에서 패배한 정당과 그들을 지지한 사회 세력들이 헌재 재판관들의 결정 권한을 통해 선거에 의한 결과를 변화시킬 수 있는 기대를 가지면서 정치 밖의 영역에서 구원자를 찾으려는 시도”[52]로 받아들여질 개연성이 농후했다.

노 대통령은 왜 야당과 맞서는 전략을 구사했을까. 노 대통령은 2003년 하반기 내내 재신임 국민투표를 거론하며 국회를 압박했다. 돌이켜 보면 민주당을 탈당하고 열린우리당을 창당한 것도 정면 돌파의 승부수였다. 계속 맞서는 교착상태를 통해 유권자들로 하여금 곧 있을 총선에서 양자택일할 수밖에 없게 만드는, 그럼으로써 국회의 당파적 배열을 재편하려는 의도에서 비롯된 모험적 출구 전략(exit strategy)이었다. 2004년 2월에 실시된 한국갤럽의 정당 지지율 조사에서 석 달 전 창당한 열린우리당이 23.6%를 기록하며 18.3%의 한나라당과 9.3%의 민주당에 앞섰다. 3월 12일 갤럽조사에서는 격차가 더 벌어졌다. 열린우리당 32.4%, 한나라당 16.3%, 민주당 8.3%였다.

대통령의 출구 전략은 성공하는 것으로 보이는 만큼 한나라당과 민주당의 위기감은 점점 커졌다. 이에 한나라당과 민주당이 선택한 의회의 자폐적 출구 전략이 탄핵이었다. 소추 직후, 여론의 역풍은 거셌다. 정당 지지율 조사에서 열린우리당 46.8%, 한나라당 15.8%, 민주당 6.8%로 나타났다. 대통령의 출구 전략이 국회의 출구 전략을 일방적으로 압도했다.

〈그림 2-1〉 총선 과정에서의 정당 지지율 변화(갤럽 여론조사)

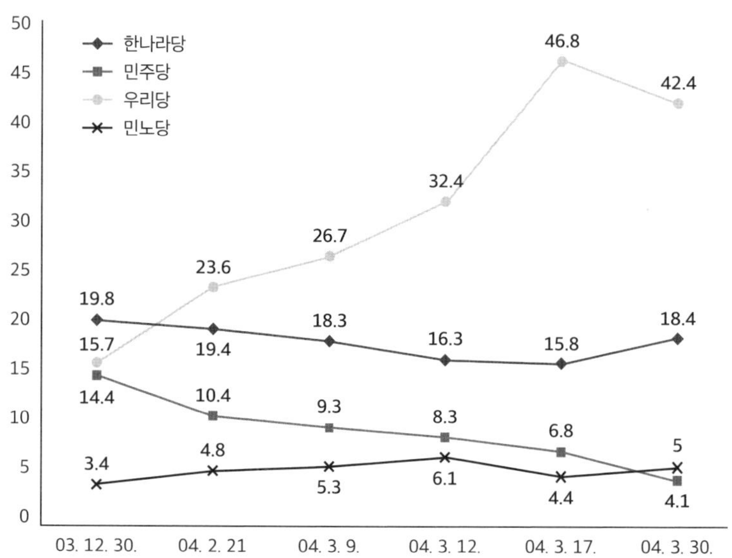

자료: 조성대, 2004b, 67쪽.

탄핵 쟁점의 영향은 전국적으로 확산되었는데, 종래 한나라당의 텃밭으로 인식되었던 영남권에서도 우리당의 지지율이 여론조사에서 한나라당을 크게 앞지르는 결과를 가져와 우리당을 선거 과정에서 명실상부한 선두주자(front-runner)로 부상하게 했다.[53]

야당이 정치 상황이나 선거 유인 때문에 탄핵을 선택한 측면도 있지만 그들의 전략적 오판도 있었다. 한나라당은

2002년 대선 패배의 원인을 오해했다. 오직 후보 단일화라는 정치 공학 때문에 진 걸로 자기 합리화했다. 그러나 패배의 이유는 다른 데에 있었다. 그간 켜켜이 쌓인 기성 질서에 대한 불만이 '낡은 정치 청산'을 외치는 아웃사이더 노무현 지지로 나타났던 것이다.

> *2002년 대통령 선거에서 노무현 후보가 한나라당의 이회창 후보를 누르고 승리하게 된 주된 요인은 낡고 부패한 과거 정치가 변화되길 원하는 유권자들에게 노무현 후보를 지지하면 새로운 변화를 기대할 수 있다는 국민적 홍보와 선거 전략이 성공을 거두었기 때문이며, 이와 함께 선거 전략으로서 '노사모(노무현을 사랑하는 모임)'로 대표되는 새로운 형태의 자발적인 국민적 정치 참여 유도가 유권자들의 지지를 확대시킨 결과였다.*[54]

착각은 또 있었다. 취임 초부터 시작된 노무현 대통령의 지지율 하락은 정치적 싸움에 매몰된 행태에 대한 불만이었지 그의 존재와 노선에 대한 부정이 아니었다. 야당은 유권자들의 불만(discontent)을 그에 대한 거부(denial)로 이해했다. 이런 착각 때문에 탄핵이란 마지막 수단을 써도 국민이 용인할 것으로 오판했다. 이런 착각뿐만 아니라 국민의 오래된 의회 불신도 탄핵에 대한 부정적 여론을 형성하는 데 기여했다.

한국에서도 민주화 이후 대표 기관으로서 의회의 다양한 역할은 크게 증대되었다. 그럼에도 불구하고 현재 한국에서 국민들의 의회에 대한 신뢰는 매우 낮은 수준이며 의회에 대한 불만은 임계점에 도달했다고 해도 과언이 아니다.[55]

대한민국 국회는 2001년 당시 국제 의회 신뢰도 조사에서 10.2%를 기록했는데, 이는 주요 민주주의 국가들(39.7%)에 비해 매우 낮은 수치였다. 1982년의 66.8%였던 점을 감안하면 민주화 이후 대폭락했음을 알 수 있다.[56] 이유는 첫째, 국회의 역할 변화 때문이었다. 민주화 이전에는 독재 정부와 맞서 싸우는 민주화의 거점이자 견인차 역할을 했으나 이후에는 관심도 줄어들고 역할도 축소됐다. 둘째, 행정부 견제의 방법이 구태의연했다. 즉 입법 기능과 행정부 견제를 제대로 못한 측면보다는 갈등 조정의 대의기관다운 역할을 못한 측면 때문이었다. 정당이 중심이 된 정쟁의 장으로 국회가 변질된 것이 핵심이었다.[57]

모름지기 의회는 토론과 협의를 통해 운영되므로 그 특성상 의사결정이 더디고, 소란스럽고, 어지러울 수밖에 없다. 효율성보다는 민주성을 중심 가치로 한다. 세계 어느 나라 의회든 이 속성은 다 똑같다. 민주주의에서의 정치가 갖는 본질적 속성이기도 하다. 민주주의에서 민의를 놓고 의회와 경쟁하는 행정부나 언론이 이런 속성을 폐해인 양 비판하는 '의회 때리기', 반정치 프레임로 인해 의회는 늘 부당한 손해를 보고 있다.[58] 그러나 의회가 유권자의 삶에 미치는 정책 경쟁을 벌이기보다는 권력 다툼에 매몰된 점도 부정하기 어렵다. 따라서 그렇지 않아도 불신받는 의회가 탄핵을 무리하게 밀어붙이는 모습으로 인해 탄핵의 정당성은 현저하게 떨어질 수밖에 없었다.

여당 또는 집권 연합의 분파적 배열

열린우리당은 민주당 탈당을 집단 경험으로 공유하고, 탄핵 과정에서 강고한 연대감을 형성한 의원들이 만든 정당이다. 게다가 의석 규모가 47석에 불과했기 때문에 분파주의로 인한 당내 균열이 생겨나기 어려웠다. 탄핵이 국민적 공감을 얻고 있는지를 가늠해볼 수 있는 요인이 여당의 분열 여부다. 중남미에서도 여당 또는 집권 연합의 분열이 탄핵의 핵심 요인으로 작용하는 경우가 많았다.[59]

친노 그룹은 열린우리당 창당 이전엔 새천년민주당 내 한 분파로 존재하다가 탈당 후엔 '국민참여통합신당'이란 이름의 국회 교섭단체로 활동했다. 이때조차도 이들과 대통령 간에 갈등이 아예 없진 않았다. 대북 송금 특검과 이라크 파병 이슈에서 양자는 서로 의견이 달랐다. 대북 송금 특검법은 노 대통령이 취임하기 전부터 존재하던 이슈였다. 2002년 국정감사에서 한나라당이 현대상선의 대북 비밀 송금 의혹을 제기했고, 2003년 1월 감사원이 "2,240억 원이 북한에 지원된 것으로 보인다"는 감사 내용을 발표하면서 특검 논의가 본격화됐다.

2월 26일 민주당 의원들이 불참한 가운데 한나라당 주도로 특검안이 통과됐다. 노 대통령이 이를 수용하자 김대중 전 대통령을 따르던 민주당 내 그룹(세칭 '동교동 그룹')은 공개적으로 반발했다. 노 대통령을 따르던 친노 그룹 내에서도 일부 반대 의견이 나왔다. "노 대통령이 작년에 대북 송금 특검을 수용한 것은 여러 사정에도 불구하고 적절하지 않으며 잘못된 결정이었다."[60] 2003년 3월 건설공병단과 의료지원단을 이라크에 보내는 파병에 공개적으로 반대한 의원들도 있었다. 김근태·송영길·오영식·이재정·임종석·천정배 등이었다. 10월 국가안전보장회의에서 전투부대의 이라크 파병을 추가로 결정하자 임종석 의원은 "정부가 끝내 전투병 파병을 결정하고 동의안이 국회를 통과하게 되면 국회의원직을 사퇴하겠다"며 무기한 단식 농성까지 벌였다.

이처럼 노 대통령과 친노 의원들 간에는 이런저런 이견과 갈등이 있었다. 하지만 결국 그들은 열린우리당으로 뭉쳤고, 노 대통령 탄핵 과정에서도 일체의 이탈 없이 단합된 모습을 보였다. 이들의 의석 비중이 가결을 막을 정도에 미치지는 못했지만 빈틈없는 결속력을 보였고, 이들이 국회 본회의장에서 표결을 육탄 저지하려다 끌려 나가며 울부짖는 모습이 생중계된 TV 영상은 탄핵 반대 여론 형성에 적지 않은 영향을 끼쳤다. 탄핵 진영은 힘센 악당으로 보였고, 노 대통령과 친노는 핍박받는 약자로 비쳤다. 실제 여론도 노 대통령에게 유리한 방향으로 움직였다. 탄핵을 두고 열린우리당이 분열했더라면, 아수라장이 된 그 현장에서의 처절한 저항 영상이 공개되지 않고 조용하게 처리되었더라면 국민을 정서적으로 덜 자극했을 터이고, 이후 상황도 달랐을 것이다.

대통령 리더십

2003년 2월 취임한 노 대통령의 지지율은 초반부터 높지 않았다. 취임 후 첫 지지율 조사(리서치앤리서치)에서 기록한 75.1%를 정점으로 4개월 만에 40%대로 하락했다. 그 이후 임기 내내 한 번도 50%를 넘지 못했다. 심지어 탄핵이 기각된 후에도 그랬다. 탄핵 직후인 2004년 3월 17일의 한국갤럽 조사에서 노 대통령은 30.5%의 지지율을 보였다. 여당의 지지율보다도 현저하게 낮았다. 이 조사에서 열린우리당의 지지율은 무려 46.8%에 달했다. 심지어 같은 조사에서 '탄핵에 공감하지 않는다'는 응답이 71.1%로 나타났다. 탄핵할 정도까지는 아니지만 대통령이 잘못하고 있다는 평가가 더 많았다는 뜻이다. 여당의 지지율에 훨씬 못 미치는 대통령 지지율은 결국 노 대통령 리더십이 신뢰를 얻지 못하고 있다는 얘기이기도 했다.

대통령 지지율 하락은 탄핵 성공의 우호 조건이다. 국민이 대통령에게 불만을 품으면 품을수록 그에 대한 비판이나 견제를 받아들일 가능성도 당연히 커진다. 야당 의원들이 국회의 법적 무기를 쓰고자 하는 보다 적극적인 동기를 갖게 된다. 심지어 여당 의원 중에서도 이에 고무되어 이탈의 용기를 내게끔 유도할 수도 있다. 노 대통령 지지율의 조기 하락은 김영삼·김대중 전직 두 대통령과 확연히 다른 패턴이었기 때문에 탄핵 세력에게 긍정적 시그널로 보였다. 한국갤럽 조사에서 노무현 대통령의 1년 차 지지율은 1분기 60%로 시작해 4분기 22%로 끝을 맺었다. 탄핵이 있었던 2년 차 1분기는 25%였다. 김영삼 대통령은 1년 차 1분기 71%로 시작해 4분기 59%로 끝났다. 2년 차 1분기는 45%였다. 김대중 대통령은 1년 차 1분기 71%로 시작해 4분기 63%로 마감했다. 2년 차 1분기는 60%였다.[61]

노 대통령의 인기는 앞선 두 대통령의 1년 차 4분기와 2년 차 1분기의 지지율과 비교해봤을 때 이례적으로 매우 낮았다. 1년 차 4분기의 경우, 노 대통령은 김대중·김영삼 대통령보다 각각 37%p, 41%p 낮았다. 2년 차 1분기를 기준으로 하면, 노 대통령이 앞의 두 대통령에 비해 각각 30%p, 35%p 낮았다.

노 대통령의 낮은 지지율은 기존에 볼 수 없었던 예외적인 현상이었고, 야당이 이를 대통령에 대한 대중적 불신임으로 해석할 여지는 다분했다. 따라서 노 대통령의 낮은 지지율은 야당 연합의 탄핵 시도를 자극하는 요인으로 작용했다. 이런 상황에도 불구하고 노무현 대통령은 물러서지 않고 국회와 맞서는 대결 전략을 선택했다.[62] "민주주의의 특징인 조언과 협상 과정을 존중하지 않는 대통령은 탄핵으로 해결될 수밖에 없는 교착상태에 빠질 것이다."[63] 노 대통령의 선택은 무모해 보이는 위험한 선택이었다.

예상대로 대통령과 국회는 수시로 교착상태에 빠졌다. 대선 자금 의혹에 대해 야당이 공격을 퍼붓자 노 대통령은 재신임 국민투표로 맞섰다. 야당이 탄핵 철회의 조건으로 사과를 내걸었으나 노 대통령은 이 또한 단칼에 거부했다. 심지어 탄핵 표결 전날의 기자회견에서도 결기 있는 모습을 보였다. "탄핵 등 진퇴가 걸린 문제는 총선 결과를 존중해 심판으로 받아들이고 그 결과에 상응한 정치적 결단을 할 것"이라며 배수진을 쳤다. "헌정이 부분적으로 중단되는 중대 사태를 놓고 정치적 체면 봐주기, 흥정과 거래를 하는 것은 한국 정치발전을 위해 이롭지 않다."

대통령이 의회에 강력한 당파 세력을 확보하고 있지 못하다면 광범위한 연합을 구축하는 것이 탄핵 과정을 예방하거나 억누를 유일한 방법이다. 그러나 견고한 연합이 하룻밤에 만들어질

수는 없다. 대통령은 취임한 첫날부터 의회에서의 연합을 도모해야 한다. 그렇지 않으면 미디어 스캔들이 의회로 밀어닥칠 즈음 대통령이 이미 심한 고립 상황에 빠졌을 수 있다. 일단 스캔들이 기세를 얻고, 대통령의 지지율이 낮고, 강력한 엘리트들이 흔들리게 되면 정치적 고립은 반전시키기 어렵다.[64]

마치 노 대통령과 야당 연합 간의 탄핵 공방을 가까이서 지켜보고 기술한 것처럼 보인다. 스캔들 부분만 빼면 노 대통령은 이 인용문 그대로 했다. 그에겐 탄핵을 저지할 만큼의 의석이 없었고, 연합을 통해 방패를 구축할 생각도 없었다. 대통령의 지지율은 낮았고, 마음에 상처를 입은 야당과 그 지도자들은 강한 의지를 불태웠다.

노 대통령은 탈당의 길을 가기보다 자신이 속했던 새천년민주당에 잔류해 의회방패로 삼을 수 있었다. 여론도 신당 창당(11.8%)보다 민주당의 리모델링(87%)을 더 선호했다.[65] 제도적·관행적 권력에서 대통령이 가진 압도적인 우위를 고려하면 노 대통령이 잔류를 통해 과거의 앙금을 씻어내고 여당의 응집성을 강화하는 것이 그리 어렵진 않았을 것이다. 그럼에도 노 대통령은 예산이나 인사, 또는 정치적 제휴 등을 통해 의회방패를 보전하는 데 연연하지 않았다. 김대중 전 대통령과의 공개적 회동, 호남 존중 태도와 지원, 햇볕정책 계승 등을 통한 방법으로 동교동 그룹과의 재결속은 얼마든지 가능했다. 이런 점에서 노 대통령이 동교동 그룹과의 결별을 선택한 결정은 대통령 정치의 속성, 즉 자신만이 유일하게 전 국민을 대표하는 동시에 모든 걸 다 할 수 있다고 생각하는 제도 효과의 표출로 볼 수 있다.

대중여론(public opinion)

노무현 대통령에 대한 탄핵소추가 국회에서 가결된 후 실시된 긴급 여론조사를 보면 찬성보다 반대가 훨씬 많았다. KBS-미디어리서치 조사(3월 12일)에서는 탄핵 반대 여론이 69.6%, 찬성이 28.6%로 나타났다. 같은 날 MBC-한국리서치 조사에서는 탄핵 반대가 70.0%, 찬성이 22.7%였다. SBS-TNS 조사에는 각각 69.3%, 25.3%, 연합뉴스-월드리서치 조사에서는 각각 74.9%, 24.6%의 수치를 보였다.

대통령이 잘못하고 있다는 생각이 다수이긴 했으나 그럼에도 대통령을 탄핵까지 하자는 생각은 다수가 아니었다. 찬성보다 반대가 훨씬 많았다. 미국의 클린턴 탄핵이나 레이건 탄핵에 대한 찬반 여론조사에서도 '죄가 있긴 하나 탄핵은 안 된다'는 응답이 다수였다. 일견 모순적 태도로 보이지만 탄핵의 예외성을 정치인보다 국민이 더 정확하게 이해하고 발휘된 분별지나 집단 지성으로 이해할 수 있다.

결국 탄핵 결정은 그 절차적 정당성에 대한 논란을 떠나 야당이 정략적인 차원에서 주도한 정치쇼에 불과했다는 국민 다수의 의사를 반영한 결과라고 볼 수 있다. 즉 다시 말해서, 국회의 탄핵 발의와 의결에서 절차적 정당성은 문제가 없었다는 주장이 있을 수 있지만, 탄핵 사유의 정당성은 설득력을 확보하지 못했다는 다수 국민의 생각을 반영하고 있다.[66]

탄핵 반대 여론은 갈수록 늘어났다. 한국갤럽의 조사에 따르면, 탄핵 전인 3월 9일 조사에서는 탄핵 반대 여론이 53.9%였으나 탄핵 당일 60.8%로 상승했고, 17일에는 71.1%로 10%p 가량 늘었다. 찬성은 각각 27.8%, 30.0%, 24.6%로 나타났다. 세대별 차이가 있었는데, 17일 조사를 기준으로 탄핵 반대 여론이 20대와 30대에선 약 80%인 반면 50대 이상에선 58% 정도였다. 찬성 여론도 20대는 13.6%인데 반해 50대 이상은 34.5%로 나타났다. 세대 간에 찬반 비율이 다르긴 했으나 모든 세대에서 탄핵 반대 응답이 훨씬 높았다.

언론도 정치적 행위자(political actor)로 간주되는 만큼 이들의 태도도 대중여론을 읽는 하나의 지표다. 언론사의 특정 이슈에 대한 태도는 사설을 통해 확인할 수 있다. 외부 기고나 기명 칼럼과 달리 사설은 통상 언론사의 입장을 대변하는 것으로 간주되기 때문이다. 탄핵안 발의 시점부터 탄핵심판이 있

〈표 2-2〉 언론사 사설별 탄핵 찬반 논조: 노무현 대통령(2004년 3월 9일~5월 14일)

언론사	찬성	반대	중립	종합
한겨레	0	12건(92.3%)	1건(7.7%)	13건(100%)
경향신문	0	7건(46.7%)	8건(53.5%)	15건(100%)
동아일보	6건(27.3%)	3건(13.6%)	13건(59.1%)	22건(100%)
중앙일보	12건(63.2%)	1건(5.3%)	6건(31.6%)	19건(100%)
조선일보	6건(33.3%)	2건(11.1%)	10건(55.6%)	18건(100%)
합계	24건(27.6%)	25건(28.7%)	38건(43.7%)	87건(100%)

주: * 사설별 논조 분류 기준
찬성: 탄핵 정당성 강조/탄핵 대상자(세력)의 부정 강조/탄핵 반대 진영 비판
반대: 탄핵 시 부정적 효과 강조/탄핵 반대 입장 강조/탄핵 추진 논리(세력) 비판
중립: 탄핵 추진 상황 언급하지만 긍정·부정 가치판단 하지 않음

던 날까지 경향신문, 동아일보, 조선일보, 중앙일보, 한겨레 등 5개 신문의 사설을 통해 언론사의 탄핵 찬반 입장을 살펴보았다. 사설 내용 중에 탄핵의 정당성을 강조하거나 반대 의견을 비판하는 논조는 찬성, 탄핵의 부정적 효과를 강조하거나 탄핵 추진 세력을 비판하는 논조는 반대로 분류했다. 탄핵 추진 상황만 언급하고 긍정이나 부정의 가치판단을 하지 않으면 중립으로 분류했다.

이 기간 5개 언론사가 게재한 사설은 총 87건이었다. 〈표 2-2〉가 보여주듯, 그중 찬성 사설이 27.6%, 반대가 28.7%, 중립이 43.7%로 분류됐다. 진보 성향으로 분류되는 경향신문과 한겨레에서 탄핵 찬성 사설은 하나도 없었다. 반면 보수 성향으로 분류되는 동아일보와 조선일보, 그리고 중앙일보 사

설 중 반대 의견은 각각 3건, 1건, 2건이었다. 동아일보·조선일보·중앙일보 등 3개 보수 성향 언론의 총 59개 사설 중 찬성률은 40.7%인 반면 경향신문·한겨레 등 2개 진보 성향 언론의 총 28개 사설 중 찬성률은 0%였다. 반대율은 각각 10.2%와 67.8%였다.

이처럼 언론사의 정치 성향에 따라 찬반이 엇갈렸는데, 이는 탄핵 성패에 중대한 의미가 있다. "대통령이 권력을 남용했다는 사실에 대한 찬반 여론이 당파적 차이를 넘어 국민적 합의를 형성할 때 비로소 탄핵이 허용되어야 한다"는 지적[67]에 비춰보면 노무현 탄핵은 이 명제에 어긋난다. 보수정당이 주도한 탄핵에 보수 언론조차 흔쾌히 동조하지 않을 정도로 대중적 소구력(popular appeal)이 부족했다. 이 당시 언론의 태도를 박근혜 대통령 탄핵 때와 비교해보면 큰 차이가 확인된다. 박근혜 탄핵의 경우, 찬성 66.4%, 반대 3%, 중립 30.6%로 분류됐다(223쪽 표 〈3-3〉 참조). 박근혜 탄핵은 찬성 의견이 반대보다 20배 이상 많았고, 노무현 탄핵은 찬반 의견이 엇비슷했다. 이처럼 탄핵 공감도에서 노무현 탄핵과 박근혜 탄핵은 차이가 확연했다.

노무현 탄핵은 국회에서 표결이 있기 전부터 반대 촛불집회가 열렸다. 물론 찬성 집회도 있었지만 반대 집회보다 그 규모면에서 비교가 안 될 정도로 작았다. 탄핵소추안이 발의되기 이틀 전인 2004년 3월 7일 여의도 집회에 170여 명이 모였었는데, 탄핵안 가결 후 여드레가 지난 20일 광화문 집회에서는 참여자 수가 폭발했다. 약 25만 명이 모여 "탄핵 무효, 민주 수호"를 외쳤다. 부산·대구·광주·대전 등 40여 개 주요 도시를 비롯해 미국·캐나다·오스트레일리아 등 해외에서까지 도합 35만 명이 촛불을 들었다. 온라인으로 참여한 참여자도 수십만이니 다 합치면 이날 약 80만 명이 탄핵에 저항했다. 당시로선 유례를 찾기 어려울 정도로 파격적인 규모였다. 3월 27일에는 자체 추산으로 8만 명이 반대 집회를 열었다. 탄핵에 반대하는 광장 연합이 시작됐다. 노무현 탄핵 반대 운동이 중간층 시민들이 참여하는 자발적인 대중운동을 끌어냈다.

> *이 기간 동안 연인원 약 200만 명의 시민들이 거리에 나왔고, 972개의 시민사회 단체가 탄핵무효 부패정치청산 범국민운동이라는 단일 조직을 만들어 탄핵 무효 운동에 나섰다. 촛불시위가 벌어진 지역만 해도 전국 50여 개에 이르고, 나라 밖 교포들도 7개국에서 시위를 조직했다. 온라인 공간에서 만들어진 카페와 토론 게시판은 헤아리기 어려울 정도로 많았으며, 온라인 서명과 시위는 마치 봇물 터진 것처럼 넘쳐났다. 외견상으로는 2000년 총선 연대의 낙선 운동을 넘어서고 있으며 가히 6월항쟁을 떠올릴 수준이라 할 수 있다.*[68]

찬성 집회는 3월 21일 광화문에서 자체 추산으로 2,500명이 고작이었다. 규모나 구성, 열기 등의 측면에서 탄핵 반대 집회가 찬성 집회를 압도했고, 이는 여론조사에서 드러난 흐름과 궤를 같이하는 것이었다. 탄핵 찬성의 사회적 동원은 사실상 일어나지 않았다. 앞에서 기술했듯이 페레스-리냔(2014)은 의회의 탄핵 시도를 가두시위 등 사회운동이 막아내는 경우를 대중 방패 개념으로 설명한다. 대규모 시위가 대통령의 몰락을 이끌 수도 있지만 탄핵을 저지할 수도 있다. 의회의 다수가 대통령에게 적대적인 경우는 허다하며, 파라과이의 사례처럼 그들은 탄핵의 법적 경계를 자의적으로 허물었다. 그러나 대통령을 지지하는 대중 동원이 폭넓게 이뤄지면 의회의 시도는 힘을 잃는다.

반면 파라과이의 대통령 루고의 경우처럼 사회운동이 대통령을 지켜줄 정도로 효과적으로 동원되지 못하면 반대 연합에 의해 어렵지 않게 탄핵이 성사될 수 있다. 1장 〈표 1-9〉에서 살펴본 것처럼 페레스-리냔은 사회운동과 의회 간의 상호작용에 대해 여덟 가지 경우로 나눠서 분석했는데, 특히 사회운동이 위협을 제기하나 의회가 방패로 막는 경우([배열 4])와 의회가 위협을 제기하나 사회운동이 방패로 막는 경우([배열8])에 주목했다. 노무현 대통령 탄핵 케이스는 딱 [배열 8]에 들어맞는 경우다.

온두라스 대통령 마누엘 셀라야Manuel Zelaya의 탄핵 위기는 대통령에 대한 대중적 지지가 방호벽을 만들어낸 경우였다.[69] 노 대통령 탄핵에서도 바로 그 대중적 저항이 탄핵 방호벽을 구축했다. 페레스-리냔은 위협 조건과 방어 조건을 구분했다. 대통령을 거부 또는 옹호하는 의회의 '견고한 다수(cohesive majority)', 대통령에 반대 또는 지지하기 위해 동원된 사회의 '폭넓은 연합(broad coalition)'은 위협 조건이 될 수도 있고, 방호 조건이 될 수도 있다. 어떤 결과를 낳을지는 유동적이다. 위협이 방패를 뚫는 창이 될 수도 있고, 방패가 창을 막을 수도 있다. 그야말로 모矛와 순盾의 갈등이다. 노무현 탄핵의 경우엔 의회의 창을 대중의 방패가 막아냈다.

한국의 민주화는 오랜 정치적 투쟁과 사회적 저항을 통해 이룩됐다. 결정적 역할은 시민의 저항과 운동이 했다는 얘기다. "한국 민주주의는 운동과 저항에 의해서 추동되고 정치적으로 제도화되는 경로를 밟아왔다."[70] 부정선거를 규탄하는 4·19혁명으로 이승만 대통령이 사임했다. 5·18민주화운동도 있었다. 6월민주항쟁으로 직선제 개헌을 쟁취했고, 이로써 민주화의 길이 열렸다. 저항과 운동에 의한 민주화는 곧 정당이 약했고 의회가 제 역할을 못했다는 뜻이다. 한국의 시민들은 중요한 시기에 정당이나 의회의 역할을 기대하기보다는 직접 거리로 나서는 선택을 했고, 마침내 민주화를 이뤄내고 민주주의를 지켜냈다.

확실히 우리 모두가 한국 민주주의에 대해 자부심을 가질 수 있는 것 가운데 하나는, 정부의 책임성을 추궁하려는 시민적 에너지와 열정은 이미 하나의 '민주적 전통'으로 자리 잡았다고 할 만큼 굳건하다는 사실이다.[71]

운동 주도의 민주화 경험이 국민 마음속에 자리 잡아 형성된 가치 정향, 즉 민주적 자산도 노무현 탄핵의 정당성에 대해 회의하게 했다. 정치적 상징으로서 '노무현'은 정당 내에서나 국회에서의 경력을 바탕으로 대통령이 되는 '의회 트랙(김대중·김영삼처럼 국회 경력을 지렛대로 삼아 대통령이 되는 길)'을 따르지 않았다. 지역주의 정치 구도 타파를 외치는 등 국회 밖에서 펼치는 가치 중심의 활동을 통해 대통령이 되는 '운동 트랙'을 개척했다. 당내 세력 결집이 아니라 당 밖에서 특정 가치를 앞세운 운동을 전개하고, 그 운동의 힘으로 당을 변화시키거나 당의 결정에 영향을 미치는 방식이었다. 이처럼 노 대통령은 참여 민주주의를 지향했다. 의회의 다수파가 탄핵한 대통령을 촛불집회와 같은 사회적 동원이 들불처럼 일어나 지켜낸 것에는 우리 사회의 독특한 민주적 자산의 영향도 적지 않았다. 의회 트랙이 아니라 운동 트랙에 의해 집권한 노 대통령의 특수한 이력도 작용했다.

삼권분립의 구도는 분립한 기관 간의 갈등이 불가피하고,

최악의 경우 교착상태나 비토크라시로 이어지는 약점을 안고 있다.[72] 문제는 교착을 해소할 제도적 해법이 선거와 탄핵 말고는 없다는 사실이다. 국민이 내리는 가장 권위적이고 강제적 해법이 선거다. 대의제 민주주의는 선거를 통해 대표의 책임성을 구현하는 체제, 즉 선거에서 확인된 다수의 의지와 선호에 반응하는 체제이다. 국민이 선거를 통해 내리는 결정은 거역할 수 없는 최종적 권위를 갖는다. 선거를 통해 국민은 누가 옳은지 정해주고, 어떻게 해야 할지 정해준다. 탄핵은 투표가 아니라 의회가 자신의 판단으로 책임을 묻는 제도다. 노무현 탄핵의 경우, 의회가 탄핵을 의결한 뒤 헌재의 탄핵심판이 진행되는 와중에 총선이 있었다. 따라서 헌재로선 탄핵을 심리할 때이 총선에서 확인되는 국민의 주권적 결정을 절대적으로 참작할 수밖에 없었다.

헌재의 법리적 판단에 민심이나 여론이 작용하는지 당시 탄핵심판에 참여한 김종대 전 헌법재판관에게 물었다. 그의 대답은 간명했다. "작용합니다." 사실 탄핵제도는 선거 결과에 대한 '대의적' 부정을 허용하는 것이다. 선거를 통해 국민이 뽑은 대통령을 대의기관인 의회가 축출하는 절차이기 때문이다. 따라서 탄핵 절차 중에 선거가 치러지면 그 결과를 존중해야 한다.

사법부 판결만으로 해소될 수 없는 현재와 같은 정치 위기에서,

위기가 악화되기 전에 대통령 탄핵에 대하여 직접 국민의 의사가 무엇인지를 물을 수 있다는 것은 천혜의 기회가 아닐 수 없다. 탄핵이 만들어낸 위기의 해결은 무엇이 진정한 국민의 지지인가에 대한 판단에 의해 이뤄져야 하고, 그것은 한 달 앞으로 다가온 총선에서 투표라는 가장 직접적인 방법을 통해 국민들에 의해 결정돼야 한다. 다른 어떤 결정도 이보다 민주적으로 우월할 수 없다.[73]

노 대통령에 대한 국회의 탄핵소추는 3월 12일에, 헌재의 탄핵심판은 5월 14일에 있었다. 그 중간쯤 4월 15일에 17대 총선이 있었다. 총선 결과 열린우리당 의석은 47석에서 152석으로 3배 이상 늘어난 반면, 한나라당은 139석에서 121석으로 줄어들었다. 민주당은 59석에서 9석으로 폭락했다. 열린우리당이 과반 의석을 가진 원내 다수당이 됨으로써 사상 최초로 의회 권력 교체가 이뤄졌다. 이전까지는 한나라당 계열의 보수정당이 항상 제1당이었다.

선거에서 드러난 민심 또는 대중여론이 아니라 당파적 여론을 쫓아 탄핵을 시도하게 되면 헌정 위기로 이어지고, 나아가 의회가 특권을 무책임하게 휘두른 데에 대한 정치적 반격을 초래하게 된다.[74]

17대 총선은 탄핵 찬반의 단일 쟁점이 지배한 선거였다. 다른 쟁점들은 거의 묻혀버렸다.

17대 총선 과정에서 한국 유권자들의 정당 지지도나 총선 선택은 단기적인 정치 쟁점과 이벤트에 민감하게 반응했다. 대표적인 사례가 바로 탄핵 쟁점이라 하겠다. 탄핵 쟁점은 전국을 뒤덮는 쟁점이었으며, 우리당이 총선에서 과반수 정당이 될 수 있게 만든 중요한 변수였다.[75]

한나라당과 민주당이 탄핵에 서둘러 나선 동기는 선거 전략의 측면도 있었다.[76] 신생 여당 열린우리당의 지지율이 기성 정당들을 앞지르고, 그로 인해 총선에서의 패배가 예상되자 반전 카드로 탄핵을 선택했다.

사실 한나라당의 경우 두 번의 대선에서 권력 탈환에 실패하였고, 정치 부패 등의 쟁점으로 총선에서의 패배가 예상되는 상황에서 정치 시스템의 재편은 매우 유혹적인 카드가 아닐 수 없다.[77]

탄핵을 찬성하는 세력은 기존의 '친노-반노' 구도를 통해 대통령에 대한 평가를 부각시키는 것이 선거에서 유리하다고 판단

하였고, 탄핵에 반대하는 세력은 '민주 대 반민주' 구도로 총선을 이끌고 가려는 의도를 견지했다.[78]

한나라당과 민주당, 그리고 자민련은 개헌 추진 의사도 밝혔다. 탄핵이 정략적 수단이 아니라 정치 개혁이란 대의를 위해 추진된 것으로 포지셔닝하기 위한 차원이었다. 종합하면 한나라당·민주당에 탄핵은 일면 보복용, 일면 선거용의 양면 카드였다. 노태우 정부 시절 여소야대 구도를 3당합당으로 반전시켰듯이 대선 패배를 탄핵으로 반전하려는 시도였다. 행정 권력의 힘으로 합당을, 의회 권력의 힘으로 탄핵을 선택한 것이다. 노 대통령도 탄핵을 총선 승리의 무기로 삼았다. 여소야대를 선거로 바꾸려 한 것이다. 이처럼 야당 연합과 노 대통령 모두 총선을 문제 해결의 방편으로 삼았다.

냉정하게 보면 노 대통령은 탄핵을 피하고자 노력하기보다 탄핵을 유도하는 쪽으로 움직였다. 야당 연합의 수적 힘 자랑으로 노 대통령이 희생된 것으로만 보기 어렵다는 얘기다. 노 대통령은 의도적으로 당하는 약자-피해자 모양새를 연출하려 애썼다. 이게 먹혔다. 열린우리당은 대승했다. 야당의 시도는 막혔다. 탄핵을 주도한 한나라당은 참패했고, 탄핵 파트너 민주당은 몰락했다. 영남에서 지역주의가 작동하지 않았다면 한나라당은 더 크게 패배했을 것이다.

정치적 남용의 가능성은 탄핵제도의 숙명이다. 미국이나 한국에서 처음으로 이뤄진 의회의 탄핵소추는 철저하게 정치적이었다. 탄핵은 정치적 동기에서 추진됐다. 탄핵 실패도 정치적 이해타산 때문이었다. 미국 존슨의 경우 다수당 내 분파 간의 대선 경쟁 때문에 압도적 의석에도 불구하고 탄핵에 실패했다. 한국 노무현의 경우 탄핵이 정치적 무기로 사용된 탓에 국민적 저항에 직면해 실패했다. 미국이 그랬듯이[79] 한국의 대중도 합리적으로 판단했다. 놀라운 정치적 이성을 발휘했다.

민주주의 법정에서 최고·최종 심판자는 여론이었다. "대중의 감정(public sentiment)이 전부다. 대중의 감정을 얻으면 결코 실패할 수 없다. 대중의 감정을 거스르면 결코 성공할 수 없다." 링컨의 말처럼 대중의 감정이 성패를 갈랐다. 언제나 그런 것은 아니지만 탄핵이 당파적 프레임을 벗어나지 못하면 부당한 것으로 간주되고,[80] 그와 같은 당파적 탄핵(partisan impeachment)은 대체로 실패한다. 특히 광범위한 사회적 저항에 직면할 땐 십중팔구 대중방패에 막혀 실패한다. 노무현 탄핵 실패가 남긴 차디찬 교훈이다.

3장

파면된 대통령

'설마… 군대를 동원한다고?'

처음 든 생각이었다. 도무지 이해할 수 없었다. 왜 군을 동원하려 했을까. 2016년 12월 9일 국회에서 박근혜 대통령에 대한 탄핵소추안이 통과됐다. 이듬해 3월 국군기무사령부(현 국군방첩사령부)가 국방부 장관에게 문건 하나를 보고했다. 계엄령을 발동하고 군을 동원하는 계획이었다. '지금이 어느 때인데 설마 계엄령을 동원해 국민을 군홧발로 짓밟을 생각을 했겠어.' 그런데 사실이었다.

2018년 국회의원으로서 '묻혀 있던' 계엄령 문건을 공개한 후 동아일보와 인터뷰를 했다. 해당 문건이 누구 지시로 만들어진 것 같냐는 물음에 "수사를 통해 밝혀야 할 문제다. 다만 합리적 추론은 가능하다. 계엄령 문건은 탄핵안이 기각됐을 때 국민이 불복하는 상황을 가정한 것이다. 다수 국민이 대통령 탄핵과 하야를 요구하는 상황에서 탄핵안이 기각됐다면 어땠겠나. '쓰나미처럼 청와대로 밀려올 텐데 경찰력으로는 못 막는다. 그러니 군을 동원해 정권을 지키자'는 생각에서 작성한 것이다. 대통령이 자기 권력을 지키려고 한 계획이다"라고 답했다.

박 대통령과 청와대는 헌재가 탄핵안을 기각할 것으로 예상했다. 계엄령 문건은 그 예상하에 광화문에 촛불을 들고 탄핵을 외친 시민들이 청와대로 몰려오는 상황에 대한 대비 차원이었다. "내가 이러려고 대통령을 했나." 박 대통령은 당황한 탓인지 상황을 연신 오판했다.

2004년에 있었던 노무현 대통령 탄핵도 헌재에서 기각됐다. 그러니 박 대통령이나 청와대 참모들이 그렇게 기대하는 희망 사항도 무리는 아니었다. 그만큼 탄핵의 성공은 상상하기 어려운 '블랙 스완'이었다. 예외성에 더해 믿는 바가 또 있었다. 이명박-박근혜로 이어지는 보수 정부하에서 임명된 헌법재판관들이라 그들이 야당이 주도하는 탄핵에 동의하기 어려우리라 판단했다. 또 있다. 자신들이 비록 일부 실수하고 잘못한 점이 있다손 치더라도 헌법에 정한 탄핵 사유, 즉 '헌법과 법률 위반'에 해당하지 않는다고 착각했다. 박근혜 대통령은 2024년에 펴낸 회고록 《어둠을 지나 미래로》에서 헌법재판관 8명 중 4 대 4 또는 5 대 3으로 기각될 것이란 보고를 받았다고 밝혔다.

'에이 그게 가능하겠어?'

야당도 탄핵을 처음부터 강하게 밀어붙이지 못했다. 탄핵안을 통과시킬 만큼의 의원 수가 없었다. 여당 일부가 동의하지 않으면 탄핵은 불가능했다. 광장에서 시민들이 탄핵을 외치는 순간에도 민주당을 비롯한 야당들은 미적거렸다. '에이 그게 가능하겠어?' 노무현 대통령이 부당한 탄핵에 직면했던 아픔, 결국 헌재에서 기각됐던 경험도 그들의 발걸음을 더디게 했다. 요컨대, 탄핵은 하는 쪽이나 받는 쪽이나 경험해보지 못한 신세계였다.

처음이 어렵지 그다음부턴 쉽다고 했던가. 지금 우리는 누구나 쉽게 탄핵을 입에 담는다. 한쪽에선 탄핵으로 위협하고, 한쪽에선 사기 탄핵이라고 방어한다. 우리만 그런 것도 아니다. 미국에서도 탄핵은 일상 정치의 수단이 됐다. 4년 동안 재임한 트럼프 대통령은 그 짧은 기간 동안 두 차례나 탄핵당했다. 탄핵은 세계화의 물결도 탔다. 2022년 페루의 카스티요 대통령도 두 번 탄핵당했다. 한 번은 기각됐으나 두 번째엔 결국 면직됐다. 페루에선 2020년에도 비스카라 대통령이 두 번의 시도 끝에 탄핵당해 자리에서 물러났다. 2017~18년에도 두 번의 시도 끝에 대통령이 사임한 바 있는 페루였다. 칠레, 알바니아, 우크라이나, 체코, 우루과이, 리투아니아, 인도네시아 등 탄핵 정치가 펼쳐진 나라들이 점점 늘어나고 있다. 모든 탄핵 시도가 성공하는 건 아니다. 왜 성공하고, 왜 실패할까? 박근혜 탄핵에서 그 답을 찾을 수 있다.

*

노무현 대통령과 달리 박근혜 대통령은 다수파 대통령(majority president)으로 임기를 시작했다. 2012년 12월 대선에서 51.6%를 얻어 48%를 얻은 문재인 후보를 누르고 당선됐다. 서울과 호남 지역을 제외한 전 지역에서 승리했고, 1987년 직선제 개헌 이후 처음으로 과반이 넘는 득표율을 기록했다. 박 대통령의 정치 기반은 안정적이었다. 앞서 2012년 4월에 치러진 19대 총선에서 새누리당(현 국민의힘)은 152석을 얻어 127석의 민주당에 압승했다. 박 대통령이 당 비상대책위원장을 맡아 치른 선거였다. 따라서 의회 지원까지 확실한, 제도적 안정성(institutional stability)이 높은 단점정부였다.

사실 18대 대선에서 박근혜 후보가 당선된 것은 예상 밖이었다. 이명박 대통령에 대한 거부 정서('반MB' 정서)가 상당했고, 당시 야권은 문재인 후보와 안철수 후보 간 경쟁으로 대중적 관심을 모으는 데 성공했다. 게다가 고질적인 분열을 극복하고 후보 단일화를 이뤄냈다. 그럼에도 박근혜 후보가 승리했다. 이 승리는 박 대통령에게 탄탄한 정치적 입지를 선사했다. 반대로 야당으로서는 쓸 수 있는 카드를 다 쓰고도 졌으니 운신의 폭이 좁을 수밖에 없었다. 게다가 박근혜 후보는 경제민주화 등 이른바 시대정신이 요구하는 과제들을 공약으로 수용했는데, 이 또한 야당이 정책 비판을 통한 견제를 어렵게 했다. 박 대통령은 3년 넘게 이런 우세와 강점을 누렸다.

그런데 임기 4년 차에 치러진 2016년 20대 총선에서 정치적 반전이 일어났다. 더불어민주당이 123석을 얻어 제1당이 됐고 새누리당은 122석을 얻어 제2당으로 내려앉았다. 2016년 2월 안철수 의원이 창당한 국민의당은 돌풍을 일으키며 38석을 얻었다. 19대 총선 대비 새누리당은 30석을 잃었으나 민주당은 4석을 잃는 데 그쳤다. 박근혜 정부로서는 처음 겪는 패배였다. 다시 여소야대의 국회가 만들어졌다. 문제는 패배라는 결과가 아니라 패배의 원인, 즉 자중지란이었다. 새누리당은 크게는 대통령과 여당 간의 대립, 작게는 박 대통령을 따르는 '친박親朴'과 당의 자율성을 중시하는 '비박非朴' 간의 계파 갈등으로 인해 최악의 공천 파동을 겪으면서 여론조사상의 우위를 잃어버리고 결국 패배했다. 선거 결과로 정치권력이 분산됨과 동시에 야당의 지지율이 새누리당을 앞서면서 박근혜 정부는 흔들리기 시작했다.[1]

그럼에도 탄핵을 거론하거나 추진할 만한 정치 지형은 전혀 아니었다. 국민의당은 민주당에서 뛰쳐나간 세력이 만든 정당이었다. 비非민주당이란 정체성 때문에 민주당과의 연대는 상상하기 어려웠다. 그렇다고 해서 박 대통령 및 새누리당과 연대할 가능성도 거의 없었다. 그 당의 지지 기반이 반反박근혜·반反새누리당 정서가 가장 강한 호남 지역인 데다 대선을 앞두고 있었기 때문이었다. 설사 민주당과 국민의당 등 야당이 모두 연대하더라도 탄핵의 가결정족수엔 많이 모자랐다. 다시 말해 새누리당이 충분히 결속하면 122석은 탄핵을 저지하기에 충분히 강력한 의회방패였다. 따라서 탄핵이 실행되려면 새누리당의 분열이 전제 조건이었다.

한국 정치사에서 보수정당의 분열은 흔치 않은 일이었다. 1990년 3당합당으로 탄생한 정당(민주자유당→신한국당→한나라당→새누리당)에서 1995년 김종필 전 총리의 세력(자유민주연합)이 뛰쳐나간 적은 있었다. 1997년엔 이인제 당시 경기지사 등 소수가 탈당하기도 했다. 그럼에도 보수정당은 곧 보수 단일 정당의 구도를 복원해냈다. 진보를 표방한 정당들과 달리 보수 정당에 분열은 익숙한 경험이 아니었다. 게다가 박근혜 정부하에서 분열을 이끌 만한 인물도 보이지 않았다. 비록 총선 때 김무성 의원이 당 대표로 박 대통령과 맞서긴 했지만 그도 친박 정체성을 가진 정치인이었다. 이런 탓에 박근혜 대통령이 임기 중에 탄핵에 직면할 것이란 예상은 합리적 전망이 아니었다.

1 탄핵 막전 막후 II

대통령 탄핵은 권력 구도 변화가 출발점이다. 따라서 박근혜 대통령 탄핵의 시작은 2016년의 4·13 총선이었다. 총선 결과 여소야대의 분점정부가 탄생했다. 민주당 출신이 국회의장을 맡는 등 여당은 의회 운영의 주도권을 잃었다. 새누리당으로선 18대·19대 국회에서 누렸던 과반 의석을 가진 다수당 지위가 8년 만에 무너진 것이다. 린츠가 우려한 대통령제의 병폐, 즉 대통령(정부)과 의회(다수 야당) 간의 갈등이 빚어지고 이것이 정치적 교착상태로 이어질 가능성이 큰 정치 구도의 등장이었다.

여소야대의 상황 그 자체보다도 더 심각한 것은 여소야대가 만들어지는 과정이었다. 박근혜 정부는 초반부터 인사 때문에 고전했다. 초대 국무총리 후보자뿐만 아니라 헌법재판소장 후보, 미래창조과학부 장관 후보, 국방부 장관 후보, 공정거래 위원장 후보가 낙마하는 등 인사 실패가 이어졌다. 박 대통령은 정치를 외면하고 통치에 매몰됐다.[2] 여당은 국정에서 소외됐고, 내각은 자율성을 갖지 못한 채 청와대의 지시를 수행하는 데에 급급했다.[3] 그럼에도 박근혜 정부는 2014년 6·4 지방선거에서 승리했다. 영남의 시장·도지사직을 석권하고, 경기도와 인천, 그리고 제주의 광역단체장 선거에서도 승리했다. 선거 직전 발생한 4·16 세월호 참사[4]가 초래한 대중적 분노를 감안하면 대단한 선전이었다. 이때까지도 탄핵은 아직 상상하기조차 어려웠다.

지방선거에서의 승리 때문에 가려졌지만 세월호 참사가 박근혜 정부 위기의 '티핑 포인트tipping point'였다. 따라서 참사에 대한 정부 대응이 매우 중요했다. 하지만 정부는 잘못된 길을 선택했다. 참사에 대한 대응도 엉망이었지만 진상 규명과 책임자 처벌에 미온적이었던 점이 국민의 반발을 샀다. 이로 인해 대통령의 인기는 하락세로 반전됐다. 집권 1년 차 3분기(2013년 7~9월)에 60%의 지지율로 정점을 찍은 후 2년 차 3분기(2014년 7~9월)부터 50% 이하로 떨어졌다. 이처럼 세월호 참사는 박근혜 대통령이 탄핵으로 축출되는 긴 과정의 첫 발화점이었다.

세월호에 승선했던 학생과 일반인을 해경이 구조하지 못한 사실이야말로, 박근혜 대통령이 7시간 동안 구조를 지휘하지 못한 사실이야말로, 정권에 대한 국민적 불신과 분노가 시작된 결정적 계기였다. 그래서 촛불시위 역시 세월호 참사에 대한 분노가 동력이 되었다. 그것은 재난 시 국가가 국민의 생명에 대해 아무런 책임도 지지 않는다는 사실, 즉 국가의 부재에 대한 허탈감이었다. 그 허탈감이 일차적으로 4·13 총선에서 야당 압승으로 나타났고, 4·13 총선 이후 변화된 정치 환경이 언론의 박근혜-최순실 게이트 폭로, 그리고 11월 이후 지금까지의 촛불시위로 나타난 것이다. 따라서 박근혜 게이트가 폭로된 것은 우선 4·13 총선에서 드러난 여소야대 국회가 만들어낸 긍정적 결과로 볼 수 있다.[5]

박 대통령과 여당의 유승민 원내대표는 증세를 둘러싼 갈등을 벌이다 국회법 개정안을 계기로 정면충돌했다. 2015년 5월이었다. 유 대표가 야당과 합의해 통과시킨 국회법 개정안은 정부의 시행령에 대해 국회가 내는 의견 방식을 '통보'에서 '시정 요구'로 바꾸는 내용이었다. 국회로선 시행령의 근거가 되는 법을 만든 기관으로서 그 하위의 시행령에 대한 검토는 당연했다. 하지만 박근혜 정부는 그간 관행적으로 인정되던 권한에 대한 제약으로 받아들였다. 박 대통령은 국무회의에서

"헌법에 정한 삼권분립의 원칙을 훼손해 위헌 소지가 크다"며 반발했다. 이어 "배신의 정치는 선거에서 심판해야 한다"고 공언했다. 친박 의원들을 앞세워 유 대표를 거칠게 압박한 끝에 7월 8일 그를 대표직에서 밀어냈다.

이게 1라운드였다면 공천 파동은 2라운드였다. 박 대통령은 새누리당 공천에서도 이른바 '진박' 감별 논란을 일으키며 김무성 대표와 극심하게 대립했다. 유승민 전 대표를 비롯해 그를 따르던 의원들을 대거 배제했다. 의원들이 선출한 원내대표에 이어 당원들이 선출한 당 대표까지 힘으로 누르는 권위적 태도를 보였다. 박 대통령의 민주화 역사를 거스르는 퇴행적 행태는 총선의 결정적 패인이었다. 이때의 내적 균열과 박 대통령에 대한 거부감이 탄핵 국면에서 여당의 분열로 이어졌다.

여당의 총선 패배 후 얼마 뒤 박근혜-최순실 게이트가 그 일단을 드러내기 시작했다. 그해 7월 26일부터 TV조선은 대기업을 대상으로 미르재단과 K스포츠재단의 기부금 모금에 안종범 청와대 경제수석과 대통령이 관련되어 있다는 의혹을 꾸준히 제기했다.[6] 이 보도는 8월에 터진 정윤호 게이트[7]로 중단되었다.[8] 그러던 차에 2016년 9월 20일 한겨레가 '최순실'의 실명과 그를 비선 실세로 규정한 기사를 단독 보도했다. 또 하나의 변곡점이었다.

여기 '의문의 재단' 두 곳이 있다. 재단법인 미르와 재단법인 K스포츠다. 두 재단은 지난해 10월과 올해 1월 재벌들이 800억 원 가까운 거금을 내 만든 것이다. 그런데 두 재단은 설립 이후 별 성과가 없다. '개점휴업' 상태다. 그래도 재벌들은 재단이 뭘 하는지 모르고 알려고조차 하지 않는다. 재단 설립은 신청한 지 하루 만에 허가가 떨어졌다. 대놓고 가짜 서류를 제출하고 그나마도 서로 베낀 것인데 문화체육관광부는 재까닥 도장을 찍어줬다. 도대체 두 재단의 배후에는 누가 있는 것일까? 19일 한겨레신문 취재 결과, 박근혜 대통령의 비선 실세인 최순실(60·최서원으로 개명) 씨가 재단 설립과 운영에 깊숙이 개입한 정황이 드러났다. K스포츠재단 이사장 자리에 자신이 단골로 드나들던 스포츠마사지센터 원장을 앉힌 것이다.[9]

〈표 3-1〉 2016년 7~8월 TV조선 미르재단 관련 보도

일자	보도 제목
7월 26일	TV조선 [단독] 미르재단 설립부터 미스터리… 이유는?
	TV조선 [단독] 재단법인 미르, 30개 기업이 486억 냈다
7월 27일	TV조선 [단독] 안종범 수석, 500억 모금 의혹
	TV조선 [단독] 미르재단 내분 암투 파행… 주인 누굴까?
7월 28일	TV조선 [단독] '미르' 모금 기업들 "정부 기획으로 알고 돈 냈다"
	TV조선 [단독] 문화계 황태자 차은택, 미르재단 좌우
	TV조선 [단독] 안종범, 미르재단 사무총장 사퇴 종용
	TV조선 [단독] 미르 모금 기업 불만 많았다

7월 29일	TV조선 [단독] "차은택, 대통령에 심야 독대 보고 자랑하고 다녀"
	TV조선 [단독] "안종범 수석, 미르재단 인사도 개입"
8월 2일	TV조선 [단독] 900억 모금한 기업들… 팔 비틀렸나?
8월 3일	TV조선 [단독] K스포츠-미르재단은 '쌍둥이'?
8월 4일	TV조선 [단독] '수상한 두 재단'… 미르·K스포츠, 회의록까지 똑같아
	TV조선 [단독] 청와대 경제비서관도 미르 관계자 만났다
	TV조선 [단독] 900억 모금 미르·K스포츠 창립총회는 가짜
8월 10일	TV조선 [단독] 380억 모금 미르 체육재단 이사진 미스터리
8월 11일	TV조선 [단독] 미르, 대통령 순방 TF에 참여… 비선조직이었나?
8월 12일	TV조선 [단독] 미르, 세탁 나섰나?… 재정상황 뒤늦게 공시
8월 13일	TV조선 [단독] 박 대통령 행사마다 등장하는 미르·K스포츠
8월 16일	TV조선 [단독] 미르재단 이사장 문화 행사에 특혜 용역?

자료: 이지호 외, 2017, 23쪽.

최순실이 실명으로 등장함에 따라 비선 실세의 국정 개입에 대한 국회와 언론의 의혹 제기가 꼬리에 꼬리를 물고 일어났다. 9월 20일 국회 대정부질문에서 조응천 민주당 의원이 최순실을 거론하면서부터 야당은 국정감사(9.26~10.15) 내내 관련 뉴스를 만들어냈다. 특히 국회 교육문화위원회가 현장 국정감사를 위해 이화여대를 방문한 자리에서 최순실의 딸 정유라의 입학 비리가 포착되었고, 이것이 기폭제가 됐다. "최순실이 영향력을 행사해 정유라가 특혜 입학했다는 사실은 전 국민을 분노하게 했다."[10]

2016년 총선에서 우리가 이기고, 7월쯤부터 최순실 관련 제보들이 들어왔다. 8월 중순에 비공개로 최순실 TF를 꾸렸다.… 비공개 TF의 활약으로 매일같이 1면에 최순실이 등장했다. 청와대가 확 긴장했다. '국감 파행시키라'는 오더가 와서 이정현 대표는 단식하고, 정진석 원내대표는 국회의장과 싸우고 그랬다. 우리가 의도를 알잖나. 단독 국감을 밀어붙였다.… 단독 국감에서 황당한 사건이 계속 나왔다. 결국 청와대가 새누리당을 다시 국회에 들어가라고 시킨다. 아주 우왕좌왕했다. 그게 3주일쯤 굴러가면서 상황이 최고조에 올랐을 때 JTBC의 태블릿 PC 보도가 나왔다.[11]

한국갤럽 조사를 기준으로 박 대통령의 임기 4년 차인 2016년 1분기 지지율은 40%였으나 2분기에 33%, 3분기에 32%로 떨어졌다. 그럼에도 역대 대통령에 비해 낮은 지지율이 아니었다. 역대 대통령의 임기 4년 차 2·3분기 지지율은 김영삼(41%·34%), 김대중(29%·28%), 노무현(20%·16%), 이명박(39%·37%)이었다.

계속되는 지지율 하락 속에 대통령은 10월 24일 국회 연설에서 개헌 카드를 던졌다. 평소 개헌에 부정적인 입장을 여러 차례 표명했던[12] 박 대통령으로선 전격적인 입장 변화였다. 정치적으로 기획한 회심의 승부수였으나 반응은 차가웠다.

현시점에 박 대통령이 꺼낸 개헌 카드는 많은 국민의 예상대로 최순실 씨를 둘러싼 수많은 의혹들을 감추려는 게 아니냐는 비판을 받기에 충분하다. 이번 시정연설에서도 박 대통령은 최순실 씨와 관련된 의혹에 대해 단 한마디도 하지 않았다. 심지어 지난 20일 수석비서관회의에서는 최순실 씨 관련 의혹에 대해 '인신공격성 논란'으로 일축해 더 큰 논란을 낳기도 했다.[13]

공교롭게도 개헌 카드를 던진 바로 그날 저녁, JTBC가 '태블릿 PC'를 보도했다. 최순실이 사용하던 태블릿 PC를 입수해 그가 대통령 연설 전 연설문을 수정했다는 보도를 내놨다. 막연하게 불리던 비선 실세의 국정 개입 행위가 구체적으로 확인되는 보도였다. 이 보도로 인해 개헌 카드는 순식간에 실종되고, 국민적 분노의 봇물이 터졌다. 10월 25일 네이버·다음에서 '탄핵'이 실시간 검색어 순위 1위를 차지했는데, 이때는 대통령 사퇴를 요구하는 1차 촛불집회(10월 29일)가 열리기도 전이었다. 그만큼 태블릿 PC 보도의 사회적 충격은 컸다. 25일 박 대통령은 국민에게 사과하는 대국민 담화문을 발표했으나 각종 의혹을 해소하기엔 역부족이었다. 26일부터 대학가를 중심으로 성명서가 쏟아졌다. 성균관대학교 교수 32명 명의로 27일 발표된 성명서에서 처음으로 탄핵이 거론됐다. 27일 검찰이 특별수사본부를 구성해 수사에 나섰다. 29일 촛불집회가 시작되고, 2선 후퇴론에서 자진 사퇴론·탄핵론까지 여러 가지 해법이 난무하기 시작했다.

정치권의 요구는 대체로 거국 중립내각 구성을 통한 국정 수습이었다. 이는 대통령이 내정에 손을 떼고, 국회 추천 총리를 받는 것이 핵심이었다. 그러나 박 대통령은 11월 2일 여야 정치권과 상의 없이 김병준을 '책임총리'로 지명했다. 11월 4일 박 대통령이 2차 담화문을 발표했다. 진상과 책임 규명에 최대한 협조하겠으며, 필요하다면 본인도 검찰 조사에 성실히 응하고 특검 수사도 수용하겠다고 했다. "이러려고 대통령을 했나 하는 자괴감이 들 정도로 괴롭다"면서도 탄핵 행위자로서 나름의 해법도 제시했다. 더 큰 국정 혼란과 공백 상태를 막기 위해 진상 규명과 책임 추궁은 검찰에 맡기고 정부는 본연의 기능을 하루속히 회복해야만 한다고 했다. 이는 검찰 수사 결과에 책임을 지겠으나 그때까지 정부를 정상적으로 운영하겠다는 의지의 천명이었다.

이에 앞서 이재명 성남시장이 페이스북(11월 1일)에 "국정 난맥에 따른 자진 사퇴 요구가 아니라 탄핵을 해야 할 때가 됐다. 박 대통령을 탄핵하고 구속하라"는 입장을 냈다. 정치인으로선 최초의 탄핵 주장이었다.

사실 이때까지만 해도 국회의 의석 분포 탓에 탄핵보다는 자진 사퇴가 유력한 해법이었다. 10월 31일 정의당이 가장 먼저 대통령의 자진 사퇴를 당론으로 정했고, 11월 4일엔 민주당이, 그리고 11월 10일에는 국민의당이 뒤를 이었다. 촛불집회의 슬로건도 '즉각 퇴진'이었다. 그러나 같은 달 20일을 기점으로 또다시 국면 전환이 일어났다. 검찰의 특별수사본부가 대통령과 최순실 간에 공모 관계가 있다는 수사 결과를 발표했다. 이날 청와대는 공식 브리핑을 통해 "헌법상 법률상 대통령의 책임 유무를 명확하게 가릴 수 있는 합법적 절차에 따라 하루빨리 이 논란이 매듭지어지기를 바란다"는 입장을 밝혔다.[14] 야권의 대통령 후보 8인이 모여 박근혜 대통령 탄핵을 국회에 요청했다. 다음 날 야 3당은 탄핵 추진을 당론으로 채택했다.[15]

특검과 국회 국정조사가 가동되던 중 11월 27일 전직 국회의장들과 정·관계 원로들이 모여 '거국중립내각 구성과 2017년 4월 대통령 퇴진'을 제안했다. 12월 1일, 비박계 의원들은 박 대통령이 2017년 4월 말까지 퇴진하겠다는 입장을 밝히면 탄핵에 참여하지 않겠다고 밝혔다. 이에 호응해 29일 박근혜 대통령이 3차 담화문을 내놨다. 요지는 임기 단축을 포함한 진퇴 문제를 국회의 결정에 맡기겠으며, 정권 이양 방안을 만들어 주면 그 일정과 법 절차에 따라 대통령직에서 물러나겠다는 것이었다. 탄핵소추를 막겠다는 배수진, 대통령의 출구 전략이었다.

대통령의 마지막 카드에 탄핵 전망이 다시 불투명해졌다.[16] 비박계의 태도가 달라지는 조짐을 보였다.

(비박계가) 꽤 흔들렸다. 하루에도 몇 명씩 나갔다 들어갔다 나갔다 들어갔다.… 우리가 매일 표를 세보는 데 아무리 해도 안정적인 숫자가 안 나왔다. 비박계 모임이 40명에서 25명까지 왔다 갔다 하는데, 피가 바짝바짝 말랐다. 그 고비에서 촛불집회가 아주 큰 힘이 됐다.… 너무 감사해서 큰절을 하고 싶더라. 비박계를 한 명 한 명 끌어내는 일이 원내 작업만으로는 너무 어려웠다. 청와대, 국정원, 여당 지도부가 전방위로 작업을 하던 중이었다. 누구누구 표 확보했다고 청와대에 계속 보고가 올라가고. 그럴 때 그 촛불은 결정타였다. 그날 이후로 표 계산에 여유가 생겼다.[17]

탄핵이 기로에 선 순간, 촛불집회가 국회에서의 이런 교착을 일거에 해결했다. 12월 3일 광화문에 170만 명이 모인 것을 비롯해, 전국적으로 232만 명이 탄핵 촛불을 드는 '광장 연합'을 구축했다. 대중 동원이 조정 권력(moderating power)으로 나선 것이다. 촛불집회는 탄핵 연합에서 이탈하던 여당 의원들을 다시 돌려세운 결정타가 됐다. 이로써 탄핵이 거센 역풍을 불러와 엄청난 정치적 변화를 일으킨 2004년의 탄핵 경험과 새누리당의 분열 여부에 대한 회의 때문에 미온적이던 야당들도 탄핵에 적극 나섰다. 여당의 분열이 현실화됨으로써 의회방패가 깨졌다. 국회와 광장에서 광범위한 탄핵 연합이 구축됐다.

"광장 정치와 제도권 정치가 서로 2인 3각을 이루어 평화적으로 대통령을 물러나게 하는 결정을 내린 위대한 혁명이었다."[18] 마침내 12월 9일 국회에서 박근혜 탄핵소추안이 통과됐다. 1명이 불참한 가운데 찬성 234표, 반대 56표, 무효 7표, 기권 2표였다. "정치는 돌고 도는 것이라 자신의 적을 타도하기 위해 탄핵 수단을 썼던 많은 사람이 스스로 같은 절차의 제물이 되었다."[19] 작가 시어도어 드와이트Theodore Dwight의 말대로 2004년 탄핵 수단을 썼던 당이 2016년 그 수단의 제물이 되었다.

〈표 3-2〉 박근혜 대통령 탄핵 일지

일 자	내 용
2014년 4월 16일	세월호 침몰(단원고 학생 등 476명 중 304명 사망)
2015년 5월 20일	메르스 첫 감염자 발생(이후 186명의 환자 발생, 38명 사망)
2016년 4월 13일	20대 총선에서 새누리당 패배(민주당 123석, 새누리당 122석)
2016년 7월 18일	조선일보에서 넥슨, '우병우 민정수석 처가 땅 매입 의혹' 보도
2016년 7월 26일	TV조선에서 미르재단 관련 첫 보도
2016년 7월 28일	이화여대 학생들, 미래라이프대학 설립 중단 요구하며 농성 시작
2016년 8월 3일	TV조선에서 K스포츠재단 보도
2016년 9월 20일	한겨레에서 최순실 관련 첫 보도, 민주당 조응천 의원, 대정부질문에서 최순실 관련 질의
2016년 9월 26일	국정감사 시작(~10월 15일), 한겨레에서 정유라 부정 입학 및 학점 특혜 의혹 보도
2016년 10월 5일	검찰, 미르·K스포츠재단 수사 착수
2016년 10월 20일	박근혜 대통령, 두 재단 관련 연관성 부인 첫 언급
2016년 10월 24일	박 대통령, 개헌 제안 / JTBC에서 태블릿 PC 보도
2016년 10월 25일	박 대통령, 1차 담화문 발표 '탄핵' 단어, 네이버·다음에서 실시간 급상승 검색어 1위 기록
2016년 10월 26일	민주당, 특별검사 통한 진상 규명 결정 문재인 전 대표, 국무총리 교체와 거국중립내각 제안 이재명 성남시장, 대통령 하야 주장
2016년 10월 29일	1차 촛불집회
2016년 10월 30일	청와대, 이원종 비서실장과 우병우 수석 등 비서진 일괄사표 수리
2016년 10월 31일	검찰, 최순실 긴급체포 / 정의당, 대통령 즉각 퇴진 당론 결정
2016년 11월 2일	박 대통령, 국무총리 후보로 김병준 내정
2016년 11월 3일	최순실, 구속

2016년 11월 4일	박 대통령, 2차 담화문 발표
2016년 11월 10일	국민의당, 박근혜 대통령 즉각 퇴진 당론 채택
2016년 11월 14일	민주당, 박근혜 대통령 즉각 퇴진 당론 채택
2016년 11월 8일	박 대통령, 국회 방문해 국회 추천 총리 수용 의사 표명
2016년 11월 9일	박근혜 정권 퇴진 국민비상행동 발족
2016년 11월 13일	김무성 의원, 여당 내 첫 탄핵 주장
2016년 11월 20일	검찰 특수본, 중간 수사 결과 발표: '대통령, 최순실과 공모 관계'
2016년 11월 21일	원내 야 3당, 탄핵 추진을 당론으로 채택
2016년 11월 22일	김무성 의원, 탄핵 찬성 입장 표명
2016년 11월 26일	새누리당 비상시국회의, 탄핵 찬성 의원 40명이라고 밝혀
2016년 11월 29일	박 대통령, 3차 담화문 발표
2016년 12월 3일	야 3당, 박근혜 대통령 탄핵소추안 발의(171명 의원 동의) 제6차 광화문 촛불집회: 전국 232만 명 결집
2016년 12월 4일	새누리당 비상시국회의, 조건 없는 탄핵 찬성 입장 정리
2016년 12월 9일	박근혜 대통령 탄핵소추안 가결: 찬성 234표, 반대 56표
2017년 3월 10일	헌재, 탄핵심판의 결정으로 박근혜 대통령 파면

2 부정부패와 국정농단

부정부패와 국정농단을 야기한 대통령

국회는 탄핵 사유로 먼저 다섯 가지 헌법 위배 행위를 제시했다.

> ① 최순실에게 공무상 비밀을 누설하고, 정책과 공직 인사에 관여하게 했다. 또 대통령의 권력을 남용해 기업으로부터 수백억 원을 받고 최순실 등에게 특혜를 주도록 강요하는 등 국가권력을 사익 추구의 도구로 전락시켰다.
>
> ② 최순실이 추천하거나 관련된 사람들을 청와대 간부나 부처 장·차관으로 임명했고 이들이 최순실 등의 사익 추구를 방조하거나 조장했다. 또한 최순실 등의 사익 추구에 방해될 공직자들은 자의적으로 해임시키거나 전보시켰다.

③ 사기업에 금품 출연을 강요하여 뇌물을 수수하거나 최순실 등에게 특혜를 주도록 강요하고, 사기업 임원 인사에도 간섭했다.

④ 최순실 등 비선 실세의 전횡을 보도한 언론을 탄압하고 언론 사주에게 압력을 가해 신문사 사장을 퇴임시켰다.

⑤ 세월호 참사 때 적극적 조치를 취하지 않았다.

다음으로 네 가지 법률 위배 행위를 제시했다.

① 경제수석 안종범에게 지시하여 전경련을 통하여 기업으로부터 출연금을 받아 미르와 K스포츠를 설립하도록 하고, 최순실은 대통령을 통해 재단 이사장 등을 그가 지정하는 사람으로 구성하여 미르와 K스포츠의 인사와 운영을 장악했다.

② 최순실이 K스포츠 및 더블루케이를 통하여 체육시설 건립 사업 등을 할 수 있도록 롯데그룹으로부터 70억 원을 송금받아 지원했다.

③ 최순실의 요청 등을 받아 현대차에 플레이그라운드에 대한 광고 발주 요구, 포스코에 펜싱팀 창단 요구 및 이에 대한 더블루케이의 자문 계약 요청, KT에 플레이그라운드에 대한 광고 발주 요구, 한국관광공사의 자회사인 그랜드코리아레저에 더블루케이와의 업무 용역 계약 체결 등을 요구했다.

④ 공무상 비밀 내용을 담고 있는 문건 47건을 최순실에게 이메일 또는 인편으로 전달했다.

다소 복잡하지만 요약하면 간단하다. 대통령이 권한을 남용해 부패를 저질렀고, 사인私人의 국정 개입을 용인함으로써 국정농단을 야기했다는 것이다. 이는 미국 등 다른 나라에서 전형적인 탄핵 사유로 거론되는 대통령의 부패와 권력 남용에 해당한다. 따라서 박근혜 대통령 탄핵소추는 그 탄핵 사유에서 당위성을 확보하고 있었다.

"대통령 박근혜를 파면한다!"

헌법재판소는 탄핵소추 내용 중 그 핵심을 수용했다. 대통령의 권한 남용과 부패, 국정농단에 대한 법 위반을 인정했다. 일부 항목은 기각했다. 인사 관련이나 언론 자유 침해, 세월호 참사에 대한 미온적 대처 등은 받아들이지 않았다. 이제 남은 과제는 파면 여부에 관한 결정, 즉 법 위반의 중대성이 있는지에 대한 판단이었다.

헌재 결정문의 요지는 이렇다. 박 대통령은 국민으로부터 위임받은 권한을 사적 용도로 남용하여 적극적·반복적으로 최순실의 사익 추구를 도와주었고, 그 과정에서 대통령의 지위를 이용하거나 국가기관과 조직을 동원했다는 점에서 법 위반의 정도가 매우 중하다. 게다가 이를 숨김으로써 국회 등 헌법기관에 의한 견제나 언론 등에 의한 감시가 제대로 작동될 수 없게 했으므로 대의민주제의 원리와 법치주의 정신을 훼손했다. 이는 공익 실현 의무를 중대하게 위반한 것이다.

또 대통령은 검찰이나 특별검사의 조사에 응하지 않았고, 청와대에 대한 압수수색도 거부했다. 자신의 헌법과 법률 위배 행위에 대하여 국민의 신뢰를 회복하고자 하는 노력을 하기는 커녕 국민을 상대로 진정성 없는 사과를 하고 국민에게 한 약속도 지키지 않았다. 결국 대통령의 헌법과 법률 위배 행위는 국민의 신임을 배반한 것으로써 헌법 수호의 관점에서 용납할 수 없는 중대한 법 위배 행위라고 봐야 한다. 대통령을 파면함으로써 얻는 헌법 수호의 이익이 파면에 따른 국가적 손실을 압도할 정도로 크므로 대통령직에서 파면한다.

법 위반의 정도가 직을 파면할 정도로 중대하다. 이게 핵심이었다. 사실 중대성의 개념은 재판관에게 재량을 부여하는 개념이다. '중대한 법 위반'은 미국 헌법의 탄핵 사유인 '중대 범죄(high crimes)'를 차용한 것이다. 미국 헌법의 '중대 범죄 및 비행'은 권한 남용, 뇌물 수수, 협박, 공적 자산의 오남용, 감독 해태, 직무 태만, 부적절한 행위, 적법행위의 거부 등 헌법 준수를 선서한 공무원의 위법행위, 직무의 완전성과 헌법 체제를 침해하고 정부 조직을 전복하는 위헌적인 행위를 말한다. 미국에서 탄핵 대상의 범죄는 반역죄와 뇌물죄에 버금갈 만큼 대통령의 권한 남용이 명백할 뿐만 아니라 상당하고, '국민의 신뢰를 저버리고 권한을 심각하게 악용한 경우'에 해당한다.[20] 이런 점에서 보면 헌재의 파면 결정은 탄핵 사유에 대한 일반적 기준에 따른 합리적 판단이었다.

미국 의회에서 인정하는 탄핵 사유에 해당하는 위법행위 유형은 세 가지다.

① *부적절한 권한의 초과 또는 남용*

② *직무의 기능 및 목적과 양립되지 않는 위법행위*

③ *부적절한 목적 또는 사익을 위한 권한 남용이다.*[21]

박 대통령의 탄핵 사유는 정확하게 이 위법 유형에 속한다. 모든 탄핵이 정치적 과정이듯이 박근혜 탄핵도 정치적 성격을 피할 순 없었다. 문제는 그 정치적 성격이 당파적 동기인지 아니면 민주적 견제인지 여부다. 탄핵 사유로 보면, 박 대통령 탄핵의 경우엔 당파적 동기(partisan incentive)에 의한 정략적 시도가 아니라 정부 시스템을 해하는 심대한 위협에 대한 의회의 헌법적 처방(constitutional remedy)이었다.[22] 노무현 탄핵 사례와 근본적으로 다른 점이었다.

3 지배 엘리트 균열

대통령과 국회 간 갈등

2013년부터 2016년 5월까지 단점정부 시기 박근혜 대통령과 국회는 가끔 갈등을 겪기도 했지만 교착상태에 빠지진 않았다. 대통령의 안정적 지지율과 보수 성향 언론의 지원 덕분에 여당의 대통령 지지는 내부 불화에도 흔들림 없이 유지됐다. 안정적 다수 의석 그 자체가 여당의 내부 갈등이 분열로 외화되지 않도록 막는 제어장치였다. 그러나 총선에서 의회의 당파적 배열에 급격한 변화가 일어났다. 노무현 대통령의 경우, 2000년 총선 결과에 배치되는 2002년 대선 결과 때문에 제도적 갈등의 토대가 만들어졌다. 박근혜 대통령의 경우, 2012년 대선 결과에 어긋나는 2016년 총선 결과로 인해 대통령 대 의회 간 대립 조건이 만들어졌다. 이처럼 당파적 구도에서 갑작스러운 전환이 이뤄질 때가 대통령에게 가장 위험한 때다.

박근혜 대통령의 대對국회 노선은 대결 전략이었다. 취임 초부터 국정원 여론 조작 사건[23] 때문에 야당과의 관계가 매끄럽지 못했다. 민주당은 대선 후인 2013년 2월 서울경찰청장을 검찰에 고발했고, 국회 대정부질문과 국정조사를 통해 집요하게 추궁했다. 그해 9월 채동욱 검찰총장이 혼외자 논란으로 사퇴한 것도 검찰의 여론 조작 사건 수사에 부담을 느껴 추진한 정치 공작 때문이라는 의혹마저 제기됐다.

당시 민주당 박지원 의원은 "국정원, 군, 국가보훈처의 총체적 부정선거이고, 이렇게 많은 불법을 저질렀는데도 새누리당에서는 '그 댓글 몇 개가 선거에 영향을 미쳤느냐'는 것으로 호도하고 있다"며 "선거 문제에 대해서도 이제 심각하게 고민할 때가 됐다"고 했다. 이런 민주당의 태도에 대해 당시 새누리당 홍준표 경남지사는 "국정원 댓글이 110만 표의 압도적 차이에 얼마나 영향을 주었다고 대선 불복종운동을 하는지 안타깝다"고 반박했다.

야당은 부정선거라 했고, 여당은 선거 불복이라고 맞서는 프레임 대결은 계속됐다. 정책을 둘러싼 갈등도 심각했다. 과반 의석을 가진 여당의 지원을 받았지만 중요한 법안들은 국회선진화법에 막혀 통과되지 못했다. 대표적인 것이 소위 노동

개혁 법안들이다. 대통령이 법안 통과를 촉구하는 가두 서명까지 하면서 압박했으나 민주당은 국회선진화법을 무기로 원천 봉쇄했다. 이런 대결이 지속됐지만 여당의 다수당 지위 때문에 여야 갈등이 행정부 대 입법부 간 갈등으로 전화되지는 않았다. 그러나 그 속에 잠재된 위험의 불씨는 점점 커가고 있었다.

여당에 대한 대통령의 태도는 '무시', '추종', '공조'의 세 가지 유형으로 나뉜다.[24] 박근혜 대통령은 이 중 '무시형'을 택했다. 집권 초기 대통령이 특히 여당에 대해 어떤 태도를 취하는지가 탄핵 국면에서 의원들의 찬반에 결정적 영향을 미친다. 대통령이 여당을 존중하면, 그의 인기가 떨어지고 스캔들이 터져 대중적 불만이 고조돼 위기를 맞이해도 여당 또는 '친여親與' 연합이 탄핵을 막을 정도의 임계 다수(critical mass)를 확보할 수 있다. 이와 달리 대통령이 만약 임기 초반부터 제왕적 대통령으로 군림하면서 여당 의원들과 공개적으로 대립하거나 그들의 요구를 무시함으로써 의원들을 소외시키면 대통령은 탄핵 위기 때 극단적으로 취약한 입장에 처하게 된다. 만약 대통령이 의회와 맞서는 대결 전략을 취해 고립되면 탄핵 위험성이 배가된다.

20대 총선을 앞두고 여당 내에서 대통령을 추종하는 입장과 당의 독자성을 추구하는 입장 간에 갈등이 표출됐다. 대통령과 여당 대표 간의 공천 갈등은 그간 꾸준히 축적되어온 내부 이견이 공식화된 것이었다. 이미 유승민 원내대표를 축출하는 과정에서 표출된 바 있는 행정부 대 여당의 균열이 공천 국면 때 최고조에 이르렀고, 이 때문에 당시 야권의 분열이란 호조건에도 불구하고 오히려 여당이 선거에서 패배했다.

> *촛불혁명은 2016년 10월 24일 JTBC가 국정농단과 헌정 유린 사태의 공동 주역이었던 최순실 소유의 태블릿 PC에 대한 보도로부터 갑자기 시작되었다고 할 수 없다. 촛불혁명의 전야는 집권 새누리당에 대한 광범위한 민심 이반이 확인된 제20대 국회의원 선거였다.… 민주화 이후 총 여덟 번의 국회의원 선거에서 야권이 제1당과 함께 과반수 의석을 차지한 선거는 제20대 국회의원 선거가 최초의 사건이었다.*[25]

총선 패배로 인해 이제 갈등은 행정부 대 입법부 간의 대결로 나타날 수밖에 없었고, 이는 탄핵을 위한 전제조건이기도 했다. 20대 국회가 열리고 행정부와 입법부는 지방재정 개혁안, 개헌, 세월호특별법 및 특별조사위원회 조사, 사드 배치, 가습기살균제 특별법 및 피해 국정조사, 우병우 논란, 김재수 장관 해임 건의안, 고故백남기특별법 등 사사건건 부딪쳤다. 박 대통령은 측근인 이정현 당 대표를 통해 국회 일정 거부, 단식 농성, 국정감사 파행 등으로 강하게 맞섰다. 이런 대립 속에 탄핵의 불길이 '엉뚱한 곳에서 조용하게' 타오르기 시작했다. 2016년 7월, 이화여대 학생들이 교육부의 평생교육 단과대학 지원사업에 선정된 미래라이프대학의 설립을 거부하며 본관 점거 농성에 들어갔다. 이 와중에 최순실의 딸이 부정 입학했다는 의혹이 제기됐다. 그때는 이것이 대통령 탄핵으로 이어지는 도화선이 될지 아무도 몰랐다. 역사의 신은 알았을까.

스캔들

거의 모든 탄핵 사례에는 부패나 권력 남용에 관한 스캔들이 등장한다. 이 스캔들은 언론이 제기할 수도 있고, 의회가 제기할 수도 있고, 누군가의 고백에 의할 수도 있다. 대통령이 직접 연루된 스캔들은 대통령의 지지율을 크게 떨어뜨리고, 낮아진 지지율이 다시 스캔들을 부추기는 악순환이 벌어진다.

스캔들로 인해서 지지율이 하락한 남미 대통령이 좋은 예다. 브라질의 콜로르 대통령은 지지율이 63%에서 11%로 떨어졌다. 베네수엘라의 페레스 대통령은 70%에서 19%로, 콜롬비아의 삼페르 대통령은 81%에서 33%로, 에콰도르의 부카람 대통령은 53%에서 4%로, 파라과이의 쿠바스 대통령은 57%에서 27%로 떨어졌다. 그만큼 스캔들은 대통령의 운명에 심각한 영향을 미친다. 스캔들로 위기가 촉발해 궁극적으로 탄핵으로 이어지는 경우(콜로르, 삼페르, 쿠바스)도 있고, 행정부 대 입법부

간 대립의 와중에 스캔들이 등장해 대통령 축출의 명분을 제공하는 경우(페레스, 부카람)도 있다.

스캔들이 만능은 아니다. 아르헨티나의 메넴 대통령은 스캔들로 인해 상처를 입었으나 의회와의 심각한 충돌을 피할 수 있었다. 스캔들이 위기에 불을 지르려면 두 가지가 필요하다. 첫째는 대중의 분노다. 대통령의 통치권에 의문을 제기하는 광범위한 사회적 저항으로 이어져야 한다. 둘째는 대통령의 의회 통제력 상실이다. 대통령이 의회방패를 동원할 수 없는 지경에 빠지는 것이다. 결국 스캔들이 대중과 의회를 움직여 탄핵으로 가게 할 정도로 위력적이어야 한다는 의미다. 클린턴 대통령의 르윈스키 스캔들처럼 개인의 품행에 대한 스캔들은 탄핵 동력으로 약하다. 닉슨 대통령처럼 권력 남용에 이를 때 여야를 초월해 의회를 움직일 수 있다.[26]

최순실 스캔들은 대통령 대 의회 간의 대결이 고조되던 상황에서 발생했다. 분점정부 상황이었기에 스캔들이 터질 수 있었고 효과도 배가될 수 있었다. 야당, 나아가 국회가 스캔들을 정치적 갈등 이슈로 부각할 수 있었기 때문이다. 대통령의 낮은 지지율도 스캔들의 등장 및 확산 요인으로 작용했다.

외생 요인이 대통령의 인기를 떨어뜨릴 경우, 대통령의 입지 축소는 잇따른 의혹 제기와 언론 취재를 촉진할 수 있으며, 이는

대통령의 지지도를 더욱 떨어뜨리고 새로운 폭로를 부추길 수 있다. 대통령에 대한 대중의 지지는 언론이 새로운 스캔들을 제기할 의욕을 저하할 수 있지만, 대통령의 정치적 입지 약화는 의혹 제기 급증과 그로 인한 국민 신뢰 하락으로 귀결될 수 있다.[27]

대통령 지지율이 높으면 야당이나 언론 모두 스캔들을 섣불리 제기하기 어렵다. 대개 스캔들은 처음부터 완벽한 증거(스모킹 건)와 함께 등장할 수 없으므로 상황 조건에 영향을 받는다. 정치 지형이 대통령에게 불리할 때 스캔들은 등장하기 쉽다. 박근혜 대통령의 지지율은 총선을 거치면서 줄곧 29%~33%에 머물렀다. 대통령 지지율이 낮고, 선거 패배 이후 분점정부 상황이었기에 스캔들이 등장할 분위기는 무르익었다. 때맞춰 기다렸다는 듯이 최순실 스캔들이 터졌다. 그것도 보수 성향 매체로 분류되고, 박 대통령의 강력한 우군이라 평가되던 조선일보 계열의 TV조선에서 처음 시작됐다.[28] 정권이 붕괴할 때마다 빠짐없이 등장하는 요소, 즉 지배 블록의 균열이었다. 박근혜 정부와 조선일보 간의 갈등은 나중에 세 차원의 균열로 이어졌고, 이는 야당과 사회운동에 절호의 기회였다.

지배 엘리트 간의 균열은 세 군데에서 일어났다. 우선 정치권에서는 친박-비박으로 나뉘면서 기존의 여당 권력이 분산되기 시

작했다. 언론 영역에서는 그간 박근혜 정부를 옹호해오던 보수 언론 진영이 박근혜 정부를 비판하기 시작했고 촛불혁명을 옹호하는 방향으로 논조를 바꿈에 따라 박근혜 정부-보수 언론 사이의 균열이 발생했다. 국가기관 사이에서도 균열이 발생했는데, 집회 신고를 허가하는 과정에서 경찰의 불허 방침에 법원이 집행정지 권한을 행사하면서 일어났다. 이러한 지배 엘리트 간의 균열은 박근혜 정부의 권력 유지를 힘들게 만들었으며, 촛불혁명에 더욱 힘을 실어주면서 시민들이 참여할 수 있는 여지를 확대하도록 했다.[29]

하지만 박근혜 정부의 반격도 만만치 않았다. 조선일보 주필이 관련된 의혹 사건이 불거졌고 TV조선과 조선일보가 관련 보도를 중단했다. 배턴 터치! 이제 한겨레와 JTBC가 나섰다. 때마침 국회가 가장 강한 존재감과 감시 능력을 발휘하는 국정감사 기간이라 야당 의원들의 집중적인 폭로가 더해졌다. 4년 차 4분기 박 대통령 지지율은 스캔들로 인해 한국갤럽 조사를 기준으로 고작 12%에 불과했다. 앞선 4년 차 3분기의 지지율이 32%였으니, 그야말로 급전직하의 대폭락이었다. 그만큼 스캔들의 효과는 컸다.

박근혜 대통령은 최순실 스캔들이 터지기 전 이미 세월호, 메르스 사태, 국정교과서 논란, 일본군 위안부 합의 등으로 대중적 신뢰를 많이 잃은 상태였다. 통상 어느 날 갑자기 터진 스캔들 때문에 지지율이 하루아침에 추락하진 않는다. 스캔들은 대통령에 대한 불신이 기저에 형성돼 있을 때 신속하게 퍼지고 폭넓은 효과를 낳기 마련이다. 박 대통령은 박정희 대통령 시절부터 최태민과 관련된 소문에 시달렸고, 이는 2007년 당시 한나라당 대선 후보 경선에서 쟁점으로 부각되기도 했었다.[30] 2015년 최순실의 남편이던 정윤회의 국정 개입 의혹도 세계일보에 의해 제기된 바 있었다. 당시 박 대통령은 이를 국기 문란으로 규정하고 사실관계를 전면 부인했다. 대통령과 관련된 의혹들은 간간이 제기되는 반면 대통령이 의회와 대화하거나 국민과 소통하는 모습은 보이지 않았다. 이런 조건이 지지율 하락과 여소야대의 상황과 만나게 되면 스캔들의 효과는 커질 수밖에 없다.

최순실 스캔들은 몇 가지 측면에서 수용성(availability)이 컸다. 스캔들이 제공하는 정보의 효과는 믿을 만한 증거를 가지고 있어야 하고, 사안의 성격도 헌정 체제에 심각한 위해를 끼쳐야 한다. 러시아의 옐친 대통령은 탄핵 위기에서도 이런 성격의 스캔들이 없어서 끝까지 자리를 지킬 수 있었다. 레이건 대통령이나 트럼프 대통령의 경우도 마찬가지다. 필리핀의 에스트라다 대통령은 인기가 높았으나 탄핵 과정에서 대통령의 법 위반을 확인해주는 증거가 나왔기 때문에 여론이 심하게 나빠졌다. 닉슨의 경우도 마찬가지였다. "대통령이 중대한 법 위반을 저질렀다고 하는 믿을 만한 정보 수용성이 탄핵 찬성 여론을 조성하는 데 결정적이다."[31] 게다가 스캔들의 주역이 박 대통령과 특수한 관계로 알려진 최태민의 딸이었기에 여론의 수용성이 높았다. 또 증거의 종류가 태블릿 PC라는 점에서 신뢰성이 높았고, 야당에 의한 의혹 제기가 아니라 언론에 의한 것인 탓에 당파성의 덫도 피할 수 있었다.

대통령의 위반 행위

탄핵에서는 명분이 의도를 압도해야 성공 가능성이 크다. 노무현 탄핵의 경우엔 대통령을 인정하지 않고 정치적 전변轉變을 원하던 반대파들이 먼저 그의 축출을 결심했다. 대통령이 선거법 등을 위반했다는 중앙선거관리위원회의 유권해석은 구실일 뿐이었다. 그 유권해석을 의뢰한 주체도 여소야대의 국회였다. 그런데 이 명분이 효과적으로 작동하기에는 대통령의 재임 기간이 너무 짧았던 반면 국회가 재신임 여부를 평가받아야 하는 총선은 너무 가까이 있었다.

반면에 박 대통령 탄핵의 경우엔 의회가 먼저 나서지 않았다. 언론이 스캔들을 제기했고, 대중이 먼저 집회와 여론을 통해 대통령 탄핵을 요구하고 나섰다. 오히려 국회는 탄핵소추 의결의 순간까지 계속 수동적이었다. 당시 민주당 우상호 원내

대표는 2016년 11월 8일 JTBC와의 인터뷰에서 "대통령이 국정에서 손을 뗀다면 퇴진 운동을 하지 않겠다"고 했다가 '업무가 마비될 정도'의 항의 전화와 '험한 욕설'에 시달려야 했다.[32] 촛불집회 때문에 어쩔 수 없이 의회가 탄핵에 나섰다고 해도 과언이 아니었다.

스캔들이 제기한 의혹은 검찰 수사와 국정조사, 특검 수사에 의해 사실로 확인됐다. 특히 대통령이 "취임 초반에 제한적인 도움을 받았고, 최순실이 이권을 챙기고 위법행위까지 저지른 것에 대해 자신은 몰랐다"고 한 변명은 거짓으로 밝혀졌다. 탄핵은 이 형사 범죄에 한정하지 않고 정치적 범죄에 대한 처벌을 목적으로 한다. 그렇다고 해서 모든 형사 범죄가 탄핵 사유에 해당하는 것도 아니고, 모든 정치적 범죄가 형사 범죄가 되는 것도 아니다. 그 때문에 형사 범죄 사실이 드러났다고 해서 탄핵 사유가 충족됐다고 말할 수는 없다. 검찰과 특검의 수사에 드러난 형사 범죄는 대통령 인기를 떨어뜨리고, 탄핵을 추동하는 동력의 일부로 작용했다. 검찰과 특검에 의해 드러난 박 대통령의 형사적 위법 사실은 노무현 탄핵 사례와 차별되는 점이다. 그땐 선관위의 유권해석만 있었을 뿐 검찰이나 특검의 수사에 의해 밝혀진 대통령의 범죄 행위가 없었다. 더 정확하게는 수사 자체가 없었다.

대통령의 위법행위를 밝혀내는 주체가 누구인지도 여론

에 영향을 미친다. 미국 클린턴의 경우 공화당이 다수인 하원에서 임명한 독립검사에 의해 탄핵 사유가 '만들어지고' 의회에 제공되었다. 그 특별검사의 정치 성향이 탄핵 시도의 당파성을 부각하는 빌미가 되었다. 덕분에 클린턴은 탄핵에 대해 공화당이 재선된 대통령을 축출하려는 당파적 시도(partisan attempt)라고 공격할 수 있었다. 1998년 4월 탄핵 공방의 주역에 대한 호감도 여론조사에서 클린턴 62%, 공화당의 하원의장 36%, 독립검사 22%로 나타났다. 이렇듯 탄핵을 이해하는 인식 프레임으로 보면 당시 대중은 클린턴 탄핵을 당파적 속셈이 담긴 무리한 시도로 받아들였다.

박근혜 탄핵의 경우에는 자신이 통제해온 검찰에 의해 위법 사실이 확인됐다. 국정조사에서는 여당 의원들까지도 적극적으로 스캔들을 파헤치려 노력했다. 덕분에 탄핵이 당파적 이해를 넘어섰다는 대중적 인식 프레임이 형성될 수 있었다. 대통령의 위법 사실은 당파적 차이를 넘어서는 보편성을 갖는지가 중요하다. 다시 말해 유권자나 국회의원 차원에서 대통령의 위법 사실을 당파성에 기대어 부정하기 어려울 정도로 대통령이 직접 개입한 사실, 위법행위로 인한 해악이 분명해야 한다. 박 대통령의 경우엔 언론·검찰·국회·특검의 조사를 통해 위법행위가 분명하게 확인됐다. 해악은 국정농단과 부패였다.

4 탄핵 성공이 남긴 교훈

의회의 당파적 배열

박근혜 대통령의 임기 5년(60개월) 중 3년 3개월은 단점정부였다. 총선 뒤 임기 종료까지 분점정부로 약 21개월을 보낼 운명이었다. 그런데 10개월도 채 되지 않아 탄핵당했다. 노무현 대통령이나 박근혜 대통령이나 분점정부와 교착상태에서 탄핵이 이뤄졌다는 공통점이 있다. 두 사례 간에는 적지 않은 차이점도 있다. 박근혜 대통령의 경우 2016년 5월 30일부터 분점정부가 시작된 뒤 그해 12월 9일 탄핵소추를 당했고, 이듬해 3월 10일 파면됐다. 노무현 대통령은 분점정부와 마주한 지 13개월쯤에 탄핵소추가 이뤄졌으나, 박근혜 대통령은 7개월쯤에 탄핵소추가 이뤄졌다. 재임 기간으로 보면 노무현 대통령은 임기 1년이 막 지난 시점에 탄핵소추를 당했고, 박근혜 대통령은 3년 9개월이 지났을 즈음 당했다.

탄핵소추안은 민주당(121석), 국민의당(38석), 정의당(6석), 무소속(6명) 등 총 171인의 동의로 2016년 12월 3일 발의됐다. 민주당의 121석은 총선에서 얻은 123석 중 정세균 국회의장의 당적 자동 상실(-1), 서영교·이찬열 의원의 탈당(-2)과 이해찬 의원의 복당(+1)에 의한 결과였다. 이 당시 새누리당 의석은 128석이었다. 총선에서 얻은 122석에 총선 전 탈당해 무소속으로 당선된 7명(유승민·윤상현·안상수·강길부·주호영·장제원·이철규 의원)이 복당하고, 김용태 의원이 탈당(-1)한 결과였다. 무소속은 20대 총선에서 11명이 당선됐다. 이 중 7명은 새누리당으로, 1명은 민주당으로 복당했다. 남은 3명(홍의락·김종훈·윤종오 의원)에 더해 국회의장으로 민주당에서 탈당한 정세균 의원, 김용태·이찬열·서영교 의원 등 총 7명이 당시 무소속으로 있었다. 300명 중 171명의 동의는 전체 의석 대비 비중으로 보면 노무현 대통령 탄핵소추안이 271명 중 157명의 동의로 제출된 비율과 엇비슷했다. 탄핵소추안 직후에 실시된 한국갤럽의 여론조사를 보면 대통령 지지율은 5%였다. 새누리당 지지층 중에서도 대통령을 지지하는 응답은 24%에 불과했다. 정당 지지율은 새누리당 13%, 민주당 35%였다.

12월 9일 탄핵소추안 가결 후 의회의 당파적 배열에 변화가 생겨났다. 12월 27일 김무성·유승민 의원 등 29명이 새누리당에서 탈당했다.[33] 이들은 2017년 1월 4일 그전에 탈당한 김용태 의원과 함께 바른정당을 창당했다. 이로써 원내 교섭단체가 4자 구도로 바뀌었다. 여당 분열로 의회의 당파적 배열이 달라졌는데, 이는 당연히 헌재의 탄핵심판에도 영향을 미칠 수밖에 없었다. 탄핵소추 전이든 후든 탄핵 이슈를 계기로 의회의 당파적 배열이 바뀌었다는 것은 곧, 총선 이후 여론 동향이 그만큼 달라졌음을 뜻하기 때문이다. 탄핵이 당파적 동기에서 시작되지 않았음을 증명해주는 중요한 변화였다.

탄핵은 정당들로 구성된 의회의 권한이기 때문에 탄핵의 정당성은 초당파적 지지를 얻을 수 있는지에 달려 있다. 이 초당파성을 가늠하는 지표 중 하나가 여당 또는 그 일부의 지지 여부다. 그런 점에서 탄핵을 계기로 달라진 의회의 당파적 배열은 박근혜 탄핵의 정당성·대중성을 확인해주는 지표로 작용했다. 노무현 탄핵 때에는 볼 수 없었던 분열이었다.

여당 또는 집권 연합의 분파적 배열

사실 탄핵소추안에 의원이 몇 명이나 동의했는지는 중요하지 않다. 숫자보다는 누가 참여하는지가 중요하다. 탄핵소추안이 가결되려면 2/3 동의가 있어야 한다. 당시 야당 연합의 171석 가지고는 넘을 수 없는 벽이었다. 가결정족수가 200석이니

30~40석 정도 새누리당에서 이탈해야 가능한 일이었다. 이 때문에 당시 정당별 의석 분포상 탄핵소추는 '허황한 꿈(pipe dream)'이었다. "탄핵은 대통령을 지지하는 세력 내에서 일부가 그를 지지하기보다는 포기하는 게 더 낫다는 결정을 내릴 때 진전된다."[34]

새누리당 128석은 탄핵소추안을 부결하기에 충분한 의회 방패였다. 총선이 치러진 지 얼마 되지 않은 터라 의원들에게 다음 선거에 대한 부담은 거의 없었다. 즉 선거적 유인 때문에 여당이 분열할 가능성은 작았다. 유승민·김무성 의원이 대통령과 각각 벌였던 '대립의 경험'과 눌렸던 감정이 여론의 압박을 계기로 분출해 마침내 분열로 귀결되는 시나리오가 그나마 상상해볼 수 있는 경우의 수였다. 그러므로 방패의 존부는 거의 전적으로 대중적 저항의 규모와 강도에 달려 있었다. 실제로 의회방패를 둘러싸고 대통령과 사회운동, 그리고 의회·여당 간에 치열한 수싸움과 경합이 벌어졌다.

새누리당은 1990년 3당합당(민주정의당 + 통일민주당 + 신민주공화당)으로 탄생한 민주자유당을 계승한 정당이다. 박정희 정부 시절 한 정당에 속해 있었던 민주정의당과 신민주공화당의 정체성은 크게 다르지 않았다. 그러나 통일민주당은 달랐다. 김영삼이 이끄는 통일민주당은 박정희·전두환 대통령과 맞서온 민주화 세력의 양대 축 중 하나였다. 김영삼 정부를 거치는 동안 양 분파 간의 갈등이 표면화하지 않아 당내 분파 구도는 희미해졌다. 다만 2007년 대선 경선 과정에서 새로운 분파 구도가 자리 잡았다. 당이 이명박 후보를 따르는 '친이親李' 그룹과 박근혜 후보를 따르는 '친박親朴' 그룹으로 나뉘었고, 이는 박근혜 정부에서 '친박 대 비非박' 구도로 이어졌다. 탄핵소추안 가결 이후 친박은 '혁신과통합 보수연합'으로, 비박은 '비상시국회의'로 결집했다.

2016년 11월 13일 김영삼 대통령을 따랐고 박근혜 대통령을 지지했던 김무성 의원이 여당 의원 중 처음으로 탄핵의 길로 가야 한다고 주장했다. "어제(12월 12일 3차 촛불집회) 국민의 함성은 국민의 심판이고 최종 선고였다"면서 "국민을 이기는 권력이 없다는 것을 우리는 역사에서 배워왔다. 민의를 거스르면 결국 뒤집힐 수밖에 없다"고 했다. 이때 대통령의 지지율은 5%였다. 김무성 의원 등은 가두시위 등 사회운동으로 드러난 대중여론 때문에 마음을 바꿨다. "우리는 최순실의 국정농단에 대해서, 대통령에게 나도, 여러분도, 국민도 철저하게 속았다."[35] 탄핵 불길의 부싯깃 중 하나로 거론되는 개인적 적대감을 김무성 의원이 드러낸 셈이었다.[36] 정치적으로 뿌리가 다른 이질성, 20대 총선에서 대통령과 벌였던 공천 갈등으로 잉태된 앙금의 분출이었다.

사실 처음부터 비박 그룹이 탄핵 찬성 입장인 것은 아니었다. 그들은 대통령과 손잡으려고 했다. 2016년 10월 13일 김무성 의원이 "솔직히 지금 새누리당의 정권 재창출은 많이 어려운 상황"이라며 "내년 대선 전에 권력 분산을 위한 개헌을 박근혜 대통령께서 제안해주시길 공식적으로 요청드린다"[37]고 했다. 친박의 이정현 당 대표도 23일 "가까운 시일 안에 개헌을 해야 한다. 대선 전에라도 개헌이 가능할 수 있다고 본다"[38]고 밝혔다. 이들의 발언이 있고 난 뒤에 박 대통령이 24일 국회 연설에서 개헌 카드를 던졌다. 친박과 비박이 개헌과 탄핵 저지를 거래한 타협의 결과인 것으로 추정된다. 노무현 탄핵 때 당파성을 숨기기 위해 당시 탄핵 연합이 던졌던 개헌이 박근혜 탄핵 때엔 탄핵방패 구축용으로 활용됐다. 그러나 이 24일의 시도는 같은 날 저녁 JTBC의 태블릿 PC 보도로 단숨에 폐기됐다.

새누리당이 친박 대 비박의 분파 구도로 운영된 것은 박 대통령 때문이었다. 그는 새누리당을 사당화했다. 자기 뜻을 무조건 따르지 않는 의원들은 정치적으로 억압·배제했다. 유승민 의원을 겨냥해 "배신의 정치를 선거에서 심판해야 한다"고 한 언급이나, 2011년 한 모임에 보낸 송년회 메시지에서 의리가 없으면 사람도 아니라는[39] 점을 강조한 데서 알 수 있듯이 그는 도전이나 이견을 불편해했다. 박 대통령은 2007년 출간한 자서전에서 고마운 사람은 자신에게 물 한 잔 더 준 사람이 아니라 시류에 따라 마음이 오락가락하지 않으며 진실한 태도로 일관한 사람이라고 했다. 일기 모음집에서는 아무리 큰 은혜를 입었더라도 인품이 그릇된 사람은 그 은혜를 잊는다고 적었다.[40]

여당 의원들이 자신의 도움으로 당선된 '은혜'를 잊지 않아야 한다. 이게 대통령의 생각이었다. 사실 2004년 총선이나 2012년 총선은 정치인 박근혜의 팬덤, 후광효과(coattail effect)가 강하게 작용한 선거였다. 언론 논조나 정치권 평가도 다르지 않았다. 이런 본인 생각과 주변의 평가가 의회를 누르고 여당을 오만하게 보는 태도로 나타났다. 하지만 오만이 실패를 낳듯 박 대통령의 과도한 자신감과 태도는 상황이 나빠졌을 때 정치적 자산이 되기는커녕 오히려 몰락의 동력이 됐다.

대통령 리더십

박근혜 대통령에게 늘 따라다니는 '인기 있는 대통령'이란 호칭은 '만들어진 신화'였다. 한국갤럽 조사를 기준으로, 취임 후 60%를 정점으로 줄곧 떨어져 2016년 총선 전까지 줄곧 40% 안팎의 지지율에 머물렀다. 이처럼 실제 지지율이 높지는 않았지만 열성 지지층의 존재와 보수 성향 언론의 지원, 그리고 지방선거에서의 승리 덕분에 박 대통령은 인기 있는 대통령으로 보였다. 이명박 대통령이 3년 차 지지율에서 박 대통령보다 4%p~13%p 더 높았다. 그럼에도 이 대통령과 달리 박 대통령은 콘크리트 지지율을 자랑하는 강한 대통령으로 인식됐다. 박 대통령의 인기는 '사실(fact)'이라기보다 '인상(perception)'에 가까운 것이었다. 목소리가 큰 안보 보수, 사회 보수, 종교 보수, 언론 보수의 지지와 지원 속에 인기 있는 대통령으로 비치는 '미디어 대통령'이었다.

대통령과 보수 언론 간의 갈등은 '만들어진' 인상에 치명적이다. 박근혜 대통령과 관련된 스캔들을 보도한 언론사가 보수 언론 TV조선이었다. 보수 진영 내부의 갈등을 처음 외부로 드러내는 신호였다. 현대 정치에서 언론은 전략적 행위자다. 따라서 언론이 대통령에 대해 어떤 태도를 보이는지는 대통령의 인기에 큰 영향을 미친다. 우호적 태도를 보였던 특정 언론이 대통령과의 갈등을 표출하면, 그 이유가 무엇이든 대통령의 인기에는 부정적 효과를 미칠 수밖에 없다. 정치적 반대파를 고무하고 지지층을 불안하게 만들기 때문이다.

이를 반영하듯 연이은 언론의 스캔들 보도로 박 대통령의 지지율은 눈에 띄게 떨어졌다. '만들어진 신화'의 붕괴가 시작했다. 7월 26일 TV조선이 시작하고, 9월 20일부터 한겨레가 이어가고, 10월 24일 JTBC에서 태블릿 PC를 보도할 때까지 박 대통령의 지지율은 계속 떨어져 10월 25~27일 조사에선 17%를 기록했다. 이때 새누리당 지지율이 26%였는데, 이는 당 지지층 중에서도 대통령을 지지하지 않는다는 사람이 생기는 이탈(exit)의 시작을 의미했다. 대통령과 여당의 지지율 역전은 이미 9월부터 형성된 흐름이었다.

대통령제는 권위의 사인화를 유혹한다. 대통령제는 의회제와 달리 선거 이후 정부 운영에 있어서 정당(의회)의 통제를 벗어날 수 있는 위험성을 항상 내포할 수밖에 없다. 특히 대통령 소속 정당이 의회 다수파일 때엔 행정부 수반인 대통령이 마치 선출된 군주로서 당과 의회를 지배함으로써 '사인적 대통령(personal president)'에 대한 의회의 종속과 정당정치의 약화로 귀결되기 쉽다.[41]

박 대통령도 이런 유혹에 넘어갔다. 오직 자신의 호오에 따라 정치적 지원이나 배제를 결정하는 정치 스타일을 보였다. 이처럼 권력 자원을 차별적으로 집행함으로써 당을 통제하는 스타일은 분파를 낳을 수밖에 없었다. 이 분파에 의한 당의 사유화가 탄핵과 같은 위기 시에는 갈등의 사회화를 촉진하는 계기가 됐다. 정치적 지원에서 배제된 그룹이 특정 국면에서 대통령에 대한 반대 의사를 밝힘으로써 여야 갈등은 행정부 대 입법부 간의 제도적 갈등으로 전환하게 된다. 박 대통령의 리더십과 정치 스타일로 인해 새누리당은 의회방패로 기능하지 못했다.

대통령제에서 대통령에게 주어진 권력 자원 중 핵심이 인사와 예산이다. 인사와 예산을 통한 지원, 즉 후원은 대통령이 의회 지지를 확보하는 중요한 수단이기도 하다. 후원은 따지고 보면 지원과 충성을 교환하는 거래의 정치이자, 누군 더 주고 누군 덜 주는 차별의 정치다. 필리핀과 콜롬비아의 탄핵 사례에서 보듯, 후원은 의원들의 탄핵 관련 태도를 결정하는 데 중요한 요인으로 작용했다. 이 후원에는 정치적 후견이나 견제도 포함된다.

특히 한국에선 대통령의 지원은 충성의 유인이다. 이른바 '실세'라는 언론 용어가 상징하듯이 대통령이 후견하는 정치인은 상당한 이점을 누린다. 박근혜 대통령처럼 팬덤을 거느리고 있는 경우 대통령의 정치적 후견은 그 정치인의 전망에 상당한 영향을 미치기도 한다. 이렇게 보면 박근혜 대통령이 유승민 원내대표나 김무성 당 대표를 정치적으로 배제한 행위가 그들의 탄핵 입장 정리에 상당한 영향을 미쳤을 것이다. 그들이 일군의 의원들을 자기 계파로 두고 있는 정치인이었기에 그 영향은 그들 개인에게만 국한되지 않았다. 결국 이들이 합세해 찬성표를 던짐으로써 탄핵소추안은 가결됐다.

대중여론

탄핵 찬반을 묻는 여론조사에서는 언제나 탄핵 찬성론이 압도적으로 높았다. 한국갤럽의 2016년 12월 2주 차 조사에서 탄핵 찬성은 81%, 반대는 14%였다. 2017년 2월 2주 차 조사에서는

〈표 3-3〉 언론사 사설별 탄핵 찬반 논조: 박근혜 대통령
(2016년 12월 3일~2017년 3월 10일)

언론사	찬성	반대	중립	총합
한겨레	60건(100%)	0	0	60건(100%)
경향신문	43건(100%)	0	0	43건(100%)
동아일보	23건(54.8%)	0	19건(45.2%)	42건(100%)
중앙일보	14건(29.2%)	5건(10.4%)	29건(60.4%)	48건(100%)
조선일보	16건(38.1%)	2건(4.8%)	24건(57.1%)	42건(100%)
합계	156건(66.4%)	7건(3%)	72건(30.6%)	235건(100%)

※ 사설별 논조 분류 기준
찬성: 탄핵 정당성 강조/탄핵 대상자(세력)의 부정 강조/탄핵 반대 진영 비판
반대: 탄핵 시 부정적 효과 강조/탄핵 반대 입장 강조/탄핵 추진 논리(세력) 비판
중립: 탄핵 추진 상황 언급하지만 긍정-부정 가치판단 하지 않음

찬성 79%, 반대 15%였고, 3월 1주 차 조사에서는 찬성 77%, 반대 18%로 나타났다. 박 대통령의 정치적 텃밭이라는 대구·경북에서도 60% 대 29%로 찬성률이 훨씬 높았다. 60대 이상에서도 찬성률이 11%p, 보수 성향의 응답에서도 찬성률이 7%p 더 높았다.

탄핵소추안이 발의된 2016년 12월 3일부터 헌재 판결이 내려진 2017년 3월 10일까지의 경향신문·동아일보·조선일보·중앙일보·한겨레 등 5개 신문의 사설 235건 중에서 찬성 66.4%, 반대 3%, 중립 30.6%로 분류됐다. 동아일보는 반대 사설을 하나도 내지 않았고, 조선일보는 42건 중 2건(4.8%), 중앙일보는 전체 48건 중 5건(10.4%)의 사설이 반대 입장을 표명

했다. 찬성 입장은 동아일보 54.8%, 조선일보 38.1%, 중앙일보 29.2%였다. 이들 보수 성향의 3사가 낸 총 132개의 사설 중 찬성은 40.2%, 반대가 5.3%였다. 보수 성향의 언론에서도 반대 의견은 미미했다.

반면 경향신문, 한겨레 등 진보 성향의 두 신문사가 낸 총 103개 사설 중 찬성률은 100%였다. 여론조사와 5개 언론사 사설의 찬반 분포에서 찬성이 압도적이라는 사실, 그리고 보수 성향의 언론사조차 훨씬 높은 찬성률을 보였다는 점을 고려하면 탄핵이 대중적 지지를 폭넓게 획득했음을 알 수 있다. 다만 동아일보, 조선일보, 중앙일보의 사설들은 중립적 입장을 많이 표명했는데, 이는 정치적 성향 때문에 찬성 입장을 대놓고 드러내기 조심스러워한 탓으로 보인다. 이런 사정까지 감안하면 박근혜 대통령 탄핵에 대한 여론은 보수 대 진보, 여 대 야의 구분을 넘어 대중적 합의(public consensus)에 도달한 수준이었다.

모든 스캔들이 효과를 낳진 않는다. 스캔들이 지지율 하락으로 이어져야 하고, 다시 상당한 규모의 대중 시위로 이어져야 대통령의 거취에 강제적인 영향력을 발휘할 수 있다. 마찬가지로 어떤 시위든 무조건 강력한 효과를 발휘하지는 않는다. 대통령 축출이라는 공통의 목적을 위해 결속한 광범위한 다층적 연대, 즉 대중 봉기일 때 가장 파괴적인 영향을 미친다.[42] 박근혜 대통령 탄핵 때 대중 집회는 놀라운 규모였다. 참석자의

범위도 넓고 다양했다.

촛불시위에서 가장 인상적인 점 가운데 하나는, 무엇보다 거의 모든 연령층을 포괄하는 시위 군중의 구성적 특성이 아닌가 한다. 한국 현대 정치사를 통해 볼 때, 가장 중요한 변화는 운동 아니면 쿠데타에 의한 것이었다. 그런데 이번 촛불시위는 앞선 모든 대규모 민주화 운동과 비교해 중요한 차이가 있는데, 전 연령층이 참여했다는 점이다.[43]

탄핵을 촉구하는 촛불집회는 저항과 운동을 통한 민주화의 계승이었다. 따라서 그 파급력이 클 수밖에 없었다.

촛불집회는 2002년 '미선이·효순이 사건' 발생 직후 만들어진 자발적 저항운동이 야간 촛불집회로 시작된 이래, 2004년 노무현 전 대통령 탄핵 반대 대중행동, 2008년 이명박 정부의 쇠고기 수입 협상 반대 대중행동, 2014년 '세월호 사건' 추모와 정부 대응에 대한 저항적 대중운동에 이르기까지 시민 저항의 역사적 상징으로 이미 자리 잡았고, 2016년 '박근혜-최순실 게이트'가 발발하자마자 곧바로 시민 저항의 상징으로 차용되었던 것이다.[44]

촛불집회는 10월 29일을 시작으로 탄핵심판 다음 날인 2017년 3월 11일까지 총 20회 개최됐다. 촛불집회에 맞서는 이른바 태극기집회는 2016년 12월 9일부터 2017년 3월 4일까지 총 16차례 개최됐다. 규모에서 한쪽은 코끼리, 한쪽은 개미였다. 촛불집회에는 연인원 1,700만 명이 참석했다. 2016년 10월 29일 첫 촛불집회의 참석자는 3만여 명에 불과했다. 전국을 기준으로, 11월 5일 30만 명, 12일 110만 명을 거쳐 26일에는 190만 명에 달했고, 탄핵소추 전주인 12월 3일 6차 집회에는 무려 232만 명이 모였다.

> *6차 집회에서는 대통령 탄핵과 구속을 요구하고 비박계 정치인들을 비판하는 퍼포먼스가 펼쳐졌다. 이 집회를 통해서 '박근혜 즉각 퇴진이 국민의 명령'이라는 분노하는 촛불 민심이 확인되었다. 역대 최대 촛불의 힘이 탄핵 국면에서 좌고우면하던 비박계에 큰 압박으로 작용했다. 분노한 촛불 민심이 새누리당으로 향하자 비박계도 탄핵 동참으로 입장을 정리했다.*[45]

여기서 '민주적 자산'의 두 측면을 확인하게 된다. 첫째, 시민이 저항과 운동을 통해 교착상태를 정리한 측면이다. 과거 운동을 통해 민주화의 모멘트들을 돌파한 경험으로 배태된 민주적 자산, 시민의식에 내장된 '운동 민주주의' DNA가 다시 발

〈표 3-4〉 박근혜 대통령 탄핵 시 1~20차 주말 촛불집회 참가 인원 정보

연도	차수	일자	경찰 추산	주최측 추산	누적 인원(주최측)
2016년	1	10월 29일	12,000	50,000	50,000
	2	11월 5일	48,000	300,000	350,000
	3	11월 12일	280,000	1,060,000	1,410,000
	4	11월 19일	272,000	960,000	2,370,000
	5	11월 26일	330,000	1,900,000	4,270,000
	6	12월 3일	430,000	2,320,000	6,590,000
	7	12월 10일	166,000	1,040,000	7,630,000
	8	12월 17일	77,000	770,000	8,400,000
	9	12월 24일	53,000	702,000	9,102,000
	10	12월 30일	83,000	1,104,000	10,206,000
2017년	11	1월 7일	38,000	643,380	10,849,380
	12	1월 14일	발표 안 함	146,700	10,996,080
	13	1월 21일		352,400	11,348,480
	설날	1월 28일			
	14	2월 4일		425,000	11,773,980
	15	2월 11일		806,270	12,580,250
	16	2월 18일		844,860	13,425,110
	17	2월 25일		1,078,130	14,503,240
	18	3월 1일		300,000	14,803,240
	19	3월 4일		1,050,890	15,854,130
	20	3월 11일		708,160	16,562,290

자료: 이지호 외, 2017, 67쪽.

현되었다. 둘째, 정치인들이 기민하게 대중의 요구를 수용했다. 이는 민주화의 역사에서 확인된 대중적 저항의 힘을 그들이 체득한 결과 갖게 된 민주적 자산 때문이었다. 대중이 직접 나서서 압박하면서 방향을 제시하고, 정치인들이 이를 수용함으로써 위기를 해결하는 표준적 해법이 박근혜 탄핵에서 재연됐다. 광장과 의회가 제휴해 거대한 탄핵 연합을 구축하는 데 성공한 것이다.

대통령에 대한 탄핵을 최초 시도할 때 가장 중요한 동력은 국민적 여론에 있다고 해도 과언이 아니다.… 박근혜 전 대통령에 대한 탄핵 요구는 국민적 여론을 통해 지속적인 집회 형식으로 구체화되었고, 이렇게 수렴된 여론은 직간접적으로 국회와 헌법재판소에 영향을 주었다고 해도 과언이 아니다.[46]

〈표 3-5〉 박근혜 대통령 탄핵 시 촛불집회의 명칭 및 슬로건

일자	차수	집회 명칭 및 핵심 슬로건
2016년 10월 29일	1	모이자! 분노하자! 내려와라 박근혜! 촛불집회
11월 5일	2	모이자! 분노하자! 내려와라 박근혜! 2차 촛불집회
11월 12일	3	모이자! 분노하자! 내려와라 박근혜! 3차 범국민행동
11월 19일	4	모이자! 광화문으로! 밝히자! 전국에서! 박근혜 퇴진 4차 범국민행동

11월 26일	5	'200만의 촛불, 200만의 함성' 박근혜 즉각 퇴진 5차 범국민행동
12월 3일	6	박근혜 즉각 퇴진의 날
12월 8일		박근혜 즉각 퇴진, 응답하라 국회 비상국민행동 〈국회광장 주권자 시국대토론〉
12월 9일		박근혜 즉각 퇴진, 응답하라 국회 비상국민행동 〈국회광장 주권자 시국대토론〉
12월 10일	7	안 나오면 쳐들어간다 박근혜 정권 끝장내는 날
12월 17일	8	끝까지 간다! 박근혜 즉각 퇴진, 공범처벌-적폐청산의 날
12월 24일	9	끝까지 간다! 박근혜 즉각 퇴진 조기 탄핵 적폐 청산 9차 범국민행동
12월 31일	10	박근혜 즉각 퇴진! 조기 탄핵! 적폐 청산! 송박영신 10차 범국민행동의 날
2017년 1월 7일	11	세월호 1,000일, 박근혜 즉각 퇴진! 황교안 사퇴! 적폐 청산! 11차 범국민행동의 날
1월 14일	12	박근혜 즉각 퇴진! 조기 탄핵! 공작 정치 주범 및 재벌 총수 구속! 12차 범국민행동의 날
1월 21일	13	내려와라 박근혜! 바꾸자 헬조선! 설맞이 촛불!
2월 4일	14	박근혜 2월 탄핵, 황교안 사퇴, 공범 세력 구속, 촛불 개혁 실현! 14차 범국민행동의 날
2월 10~11일	15	"천만촛불 명령이다! 2월 탄핵! 특검 연장!" 박근혜·황교안 즉각 퇴진, 신속 탄핵을 위한 15차 범국민행동의 날
2월 18일	16	탄핵 지연 어림없다! 박근혜 황교안 즉각 퇴진! 특검 연장! 공범자 구속을 위한 16차 범국민행동의 날
2월 24일 ~25일	17	박근혜 탄핵·구속! 특검 연장! 박근혜 4년, 이제는 끝내자! 2·25 전국 집중 17차 범국민행동의 날
3월 1일	18	박근혜 구속 만세! 탄핵 인용 만세! 3·1절 맞이 박근혜 퇴진 18차 범국민행동의 날

3월 4일	19	"박근혜 없는 3월, 그래야 봄이다!" 헌재 탄핵 인용! 박근혜 구속! 황교안 퇴진! 19차 범국민행동의 날
3월 11일	20	"촛불과 함께 한 모든 날이 좋았다" 모이자! 광화문으로! 촛불 승리를 위한 20차 범국민행동의 날

자료: 이지호 외, 2017, 58쪽.

박근혜 탄핵 사례는 '의회 대 광장' 논쟁에서 광장의 손을 들어준다. 의회의 행동보다 광장의 시위 등 대중 동원이 더 결정적인 요인이라는 사실을 명확하게 보여준다. 특히 여당이 탄핵을 저지할 방패를 확보한 경우에는 연령·계층·지역·이념 등을 초월한 폭넓은 사회운동만이 이 방패의 가동을 저지하고, 여당 일부가 탄핵 찬성으로 돌아서도록 압박할 수 있기 때문이다. 특히 운동을 통한 대중적 압박으로 민주적 계기(democratic moment)를 돌파한 역사적 경험을 가진 한국에서는 더욱 그렇다.

> *수백만 시민들의 직접행동은 국회의 탄핵소추, 헌법재판소의 탄핵 인용을 거쳐 현직 대통령의 탄핵으로 이어지는 중대 정치 변동의 원동력이었다.… 직접적으로는 부패 연루와 더불어 심각한 정당성의 위기에 처한 대통령에 대한 시민들의 심판이고, 간접적으로는 제 역할에 충실하지 못하던 정당과 국회가 대통령 탄핵이라는 궁극적 견제에 나서도록 대의제도를 압박한 대의제 민주주의 혁신 운동이었다고 할 수 있다.… 대통령에 대한 궁극적 견제로서의 탄핵 정치는 시민들이 주도하고 국회와 정*

당, 헌법재판소는 소극적 조연의 역할만을 했을 뿐이다. 달리 말해 한국의 대통령제는 제도를 중심으로 책임성과 유연성을 장착한 것이 아니라 시민들의 참여와 개입이라는 사회적 기반을 중심으로 책임성을 제고한 셈이다.[47]

탄핵을 위한 사전 정지 작업을 가능케 한 여당의 총선 패배, 새누리당 일부 의원의 탄핵 찬성투표, 30명에 가까운 여당 의원들의 집단 탈당과 신당 창당, 이런 요인들을 헌재가 탄핵에 대한 대중여론의 향방을 알려주는 핵심 지표로 삼았음을 부인하기 어렵다. 탄핵이 정치적 과정이기 때문에 선거나 정치 지형 변화 등을 통해 확인되는 국민 의사는 탄핵 과정에 영향을 미칠 수밖에 없다. 탄핵의 성패는 탄핵 프레임이 대중의 동의를 획득하는지에 달려 있는데[48], 박근혜 탄핵은 당파적 갈등을 넘어서는 대중적 합의에 도달함으로써 성공할 수 있었다.

4장

탄핵과 민주주의

"걱정하지 말고, 화내세요!(Don't worry, be angry)"

워싱턴포스트의 매트 바이 기자가 칼럼에서 트럼프의 모토를 이렇게 표현했다. 저학력, 저소득층 백인 노동자들의 반이민 심리를 자극하는 말이다. 민주당과 그 후보에게 열심히 화를 내라는 얘기다. 최고의 아카펠라 가수라는 보비 맥퍼린의 노래(〈Don't worry, be happy〉)를 패러디했다. 지금 우리 정치의 모습이다. 서로 상대를 열심히 자극하고, 화를 돋우고, 못 잡아먹어서 안달이다. 정치 리더들도 지지층이나 팬덤에게 부지런히 이 메시지를 띄운다. "아무 걱정 말고 그냥 저들에게 화내세요."

탄핵이 최고의 화풀이 수단으로 활용되고 있다. 너나없이 쓰는 범용 테크닉으로 자리 잡았다. 툭하면 탄핵이고, 걸핏하면 탄핵이다. 공직자가 중대한 잘못을 저질러 그 자리에 계속 두기 어려울 때 동원될 수 있는 장치로 고안된 것이 탄핵이다. 하지만 지금은 적대적인 인물이나 미운 사람을 제거하는 무기로 사용되고 있다. 선거 패배를 탄핵으로 뒤집으려 하고, 정책 이견을 탄핵으로 해소하려 한다. 버거운 경쟁자를 배제하는 예방적 탄핵까지 거론된다. 이렇게 되면 민주주의를 지키기 위해 만들어진 탄핵제도로 인해 민주주의가 위태로워질 수 있다. 명과 실의 정면충돌이다.

"다른 정당을 지지한다고? 그럼 결혼 못 해!"

한국보건사회연구원이 2024년 8월 재밌는 보고서를 냈다. 〈사회통합 실태 진단 및 대응 방안-공정성과 갈등 인식〉 보고서다. 이에 따르면 지난해 6~8월 19~75세 남녀 3,950명을 대상으로 실시한 조사에서 '정치 성향이 다른 사람과 연애나 결혼을 할 수 없다'고 응답한 사람이 58.2%에 달했다. 정치 성향이 다르면 술자리조차 함께할 수 없다는 응답도 33%나 됐다. 우리 사회는 정치 성향에 따라 사회생활도 따로 하는 정서적 양극화에 빠져 있다. 어떤 정당을 지지하느냐에 따라 세상을 다르게 보고, 사람 대하는 태도까지 달라지는 걸 '파티즘partyism'이라 부른다.

파티즘이 득세하고 있는 현실을 고려하면 정치인의 탄핵 중독도 충분히 이해할 만하다. 어쩌면 파티즘 때문에 탄핵에 대한 봉인이 풀렸다기보다 탄핵 때문에 파티즘이 형성되었는지도 모른다. 두 번의 탄핵을 거치면서 우리 정치는 거칠어졌다. 누군가는 의석수의 힘으로 밀어붙이는 탄핵에 분노했고, 누군가는 탄핵 역풍으로 선거 패배를 당한 탓에 울분을 삼켰다. 부당한 탄핵을 막아내는데, 잘못한 대통령을 탄핵으로 쫓아내는 데 성공함으로써 민주주의를 지켰으나, 당한 쪽의 상처는 너무 쓰라렸다. 대선에서 패배한 데다 그 당의 숱한 정치 엘리트들이 형사처벌 됐다.

그 결과 두 가지 학습효과가 생겨났다. 하나는 '탄핵 역풍(backlash)'에 대한 우려다. 탄핵을 함부로 사용하면 치명상을 입는다는 사실이다. 의석이 많다고 해서 탄핵을 밀어붙였을 때 국민은 그 세력을 응징했다. 탄핵을 주도한 인물들은 퇴출당하거나 위기에 몰렸다. 탄핵은 다른 방법이 다 통하지 않을 때 아주 조심스럽고 절제된 방식으로 추진되어야 한다. 다른 하나는 어떠한 경우에도 탄핵은 당하지 않아야 한다는 결의다. 탄핵의 '부수적 피해(collateral damage)'가 너무 컸기 때문이다. 탄핵 후 바로 선거가 있으므로 탄핵당한 쪽으로선 사실상 속수무책이다. 게다가 탄핵 과정에 검찰이 개입해 형사처벌이 대거 이뤄지면 피해는 더 커진다.

"우리에게 필요한 것은 대통령도, 국회도, 야당도, 검찰도 '제한된 제 역할'을 하는 민주주의다. 대통령직을 권력 삼아 개인의 야심을 실현하려는 것도 잘못이고, 한 정당의 지배 당파가 국회를 독점해 행정부와 사법부를 제압하려는 것도 잘못이며, 국가를 대신해 기소권을 행사하는 검찰이 당파적 도구가 되는 것도 잘못이다. 우리가 가야 할 길은 입법과 행정, 사법의 기능이 균형 있게 작동하는 '민주적 입헌체제'에 있다."[1] 이 지적처럼 어떤 자리에 있든, 그가 누구든 권력을 사유화하고 도구화하는 것은 민주주의를 위태롭게 한다. 탄핵도 그렇다.

이성은 감정의 노예다!

한국인은 유난히 감정을 중시한다. 오랫동안 한국에서 살았던 일본의 외교관 미치가미 히사시道上尙史는 저서 《한국인만 모르는 일본과 중국》에서 한국인의 언행에 가장 큰 영향을 미치는 것은 법률이나 규칙이 아니라 국민 정서인 공기와 분위기라고 관찰한 바 있다. 심리학자 김태형은 《한국인의 마음속엔 우리가 있다》에서 "한국인은 인간을 가장 중시한다. 그렇기 때문에 한국인은 인간중심적인 심리인 감정도 중시한다"라고 말했다. 링컨도 비슷한 말을 했다. "대중 감정(public sentiment)이 전부다." 그러면서 그는 대중 감정에 맞서지 말라고 권했다. 유명한 심리학자 조너선 하이트Jonathan Haidt의 《행복의 가설》을 보면 감성은 코끼리이고 이성은 그 기수다. "우리의 감성이 코끼리라면 우리의 이성은 거기에 올라탄 기수이다. 기수가 고삐를 쥐고 있으니 리더로 보이지만, 코끼리에 비해 기수는 너무 작고 약해서 기수의 통제력은 믿기 어렵다. 만약 코끼리와 기수의 의견이나 욕구가 일치하지 않으면 항상 코끼리가 이긴다."

본래 감정이 이성에 승리하기 쉬운 법이다. 한국인은 특히 감정을 앞세우니 탄핵처럼 예민한 데다 복합 효과까지 갖는 수단을 쓸 때는 조심하고 또 조심해야 한다. 무엇보다 탄핵으로 대중 감정이 거칠어지고 상대에 대한 극도의 적대적 감정을 갖게 하는 건 굉장히 유해하다. 한 번의 탄핵이 정치의 질을 떨어뜨리는 장기 효과를 낳을 수 있기 때문이다. 국민 대다수가 동의하고, 지지층조차도 마땅찮아도 수용할 수밖에 없을 정도의 폭넓은 공감대가 있을 때 추진해야 한다. 남발되거나 남용되고, 한발 나아가 악용되는 탄핵은 모두를 패자로 만드는 공멸의 유혹이다. 절대로 감정의 코끼리를 자극하면 안 된다. 왜?

1 운명이 갈린 두 대통령

노무현과 박근혜 대통령에 대한 탄핵은 모두 분점정부하에서 일어났다. 노 대통령이 가진 의회의 지지 기반은 탄핵소추의 의결을 막을 수 없을 정도로 매우 협소했다. 게다가 이런 극도의 소수파로 전락한 것도 선거에 의해서가 아니라 친노 세력이 주도한 탈당과 신당 창당으로 자초한 결과였다. 박 대통령도 비록 여소야대의 상황에 처해 있었지만 여당 의석은 탄핵을 막기에 충분했다. 그럼에도 여당과 계속 불화한 끝에 탄핵방패를 잃어버렸다.

두 탄핵 사례 모두 대통령의 인기가 바닥일 때 발생했다. 탄핵의 익숙한 문법 그대로 대통령에 대한 높은 부정 평가가 야당이 용기를 내도록 부추겼다. 예방 효과 개념도 두 경우에 모두 적용될 수 있다. 이런 점에서 두 사례는 공히 탄핵 정치의 일반적 패턴을 충실히 따랐다.

공통점은 또 있다. 노무현 대통령과 박근혜 대통령 모두 국회와 대립하고, 그럼으로써 고립되는 정치를 펼쳤다. 둘 다 대통령제의 특성, 즉 국민으로부터 세상을 바꿀 권력과 정당성을 위임받은 유일한 대표자라는 관념에서 벗어나지 못했다. 대통령 권력으로 노무현 대통령은 기존 질서의 국회를 바꾸려 했고, 박근혜 대통령은 분립의 국회에 군림하려 했다. 두 대통령 다 여당의 분열을 일으킴으로써 의회방패를 상실했다. 노 대통령은 탈당-창당을 통해, 박 대통령은 사인적 지배로 인해 여당의 분열을 초래했다.

삼권분립의 작동 원리가 견제와 균형이다. 서로를 견제하되 지배하려 해서는 안 되고, 분립하되 독립하지 않아야 균형이 유지된다. 특히 집행 권력을 가진 대통령의 자기통제(self control)가 중요하다. 대통령은 행정부의 수장을 넘어 국가수반의 위상을 가지는 탓에 자신을 정당이나 의회 등 다른 국가기관 위의 초월적 존재로 착각하기 쉽다. 따라서 대통령제의 원활한 작동을 위해 꼭 필요한 규범이 제도적 자제(institutional forbearance)다.[2] 탄핵제도도 같은 맥락의 고육지책이다. 한국의 두 대통령은 자제하지 않고 국회와 대립함으로써 탄핵 시도를 불러오기 좋은 지형을 조성하는 우를 범했다. 의회도 과잉

〈표 4-1〉 노무현 대통령 탄핵과 박근혜 대통령 탄핵의 요인별 비교

요인	노무현 대통령 탄핵	박근혜 대통령 탄핵
분점정부	취임 때부터 분점정부	취임 4년 차에 분점정부
대통령 리더십	대결·고립	대결·고립
대통령 인기	긍정 25%, 부정 57.3% (2004년 3월, 한국갤럽)	긍정 5%, 부정 90% (2016년 11월, 한국갤럽)
스캔들	없음	최순실 게이트
형사 범죄	없음	검찰·특검 통해 다수 확인
찬반 지지율	찬성 24.6%, 반대 71.1% (2006년 3월 17일, 한국갤럽)	찬성 77%, 반대 18% (2017년 3월 12일, 한국갤럽)
대중 동원	탄핵 반대 촛불집회	탄핵 촉구·찬성 촛불집회
의회 행동	주도적(의회가 시민사회보다 먼저)	추종적(의회가 시민사회보다 나중)
여당 분열	없음	여당 일부 탄핵 찬성-탈당
민주적 자산	광장 등에서 탄핵 반대 운동	집회 등으로 탄핵 찬성 운동
선거	탄핵 중 17대 총선(2004년) - 탄핵 반대파 압승(152석)	탄핵 전 20대 총선(2016년) - 여당, 제2당으로 전락

견제로 균형을 훼손할 수 있다. 균형을 파괴할 정도의 수단이 의회에 주어져 있다. 의회도 탄핵권을 남용해선 안 된다.

탄핵 정치는 찬반의 진영 대결을 낳게 되고, 사회의 중요한 균열과 어젠다를 외면하게 만들고, 정서적 양극화를 낳는다. 탄핵을 통해 대통령을 축출하면 당한 정당이나 진영으로선 '두고 보자'는 심리를 가지기 마련이다. 그 민주적 정당성을 부정할 만큼의 명백하고 직접적인 위법행위가 있을 때만 탄핵권

을 행사해야 한다. 이때도 부가적인 정치적 이익을 도모하거나 손해를 가하지 않도록 대단히 신중하고 조심스럽게 진행해야 한다. 남미의 탄핵 역사가 말해주듯 정치적 반대파들이 대통령을 제거하는 방법으로 탄핵제도가 빈번하게 사용되면 민주주의는 퇴행(decay)한다. 탄핵의 일상화, 탄핵하고 탄핵당하는 악순환이 반복되면 민주정이 아예 붕괴할 수도 있다. 대통령은 전횡의 유혹을, 의회는 탄핵의 유혹을 이겨내야 한다. 한국의 대통령과 국회는 이 유혹을 이겨내지 못했다.

탄핵에 대한 국민적 합의

노무현 탄핵은 대선 결과를 부정하고 싶은 정치 세력이 동원한 '다른 수단에 의한 정치(politics by other means)'[3]였다. 노 대통령에게 깊은 배신감을 가진 정치 세력이 보복을 위해 동원한 정치적 무기였다. 두 세력 모두에게 탄핵은 불리한 판세를 뒤집기 위한 선거용이기도 했다. 선거법 위반은 대외적 명분일 뿐이었다. 박근혜 탄핵은 대통령의 권력 남용과 부패로 인해 분노한 시민이 먼저 나서고, 이어 국회가 그의 직무를 정지시키고, 마지막으로 헌재가 그를 파면한 민주적 시정是正이었다. 이처럼 두 사례는 법 위반의 성격과 과정적 동학에서 현격한 차이가 있다.

두 사례의 좀 더 근본적인 차이는 탄핵에 대한 국민적 합의 여부에 있다. 탄핵 사유가 중요하기는 하지만 성패의 결정적 요인은 아니다. 한국의 검찰이 기소권을 독점하듯이 의회가 탄핵소추권을 독점한다. 따라서 헌법에 정한 탄핵 사유는 의회에 의해 정치적으로 '해석'되고 '판단'된다. 헌법과 법률 위반이라는 탄핵 사유는 추상성과 개방성을 가진 문구다. 따라서 정치 세력, 여론, 사법부 간의 상호 소통과 작용을 통해 그 적부適否와 경중이 가늠될 수밖에 없다.

법 위반의 중대성 여부에서만 성패의 이유를 찾으려 하면 환원론에 빠진다. 이 논리에 따르면 탄핵의 성패는 간단하다. 탄핵 실패는 법 위반이 중대하지 않기 때문이고, 탄핵 성공은 법 위반이 중대하기 때문이다. 이런 설명은 역사에 반한다. 법 위반이 중대했으나 탄핵당하지 않은 사례는 많다. 최근의 예로 트럼프 대통령은 사익을 위해 권한을 사용한 권력 남용과 의회 방해(1차), 의사당 폭동을 부추기는 내란 선동(2차)에도 불구하고 상원에서 탄핵이 기각됐다. 남미에선 경미한 위반에도 탄핵당한 사례가 여럿 있다. 이처럼 탄핵 사유 조항의 해석, 대통령이 저지른 법 위반 행위의 탄핵 사유 포함 여부 등은 탄핵 위기 당시의 정치적 맥락에 의해 결정된다.

따라서 노무현 탄핵이 실패한 원인을 탄핵 사유에서 찾으면 탄핵제도의 정치적 성격을 놓치게 된다. 탄핵 사유가 부적절하기는 했다. 하지만 그럼에도 실패한 핵심적 이유는 대중적 지지를 받지 못했기 때문이었다. 무리한 탄핵이었더라도 국민적 동의를 얻었다면 성공했을 것이다. 여론조사, 촛불집회 등 다양한 지표로 확인되는 대중여론은 탄핵 반대가 압도적이었다. 주권자인 국민의 눈에 명분 없는 '의회 쿠데타'로 받아들여졌다. 때문에 대중방패가 국회의 탄핵 시도를 막아 세웠다.

그 대중여론이 가장 단호하게 표출된 것이 탄핵소추와 탄핵심판 사이에 실시된 17대 총선이었다. 선거에서 유권자들은 노 대통령의 열린우리당에 152석을 안겨 탄핵에 대한 거부 의사를 선명하게 표출했다. 탄핵을 주도했던 한나라당의 의회 다수당 지위를 빼앗았다. 대의 민주주의에서 선거의 정당성을 부정할 수 있는 권위나 명분은 어디에도 없다. 요컨대 촛불집회, 여론조사, 언론 사설에서 표출되고, 선거 결과로 확인된 민심은 '탄핵 반대'였고, 헌재는 이를 존중했다.

박근혜 탄핵의 성공도 탄핵 사유의 경중보다 정치적 맥락에서 이유를 찾아야 한다. 국회보다 사회운동이 앞장섰다. 거국내각이나 2선 후퇴, 자진 사퇴 등의 해법이 난무한 데다, 야당 연합은 탄핵을 하고 싶어도 표가 모자라 좌고우면했다. 이때 촛불집회가 분명한 길을 제시했다. 2016년 12월 3일 하루에만 230여만 명이 촛불을 들고 탄핵을 외쳤다. 과거 군사 쿠데타가 그랬듯, 대중 동원이 조정 권력으로 등장한 순간이었다. 대중 봉기가 박 대통령 축출의 주동력이었다.[4]

(시민 집회의 힘과 의회의 힘 중에서 어떤 것이 좀 더 주동적인 힘이었을까요?) 광장의 힘이 아니었다면 야당들이 비록 의회의 다수를 점하고 있더라도, 3당으로 나뉜 정당들 간의 정치적 이해관계의 차이로 인해, 야당 의원들이 탄핵으로 결집하기 쉽지 않았을 것이다.[5]

선거 결과와 정당 내 응집력

선거 결과는 탄핵 성패에 주요한 변수다. 노무현 탄핵의 경우 탄핵 절차가 진행되는 도중에 총선이 치러졌다. 열린우리당이 처음으로 승리했다. 탄핵 이슈와 총선 결과 간 연관성을 탐구한 연구는 하나같이 탄핵 반대 정서 때문에 열린우리당이 과반 의석을 얻었다고 지적한다. 이런 사정 때문에 시중에선 탄핵 반대 정서에 힙입어 당선한 다수의 초선들을 '탄돌이'라고 불렀다. 당시 선거의 성격을 정확히 표현하는 용어다. 이런 선거 결과를 부정하고 헌재가 탄핵을 인용하기란 사실상 불가능했다.

박근혜 탄핵심판에도 선거 결과가 영향을 미쳤다. 임기 4년 차에 치러진 20대 총선의 결과는 박 대통령이 잘못하고 있다는 신호였다. 대통령 임기 중반에 치러지는 총선은 중간 평가의 성격을 띨 수밖에 없다. 즉 국회의원 후보, 정당에 대한 호오보다 대통령에 대한 찬반으로 치러진다. 따라서 비록 탄핵이 논의조차 되기 전에 치러진 총선의 결과임에도 헌재로서는 기저 요인으로 고려할 수밖에 없었다. '총선 → 스캔들 → 촛불시위'의 시퀀스sequence에서 보여진 흐름은 일관되게 박 대통령에 대한 대중적 불신임이었다. 이것이 탄핵을 성공으로 이끌었다.

두 사례의 차이는 여당의 분열 여부에서도 나타났다. 노무현 대통령이 여당(새천년민주당)의 분열을 초래해 위태로운 상황을 자초했지만, 정작 탄핵안 발의 때엔 여당(열린우리당)이 분열하지 않았다. 사실 워낙 압도적 다수가 탄핵에 나섰기 때문에 흔들릴 수도 있었다. 소속 의원들이 노 대통령과 갈등한 전례도 있었고, 노 대통령이 당정 분리 방침을 천명해 여당이 소외감을 느낄 수도 있었다. 이처럼 분열의 가능성이 전혀 없지는 않았지만 열린우리당은 견고한 응집력으로 탄핵 공세에 맞섰다.

반면 박근혜 대통령의 경우엔 새누리당이 흔들렸다. 탄핵 소추안을 막을 수 있는 의석이 있었지만 분열했다. 대중 동원으로 의회방패가 깨져버린 것이다. 그렇다. 민주주의에서 민심의 파도를 버텨낼 철옹성은 없다.

탄핵 여부를 결정지은 촛불집회

국민이 자신의 의사를 표현하는 방법은 여럿이다. 유권자로서 투표를 통해 의사를 밝히기도 하고, 거리에 나가 시위를 벌임으로써 의사를 밝히기도 한다. 여론조사에 응해 자기 생각을 은밀히 드러낼 수도 있다. 정부나 의회에 청원을 낼 수도 있고, 찬성 또는 반대의 캠페인을 펼칠 수도 있다. 그중에서도 가장 강력한 방법은 선거다. 선거가 없는 시기에는 가두시위나 군중집회가 매우 강력한 힘을 발휘한다. 시위나 집회로 나타나는 사회적 동원이나 저항은 탄핵 정치에서도 성패에 심대한 영향을 미친다. 대규모 촛불집회로 대통령 탄핵에 반대한 노무현 케이스는 실패했다. 반면 '촛불항쟁'이라 불릴 정도로 거대한 촛불집회가 연이어 개최되면서 대통령 탄핵을 요구한 박근혜 케이스는 성공했다.

의회가 대중적 호응 없이 권한 행사 차원으로 탄핵을 밀어붙인 경우엔 실패했고, 의회가 대중적 요구를 수용해 반응 차원으로 탄핵에 나선 경우엔 성공했다. 박근혜 탄핵 사례는 '광장 대 의회' 논쟁에 특별한 함의를 던진다. 즉 의회에서 탄핵소추를 막을 수 있는 의석이 있음에도 여당이 방패로 기능하지 못한 이유가 대중 동원이라는 사실이다. 당연히 한국의 두 사례만으로 대중적 운동이 탄핵 성패를 좌우한다고 일반화하기 어렵다. 그러나 한국의 두 사례에서 성패를 가른 요인은 시민 주도의 사회적 저항이었다. 의회의 결기는 대중에 의해 꺾인 반면 의회의 주저는 대중에 의해 극복됐다.

탄핵 연합의 관점에도 두 사례는 크게 달랐다. 노무현 탄핵은 야당 연합에 의해 추동되었다. 그러나 광장의 지원을 받지 못해 당파적 연대의 수준을 벗어나지 못했다. 노무현 탄핵에 대한 공감 여부를 묻는 한국갤럽의 2004년 3월 17일 조사에 따르면 '공감하지 않는다'는 응답은 세대·학력·지역·직업에 상관없이 더 높게 나타났다. 예컨대 탄핵 반대 여론에서 20대는 83.2%이고 50대 이상은 57.9%였으니 차이가 있긴 했으나 세대 간에 찬반이 엇갈리진 않았다. 국회의 높은 찬성률과 대중의 높은 반대율이 정면충돌하는 형세였다. 탄핵 찬성 여론은 탄핵소추안 가결 전의 한나라당과 민주당 지지율을 합한 38%에도 훨씬 못 미치는 24.6%에 불과했다. 이는 당파적 연대가 유권자 수준으로까지 확장하는 데 실패했다는 뜻이다. 야당과 그 지지층, 또는 그 일부만이 찬성하는 탄핵 연합은 정치·이념 성향이나 세대·지역·계층을 초월해 형성된 반탄핵 연합에 압도될 수밖에 없다.

박근혜 탄핵에선 광장의 주도하에 폭넓은 탄핵 연합이 구성된 반면 반탄핵 연합은 미미했다. 박근혜 탄핵을 촉구·찬성하는 촛불집회에 참석한 사람들은 연령·학력·계층·직업에서 별 차이가 없었다.[6] 심지어 정치 이념에서도 큰 차이가 없었다. 참여자 중 진보의 비중이 39.1%로 상대적으로 높았으나, 중도 19.4%, 보수 17.3%로 나타나 정치 성향의 차이를 초월해 탄핵 연합이 폭넓게 형성됐음을 알 수 있다. 요컨대 탄핵이 국회와 헌재의 벽을 넘어서기 위해서는 각계각층의 대중이 광범위하게 참여하는 '광장 주도의 탄핵 연합(street-centered impeachment coalition)'이 관건 요인이다. 반면 야당 등 정치적 반대파들이 앞장서 이끌어가는 '의회 주도의 탄핵 연합(congress-centered impeachment coalition)'만으로는 한계가 있을 수밖에 없다.

스캔들과 언론

노무현·박근혜 탄핵의 성패를 가른 또 다른 요소는 스캔들이었다. 노무현 대통령에게 대선 자금이나 측근 비리 같은 부패 이슈가 있기는 했으나 미디어가 폭로 경쟁에 나서 제기한 스캔들은 아니었다. 검찰 수사에 의해 충분히 밝혀진 데다 정치권 전체가 자유롭지 못한 이슈였다. 특히 한나라당은 '차떼기' 정당이라고 불릴 정도로 대선 자금 이슈에서 누구보다 여론의 지탄을 더 많이 받고 있었다. 노무현 대통령에겐 자신과 직접 관련된 스캔들이 없었다.

박근혜 대통령의 경우 스캔들이 탄핵의 문을 여는 열쇠였다. 언론, 그것도 보수 성향의 TV조선이 보수 대통령과 관련된 의혹을 제기했고, 한겨레와 JTBC에 의해 결정적 증거가 보도되면서 스캔들은 정치적 태풍으로 발전했다. 국민적 분노가 일어났고, 그 분노의 표출이 워낙 급격하고 기세가 사나워 감히 누구도 맞서기 어려웠다. 자격 없는 사인에 의한 국정농단과 부패가 민주적 자긍심을 건드린 탓이었다. 인권침해, 정경 유

착, 금권 선거 등에 맞서 싸운 경험에서 배태된(embedded) 민주적 자산의 영향이 컸다.[7]

박 대통령은 보수의 태두로 칭송되는 박정희 대통령의 딸로서 양친이 모두 총탄에 의해 쓰러진 비극, 홀로 살면서 오직 나라를 위해 헌신하는 모습으로 인해 사랑받는 정치인이었다. 그런 그였기에 스캔들은 치명적이었다. 짠한 연민의 정으로 박근혜 대통령을 지지했던 시민들에게 최순실 스캔들은 충격이자 배신이었다. "대통령은 어느 날은 신의 섭리에 따른 구세주로 찬양받다가 다음 날은 단지 쓰러진 신상처럼 저주를 받는다"[8]는 말처럼 박 대통령에 대한 국민의 분노는 깊고 넓었다. 언론에 의해 폭로된 권력 남용, 부패 스캔들의 존재 여부가 두 사례의 성패를 가른 요인 중 하나였다.

두 대통령이 탄핵을 대하는 태도도 달랐다. 노무현 대통령은 탄핵 시도 이전부터 재신임 국민투표를 언급하고, 탄핵을 여소 구도 혁파의 정치적 승부수로 삼았다. 대선 전에 주조된 국회의 당파적 배열을 변화시키는 계기로 활용하고자 했다. 대통령 지지율이 높지 않아 매우 위험한 전략이었지만 결과적으로 이 전략은 대성공이었다. 소탈한 언행에 가려져 있었지만 사실 노 대통령의 결단은 그의 성공 비결이었다. 노무현 후보는 불리한 여론 지형 속에서도 정몽준 후보와의 단일화를 결단했고, 극적으로 승리했다. 탄핵을 피하기는커녕 오히려 적극

유도하고 총선 이슈로 만든 것을 보면 그는 탄핵 정치의 본질을 정확히 꿰뚫고 있었다. 노 대통령은 탄핵이 여론 게임이란 사실을 누구보다도 잘 알고 있었다.

반면 박근혜 대통령은 일관성 없이 우왕좌왕했다. 여당을 결속하거나 야당과의 긴장을 완화해 국회에서 탄핵소추를 저지할지, 아니면 대국민 호소로 탄핵 반대 여론을 일으켜 헌재가 부결시키도록 할지 오락가락했다. 박 대통령은 의회방패와 사법방패[9] 중 어디에 집중할지 정하지 못했고, 그 방패를 구축하려는 노력도 제대로 펼치지 않았다. 박 대통령은 팬덤을 거느리고 있었으나 탄핵 찬성 여론이 워낙 높아 대중방패로 삼기 어려웠다. 콘크리트 같은 지지를 보여준 대구·경북(TK) 지역에서조차 찬성 여론이 많았다. 박 대통령은 노 대통령과 달리 탄핵제도의 정치적 성격에 대한 이해가 부족했다. 지나치게 소극적이고 턱없이 안이했다. 여당의 설득, 야당의 제안, 광장의 요구에 응하지 않았다. 일방적으로 총리를 지명함으로써 거국내각이나 국회 총리 지명 요구를 거부했다. 회심의 카드로 개헌을 제안했으나 하필 그날 태블릿 PC 보도가 나와 일거에 사장돼 버렸다. 박 대통령의 출구 전략은 없거나 부실하거나 불운했다.

여론조사 데이터는 선거가 없는 때에 민심의 소재를 알 수 있는 유용한 지표다. 노 대통령의 경우 탄핵 반대 여론이 찬성보다 3배나 높았다. 반면에 박 대통령의 경우는 찬성 여론이

4~5배 높았다. 이처럼 노 대통령의 경우 탄핵 반대가 대세였다면, 박 대통령의 경우 찬성이 대세였다. 집회나 시위도 민심 측량의 지표 중 하나다. 노무현 탄핵의 경우엔 반대 집회가 연인원 200만 명에 달했고, 박근혜 탄핵은 찬성 집회가 무려 연인원 1,700만 명에 육박했다. 요컨대 노무현 탄핵은 야당 연합의 당파적 정략으로 인식된 반면, 박근혜 탄핵은 국민적 합의로 받아들여졌다. 결국 당파성과 대중성(popularity) 간의 차이가 탄핵 성패를 갈랐다.

언론의 역할에도 주목할 필요가 있다. 노무현 탄핵 때와 박근혜 탄핵 때 언론은 각기 다른 태도를 보였다. 한겨레 등 5개 주요 언론사의 사설을 비교해보면 이 차이가 극명하게 드러난다. 노무현 탄핵 때 이들 언론사의 탄핵 찬성률은 27.6%에 불과했다. 박근혜 탄핵 때에는 66.4%에 달했다. 반대 여론은 28.7% 대 3%로 10배 가까운 격차를 보였다. 동아일보, 조선일보, 중앙일보 등 보수 성향의 언론 3사만 따로 보면 어떨까. 노무현 탄핵 찬성률은 40.7%인 반면, 박근혜 탄핵 찬성률은 40.2%였다. 찬성률이 엇비슷했다. 하지만 언론사의 성향을 고려하면 박 대통령에 대한 탄핵 찬성률 40.2%는 높은 수치다. 게다가 노무현 탄핵보다 반대하는 비율이 2배가량 더 높았다. 보수 언론 3사의 탄핵 반대율은 박근혜 5.3%, 노무현 10.2%였다(163쪽 〈표 2-2〉, 223쪽 〈표 3-3〉 참조). 이처럼 현대 정치에서 주요 행위자로 간주되는 언론이 두 탄핵을 대하는 태도는 크게 달랐다.

사회운동과 의회 간의 상호작용

2004년 탄핵에서 의회와 정당은 대중의 배척 대상이었다. 대중은 노 대통령을 탄핵한 국회, 그를 주도한 한나라당과 민주당에 대해 노골적인 적대감을 드러냈다. 야당 연합의 탄핵 시도에 대해 시민은 촛불시위로 맞섰다. 사회운동까지 참여한 여야 대결 구도가 아니라 의회 대 시민사회의 대치 구도였다. 탄핵 반대 촛불집회도 시민·사회단체가 주도했다. 그들은 국회와 정당을 밀어냈다. 17대 총선에서의 열린우리당 지지 역시 순수하게 노 대통령이나 여당이 좋다는 호감 표시라기보다는 탄핵에 대한 반감의 표현이었다.

반면에 2016~17년 박근혜 탄핵에서는 촛불시위가 정당과 국회를 불러냈다. 야당에 '국회, 정당들은 뭘 하고 있는가. 빨리 대안을 내놓으라'고 요구했다. 야당 의원들은 촛불시위 초기 개인 자격으로 참여했고, 정당들도 뒤늦게 구성원 중 일부로 참여했을 뿐이었다. 촛불시위는 야당과 의회가 탄핵에 나서도록 압박했다. 촛불집회의 강한 추동에 정당들과 의회가 수동적으로 대응한 것이 박근혜 탄핵의 특징 중 하나였다.

페레스-리냔이 구분했던 사회운동과 의회 간의 상호작용

을 다시 살펴보자(93쪽의 〈표 1-9〉와 〈표 1-10〉 참조). 노무현 대통령 탄핵은 [배열 7](의회의 위협 제기 - 사회운동의 방패 부재)이 될 수도 있었으나 대중이 막아선 탓에 [배열 8](의회의 위협 제기 - 사회운동의 방패 제공)이 됐다. 박근혜 탄핵은 [배열 4](사회운동의 위협 제기 - 의회의 방패 제공)가 될 수 있었으나 [배열 3](사회운동의 위협 제기-의회의 방패 부재)으로 귀결됐다. 2004년 노무현 탄핵은 '의회가 이끈 탄핵(legislature-leaded impeachment)'이었다. 다수 의석을 차지한 야당 연합이 사회적 소통이나 대중적 공감의 노력 없이 매우 신속하게 일방적으로 밀어붙인 탄핵이었다. 탄핵 정치의 복합적 측면을 무시한 채 헌법이 국회에 부여한 제도적 권력을 날 것으로 휘둘렀다. 국민으로서는 찬반 의견을 가진 주체적 '인싸(인사이더)'로 존중받기보다 존재감 없는 주변적 '아싸(아웃사이더)'로 취급돼 소외감을 가질 수밖에 없었다. 국민을 겨냥한 '정치적 플러팅flirting', 축구 용어로 '빌드업build up'이 없었다.

반면 2016~17년 탄핵은 '운동이 이끈 탄핵(movement-leaded impeachment)'이었다. 사회운동, 즉 대규모 촛불집회가 먼저 '박근혜 OUT'을 외쳤고, 야당들과 국회는 그 요구에 쫓겨 탄핵 절차에 돌입했다. 박근혜 탄핵에선 시민 여론과 대규모 촛불시위로 표출된 저항권 행사가 결정적인 역할을 했다.[10] 탄핵을 원하는 시민 행동이 국회를 움직이게 했다. 야당이 앞장서 주도하려는 욕심을 버리고 시민의 요구에 뒤따라 반응하는 책임을 선택한 것이 신의 한 수였다.

> *처음에 그들은 여론의 추이를 보면서 수동적 내지 전략적으로 행위하는 데 전념했다. 국가의 최고 행정 수반으로서 대통령이 절대다수의 국민들에 의해 통치에 필요한 권한과 능력을 부정당한 상황이라면, 국회가 해야 할 일은 헌법에 따라 탄핵 절차를 밟는 일이 아닐 수 없었다. 조금 늦긴 했지만 상황을 충분히 지켜본 다음 그 절차에 나선 것은 다행스러운 일이었다.*[11]

통상 운동이 의회의 행동을 추동하지 못하거나, 의회가 운동의 호응을 끌어내지 못하면 탄핵은 실패하기 쉽다. 최소한 한국의 경험만 놓고 보면, 탄핵은 사회운동이 앞서고 의회가 뒤따르는 '큰 그림(광장 → 의회)'으로 전개될 때 성공할 가능성이 커진다. 문제는 의회가 먼저 나서고, 이에 사회운동이 반응하는 '의회 → 광장'의 경우다. 의회의 야당들과 광장의 시민들이 거대한 탄핵 연합을 구축하는 경우 대통령과 여당이 탄핵을 막아내기란 대단히 벅차다. 그런데 이런 경우는 좀처럼 생겨나기 어렵다. 야당들이 먼저 나서면 월권, 권력투쟁, 의회 쿠데타로 해석될 위험이 크다. 그렇게 되면 시민의 동조, 대중 동원이 어렵게 되기 때문이다. 결국 탄핵 성패에선 사회운동이 더 선

차적 비중을 갖는다. 이는 민주주의가 갖는 '민중적 동력'의 중심성에도 부합한다.[12]

2 한국 민주주의의 모순

탄핵의 두 모델: 당파적 탄핵 vs 대중적 탄핵

여러 차례 강조했지만 탄핵은 본질적으로 정치성을 지닌다. 어떻게 설계하든 탄핵제도는 정치적 성격을 피할 수는 없다. 민주적 정당성을 갖는 대통령을 파면하는 것이므로 정치적이고, 헌법에 정한 탄핵 사유가 추상성과 개방성을 특징으로 하니 그 판단도 당연히 정치적일 수밖에 없다.[13] 또 탄핵의 결과에 따라 정치 세력 간 유불리나 선거 결과 등에 엄청난 파급효과를 가지기 때문에 정치적이다. 탄핵 절차는 의회의 소추가 있어야만 개시된다는 점에서도 정치적이다. 그리고 민주주의에서 주요 헌법적 결정은 국민 의사에 따라야 하는데, 탄핵이야말로 헌법적 결정이기 때문에 부득불 정치성을 띠게 된다.[14] 사실 헌법의

제·개정 자체가 정치적으로 기획되는 것이다.[15]

> *헌법재판에서 특정 정파의 편을 노골적으로 들어주면 안 된다는 것은 지당한 말이지만, 헌법재판 과정에서 정치적인 고려가 개입해서는 안 된다는 주장은 가능하지도 않고 바람직하지도 않은 것을 요구하는 말이다. 헌법재판은 본래 정치적인 사안들을 판단하는 제도이기 때문이다. 헌법재판관이 모두 법관의 자격을 가져야 한다는 요건은 개개의 결정을 내림에 있어서 최소한의 법적인 일관성과 정합성을 갖추어야 한다는 뜻이지 결코 정치적인 고려를 배제한다는 뜻이 아니다.*[16]

탄핵의 성패도 이 '정치성'이 어떻게 나타나는지에 달려 있다. 탄핵의 정치성이 구체적 사례에서 당파성으로 구현되면 실패하고, 대중성을 획득하면 성공한다. 전자는 당파적 탄핵이고, 후자는 대중적 탄핵이다. 야당 등 정치적 반대파들이 장악한 의회가 탄핵을 주도할 경우 '당파적 이해'를 넘어설 수 있는지가 관건이다. 유죄 입증의 책임을 지는 의회가 자신들이 행한 기소가 당파적 이해를 초월했음을 입증할 때만 비로소 성공할 수 있다.[17]

앞서 설명한 바대로 대중적 탄핵은 대중 시위가 대통령 축출에 핵심 역할을 하는 경우를 설명하기 위해 자모스크가 쓴 개념이다. 그는 대중적 탄핵을 의회가 헌법적 절차에 따라 진행하는 제도적 탄핵에 대비했다. 즉 의회가 탄핵을 시도하든 하지 않든 그와 무관하게 대중이 자신의 힘으로 대통령을 축출(탄핵)한다는 뜻이다. 한국의 이승만 대통령이 의회의 탄핵 절차 없이 사회적 저항 때문에 사임한 경우가 대중적 탄핵의 딱 맞는 실례다. 이 개념을 약간 변형하면 초당파적·대중적 합의를 획득한 탄핵을 지칭하는 개념으로 사용할 수 있다. 박근혜 탄핵이 대중적 탄핵의 모범 사례다.

당파적 탄핵은 말 그대로 정략적 목적에서 추진되고, 당파적 지지를 넘어서진 못한 탄핵을 뜻한다. 일부 세력이 만약 불리한 정치 구도를 바꾸기 위해 탄핵을 시도한다면 찬성보다 반대 여론이 더 높기 십상이다. 노무현 탄핵이 전형적인 당파적 탄핵이었다.

현대 민주주의는 정당을 매개로 하므로 당파성을 피할 순 없다. 다만 그렇더라도 끝내 거기에 매몰돼 있으면 안 된다. 의회는 탄핵을 놓고 대중의 의사를 탐색하고, 대화하고 서로 숙의하는 정치적 소통을 거치면서 합의를 도모해나가야 한다. 대의 민주주의의 기본 원리인 선거에서의 승패도 따지고 보면 당파성을 띤 정책이나 노선이 얼마나 대중성을 획득하느냐에 달려 있다. 국민의 직접적 주권 행사인 선거가 아니라 의회가 대의기관으로서 주권을 대행하는 것이 탄핵이기 때문에 대중적 동의 여부는 탄핵의 민주적 정당성을 가르는 핵심 기준이다. 이 기준을 충족해야 의회의 대의적 행위가 정당화될 수 있다. 그렇지 않으면 탄핵이란 의회가 싫어하는 대통령을 축출함으로써 선거에 의해 구축된 질서를 전복하는 정치적 수단이 될 뿐이다.

이런 원칙에도 불구하고 실제 상황에서의 판별은 그리 간단하지 않다. 사례마다 여러 요인을 두루 검토해 종합적으로 판단할 수밖에 없다. 대중적 동의 여부가 결정적 기준이긴 하나 추상적이다. 이를 선스타인은 "사회적 합의(social consensus)"라고 표현했다.[18] 대중적 동의 여부는 대중의 사회적 동원, 여론조사, 언론 논조, 국회의원 등 정치 엘리트들의 태도, 시민·사회단체의 반응, 그리고 선거 등을 통해 구체적으로 판별해야 한다.

대의 민주주의에서의 국민 의사

대의제 민주주의에서 모든 정당성과 권위는 국민의 결정에서 나온다. 우리 헌법도 제1조에서 "모든 권력은 국민으로부터 나온다"고 명시하고 있다. 국민 의사가 표출되는 제도적 기제는 선거와 국민투표다. 만약 선거와 국민투표가 불가능하다면 대중여론으로 민의를 가늠해야 한다. 그런데 문제가 있다. 여론의 유동성이다. 일시적 흥분이나 반사적 정서 때문에 헌법적 권한이 잘못 사용될 수 있음을 고려해 마련된 제동장치가 있다. 탄핵 절차를 소추와 심판으로 나누고, 그 결정 주체도 따로 두었다. 탄핵심판 권한을 의회(상원)에 두든 사법부(헌법재판소)에 두든 그 취지는 같다. 법적인 측면에서만 판단하거나 대중의 변덕에 휘둘리지 말고 찬반 의견을 두루 경청하고, 충분히 검토하고, 탄핵 이익과 손실을 객관적으로 비교 계량하는 등의 숙의 과정을 통해 민주적·합리적 결정이 내려지도록 하기 위함이다.

미국의 헌법 입안자들이 고심 끝에 탄핵심판권을 상원에 둔 까닭은 상원의원의 임기가 6년이고, 균등한 지역 대표성을 갖기 때문이었다. 그래야 다수의 압박에서 벗어나 신중한 판단을 내릴 수 있다고 판단했다. 탄핵이 일시적 바람을 덜 타고, 대통령의 영향에서 벗어난 상태에서 심의되게끔 하는 절차는 모든 헌법 설계자의 공통 고민이었다. 다만 그 방법이 약간 다를 뿐이다. 미국의 헌법 입안자들이 탄핵심판 기관으로 상원을 선택했다면, 한국의 헌법 설계자들은 헌법위원회나 헌법재판소를 선택했다.

한국의 두 차례 탄핵에서 헌재도 국민 의사를 신중하게 고려해 결론을 내렸다. 당파적 탄핵은 기각하고, 대중적 탄핵은 인용했다. 헌재가 '중대성'의 기준으로 제시한 헌법 수호의 관점과 국민 신임의 관점도 결국 대중성 확보 여부 판단이다. 다시 말해 헌법 수호의 관점에서 용납할 수 있는지, 국민의 신임을 배반했는지는 법적 판단이 아니라 정치적 판단의 영역이다. 따라서 헌재가 말하는 법 위반의 중대성 여부는 당파적 탄핵이냐, 대중적 탄핵이냐를 따지는 것이다.

만약 헌재가 노무현 탄핵을 인용했다면 어떻게 됐을까. 총선 결과가 말해주는 민의를 무시하고 헌재가 인용 결정을 내렸더라도 법적으로는 아무런 문제가 없었다. 예상컨대 탄핵 후 치러진 대선에서 탄핵 세력이 참패했을 것이다. 헌재가 박근혜 탄핵을 기각했더라면 어땠을까. 그전에, 만약 국회가 부결했다면 또 어땠을까. 연인원 1,700만 명이 모인 촛불집회의 민의를 무시하고 부결하든 기각하든 법적으로 문제는 없었다. 만약 그랬다면 한국 민주주의의 후퇴는 명약관화했다. 개헌을 통해 헌재가 폐지됐을 수도 있다.[19]

한국의 두 탄핵 사례는 한국 민주주의에 대한 모순적 사실을 확인해준다. 하나는 탄핵이란 극단적 조치가 권력투쟁의 수단으로 동원될 정도로 한국의 대통령제 민주주의가 아직 성숙하지 못했다는 사실이다. 의회도, 대통령도 권력을 절제할 줄 아는 분별력, 제도적 자제력을 발휘하지 못했다. 다른 하나는 탄핵이란 헌법적 처방을 통해 대통령제 민주주의의 병폐를 평화적으로 해결할 정도로 한국의 민주주의가 공고화했다는 사실이다. 특히 시민이 나서서 권력 남용을 응징한 점은 한국 민주화의 특징, 즉 운동 주도의 민주화를 계승한 것이었다.

노무현·박근혜 탄핵은 한국 민주주의의 안정성을 보여주는 사례였다. 부당한 탄핵을 막아냈고, 부당한 대통령을 탄핵했다. 한국 민주주의의 소중한 경험이자 자산이다. 최근 미국 정치를 보면 탄핵의 일상화가 두드러진다.[20] 툭하면 탄핵을 거론하고, 틈만 보이면 탄핵으로 위협한다. 민주주의를 지키기 위한 보정 수단으로서의 탄핵이 보복 수단으로 변질하고 있다는 사실은 대단히 위험한 병적 징후다. 한국에서도 탄핵이 일상 언어로 등장했다. '탄핵 열풍'이라고 해도 과언이 아닐 정도로 국회에서 빈번하게 탄핵이 가결되고 있다. 과유불급이란 말처럼 탄핵의 과잉은 민주주의를 지키기보다 위태롭게 만든다. 탄핵은 민주주의를 구원하는 천사가 될 수도 있고, 민주주의를 파괴하는 악마가 될 수도 있다.

대통령 견제 수단으로서 탄핵은 만능도 아니고, 전가의 보도도 아니다. 탄핵제도는 아주 예외적인 비행이나 범죄에만 조심스레 사용할 수 있는 제도적 수단일 뿐이다. 오히려 탄핵 외의 수단들, 예컨대 여론 법정과 선거, 역사의 심판이나 민·형사 재판 또는 공개적 비판과 감시 등과 같은 것들이 고위 공직자의 권한 남용과 비행, 범법 행위를 막거나 억제하는 데 더 유효한 수단이 될 수 있다.[21]

1983~2018년 아르헨티나에서 87개의 탄핵결의안이 제출

됐으나 하나도 성사되지 못했다. 4명의 대통령이 사임하기는 했으나 의회가 나서서 쫓아낸 것이 아니었다. 열악한 경제 상황과 사회적 소요 때문이었다. 1990~2018년 브라질에서 제출된 193개의 탄핵결의안 중 단지 2건만 성공했다. 1992년 콜로르와 2016년 호세프 대통령의 경우다.[22] 이런 사정은 미국도 마찬가지다. 하원에서 가결된 것은 네 차례에 불과했다. 이런 패턴은 의회제의 불신임 제도와 궤를 같이한다. 비교정치를 전공한 윌리엄스Laron Williams의 연구에 따르면 선진 의회제 국가에서 불신임 발의의 5%만이 실제로 성공했다.[23]

이처럼 탄핵권 남용, 탄핵의 일상화가 새로운 정치 현상이 되고 있다. 지금 대한민국에도 닥친 우울한 현실이다. 그런데 탄핵의 일상화는 역효과가 매우 크다. 탄핵의 일상화로 인해 아르헨티나와 브라질의 정치는 양극화되고, 황폐해졌다. 이를 타산지석, 반면교사로 삼아야 한다. 대통령의 권한 남용이 독이듯, 의회의 탄핵권 남용도 독이다. 그럼에도 잊지 말아야 할 사실이 있다. '탄핵의 빌미는 대통령이 제공한다!' 또 '대통령 권력이 제일 세다!' 따라서 대통령이 절제하고 인내해야 한다. 그것이 의회의 탄핵권 남용을 제어하는 가장 강력한 방안이다.

보론 레트로 탄핵

레트로retro 탄핵(?)

조선 시대엔 '탄핵'이 다반사였다. 조광조도 탄핵당했고, 허균도 탄핵당했다. 장영실도 탄핵당했고, 송시열도 탄핵당했다. 어지간한 관료에게 탄핵은 늘 있을 법한 불상사였다. 당연히 그때의 탄핵은 지금과 달랐다. 사헌부, 사간원, 홍문관 등 3사의 대간들이 관리의 기강을 확립하기 위해 부정을 저지르거나 법을 어긴 관원의 죄를 묻는 '언론' 행위를 통해 그 자리에서 물러나게 하는 것이었다. 이 탄핵이 얼마나 광범위하게 허용되었던지 풍문만으로도 탄핵이 허용됐다. 심지어 왕에 대한 탄핵도 있었다. 중종반정(1506)과 인조반정(1663)이 국왕 탄핵이었다.

《조선왕조실록》에서 탄핵을 검색하면 무려 6,463건이 나온다. 조선왕조가 1392년 창업해서 1910년에 막을 내렸으니 518년 지속됐다. 1년에 평균 12.5건의 탄핵이 이뤄진 셈이다. 탄핵이 극성을 부렸던 성종 때에는 재위 25년 동안 탄핵이 무려 3,280회 있었다. 조선왕조 전체 탄핵의 절반이자 연평균 131회였다. 태평성대라고 하는 세종 재위 33년 동안엔 1,208회가 있었다. 연평균 36.6회였다. 이쯤 되면 탄핵의 왕조라 불러도 전혀 어색하지 않다.

"조선의 탄핵제도는 결과적으로 전제군주나 권신의 출현 모두를 막았다. 탄핵을 당하면 파직은 물론 긴 논란과 수모의 시간을 감수해야 했다. 임금도 인사권에 제약받기 일쑤였다. 왕권과 신권 동시 견제라는 탄핵의 효용 덕분에 절대 권력과 부정부패가 발을 붙일 수 없었다. 500년이나 이어진 왕조의 역사가 대간 덕분이라는 학계의 분석도 있다. 물론 탄핵제도가 살아 있는 권력을 견제할 때 태평성대가 지속됐지만 조선 말기 권문세가가 권력을 사유화하면서 망국의 나락으로 빠져들었다."[1] 다른 한편 탄핵이 정쟁 수단으로 빈번하게 쓰이기도 했다. 탄핵이 변질돼 다른 당파의 핵심 인물이나 정적에 대한 정치적 공격 수단으로 남·악용되기도 했다.

이처럼 역사를 보면 탄핵은 익숙한 정치 수단이었다. 조선시대만큼은 아니지만, 제도가 달라지긴 했지만, 다시 탄핵의 시대가 도래한 듯하다. 20대 국회에서 박근혜 대통령에 대한 탄핵이 이뤄진 뒤 21·22대 국회의 극심한 여소야대 구도에서 탄핵은 자주 목격되는 정치 행위가 됐다. 탄핵이 수시로 이뤄지는 현상은 민주주의가 온전하게 작동하고 있음을 말해주는 동시에 민주주의가 위험에 처해 있음을 말해준다. 입법부가 국민을 대신해 민주주의 수호 차원에서 헌법에 정해진 견제권을 발동하는 것이기도 하고, 야대의 국회가 견제권을 과도하게 행사함으로써 민주정의 균형을 위태롭게 하는 것이기도 하다. 딱 갈림길이다. 앞으로 어떻게 될지는 지금부터 어떤 선택을 하느냐에 달려 있다.

일상화된 탄핵

탄핵의 일상화는 미국을 비롯해 여러 나라에서 목격되는 일반적 흐름이기도 하다. 2024년 11월 대선에 출마한 미국 공화당 후보 트럼프는 러닝메이트로 39세의 J.D. 밴스J.D. Vance 상원의원을 깜짝 지명했다. 득표에 도움 되는 인물이 아니었기에 탄핵 대비용 인선이라는 분석이 제기됐다. 대통령에 당선되더라도 1차 재임 때처럼 탄핵이 제기될 것이고, 그러면 이를 막기 위해 상원의장직을 수행하는 부통령의 충성심이 절대적으로 중요하다는 얘기다. "트럼프는 자기가 탄핵당했을 때 공화당 내에서 자기를 싫어하는 의원들이 민주당과 손을 잡고 자기를 배신할 가능성(없지 않다)을 무시하지 않기 때문에 상원의장, 즉 부통령 자리에 절대로 배신하지 않을 충성파를 앉혀야 한다고 믿는다."[2] 부통령 지명에 탄핵 요인이 개입할 정도로 미국 정치에서도 탄핵은 일상이 됐다.

1983~2018년, 아르헨티나에서 87개의 탄핵 결의안이 제출되었으나 하나도 성사되지 못했다. 4명의 대통령이 사퇴하기는 했으나 탄핵이 아니라 열악한 경제 상황과 사회적 소요 때문이었다. 1990~2018년 브라질에서 제출된 193개의 탄핵 결의안 중 단지 2건만 성공했다. 숱한 시도와 드문 성공의 패턴이다. 이런 패턴을 보면 탄핵이 마치 의회제의 불신임 제도처럼 사용되고 있음을 알 수 있다. 윌리엄스에 따르면 의회제의 불신임이 성공하는 비율도 겨우 5%에 불과하다. 탄핵이 이처럼 범용의 정치 테크닉이 된 이유가 뭘까.

하나는 '감시권(oversight authority)'의 발동이다. 탄핵 발의를 통해 대통령의 비행을 폭로하고 그 책임을 추궁하기 위해서다. 의회가 쓸 수 있는 가장 강력한 수단인 탄핵을 발의하면 언론과 국민의 관심을 끌어내기가 수월하다. 국민이 대통령의 잘못에 관심을 두도록 함으로써 그에 대한 지지를 낮추려는 의도 때문이다. 다른 하나는 '대표(representation)'의 차원이다. 대통령이 연루된 스캔들이나 실정으로 인해 국민이 분노하고 있는데도 여당이 막거나 대통령의 비행을 증명하기 쉽지 않을 때 탄핵을 요구한다. 국민의 생각을 대변하는 행위를 통해 국민의 지지를 확보하려는 의도다. 야노스와 페레스-리냔이 최근 연구(2020년)에서 주장하는 내용이다.

탄핵이 남용 또는 애용되는 이유를 이렇게 보면 그 정황이 충분히 이해된다. 그렇다. 탄핵은 견제를 통한 균형 회복의 효과적인 수단임은 틀림없다. 그럼에도 우려가 가시지 않는다. 잘못을 바로잡는 수단이긴 하지만 거대한 탄핵 효과로 인해 의도치 않게 민주주의에 해악을 미칠 수도 있기 때문이다. 대통령 축출 외의 부수적 효과, 즉 탄핵당하는 정당과 세력은 탄핵 후 곧바로 실시되는 대선에서의 유불리와 성패, 사회적 낙인, 형사처벌 등에서 막대한 피해를 본다. 이로 인해 정치적 양극화, 정치 보복의 악순환, 혐오 민주주의로 이어질 수 있다. 지금 우리가 겪고 있는 정치 병폐들이다.

심리적 탄핵 상태(?)

2024년 11월 윤석열 대통령에 대한 탄핵 논의가 무성하다. '심리적 탄핵 상태'라는 제목의 언론 기사가 등장하고, 국회에선 탄핵 추진 국회의원 모임(윤석열탄핵연대의원모임)까지 생겼다. 조국혁신당이나 진보당 등은 아예 탄핵을 당론으로 정했다. 상황만 놓고 보면 탄핵으로 가는 문이 활짝 열린 듯하다. 대통령의 역대급 독선, 영부인과 채 상병 사건을 둘러싼 사법 리스크, 대형 스캔들로 비화할 수도 있는 이른바 '명태균 게이트'의 등장, 20%대에 갇혀 있는 대통령의 낮은 인기, 300석 중 192석을 차지한 야권의 높은 의석 점유율, 특검과 탄핵 청문회에 대한 여야 간의 날 선 대치, 민주당 이재명 대표에 대한 검찰 수사와 법원 재판 등등. 탄핵 정치가 등장하기 딱 좋은 토양이다.

탄핵은 대통령의 '헌법과 법률 위반' 행위가 있어야 하고, 이를 계기로 의회가 탄핵을 추진하기로 결심해야 가능하다. 탄핵 절차가 시작되려면 이 두 가지가 필수다. 위법행위가 없거나 의회 행동이 없으면 애당초 불가능하다. 이 책을 쓰는 현재 헌법에 정한 탄핵 사유가 아직 딱 부러지게 확인되진 않고 있다. 각종 의혹이 난무하고, 일부가 사실로 확인되는 중이지만 증거를 통해 명쾌하게 증명된 상태는 아니다. 특히 두 번의 앞선 탄핵심판에서 헌재가 제시한 기준을 충족하기엔 매우 부족하다. 검사 탄핵에 대한 결정을 보면 헌재의 보수화도 확연하다. 국회 의석 분포를 보면 야권이 192석을 차지하고 있어 절대 우위이긴 하지만 탄핵소추의 가결정족수인 200명에는 못 미친다. 108석의 여당 대오가 흔들리지 않고 있어 현재로선 야당이 아무리 열망해도 탄핵은 기대난망이다. 여당 내에 다양한 의견이 있을 수 있지만 '전부 아니면 전무'의 정치 게임에서 필패로 이어지는 탄핵을 거부하는 데에는 이견이 없는 듯하다.

두 조건이 충족되지 않는 이상 탄핵 위협은 담론 공세일 뿐이다. 그럼에도 탄핵 정치는 이미 시작됐다. 영문을 모르겠으나 탄핵 대상인 대통령이 되레 탄핵 명분을 축적하고, 여론을 그쪽으로 몰아가는 중이다. 어쩌면 노무현 대통령이 그랬듯이 탄핵을 유도해 그 역풍으로 다음 대선을 치르려는 계산일 수도 있다는 의심마저 든다. 22대 총선 결과를 보면 노무현 모델을 벤치마킹하는 전략은 성공하기 어려워 보인다. 우선 총선을 통해 국민이 던진 경고를 대통령이 깡그리 무시하고 있다. 경제가 매우 안 좋고, 긴축재정으로 사회경제적 약자들을 더 힘들게 하고 있다. 넘지 않아야 할 선을 대놓고 넘어서는 경우가 허다하다. 대통령을 겨냥한 각종 의혹들의 정치적 무게가 매우 무겁다. 여론조사상의 지지율 수치가 낮아도 너무 낮지만, 그 내용과 추이가 더 악성이다. 특히 영부인 리스크는 아킬레스건이다.

시사IN이 2007년부터 매년 주요 국가기관에 대한 신뢰도를 조사해왔는데, 2024년 8월 조사에서 사상 처음으로 대통령실이 국회에 뒤지는 점수를 받았다. 10점 만점에 대통령실은 2.75점을, 국회는 3.38점을 받았다. 윤석열 대통령이 "지금의 국회 상황은 제가 살아오면서 처음 경험하는 상황"이라며 국회를 비판했으나 여론은 이를 거부하고 있다는 얘기다. 갈등의 중심에 국회가 아니라 대통령이 있다는 인식 프레임은 향후 탄핵 정치에 중요한 요인으로 작용할 것이다.

탄핵의 성공 요건은 세 가지다. 첫째, 중대성이다. 헌법재판소의 판결문에 잘 나와 있듯이, 헌법과 법률을 위반한 정도가 중대해야 한다. 국민의 신임을 배신했다고 할 수 있을 정도의 중대성이 있어야 한다. 또 국민이 중대한 위반으로 보고 있다는 객관적 지표가 있어야 한다. 그 지표로는 여론조사 수치, 시민의 직접행동(사회적 저항이나 운동), 선거 결과 등이 있다. 143만의 국회 탄핵 청원은 중대성을 보여줄 만한 지표가 아니다.

둘째, 초당성이다. 한 정당의 의석이 아무리 많다고 하더라도 힘의 우위를 믿고 밀어붙이는 탄핵은 당파적이란 비판을 피하기 어렵다. 여러 정당이 두루 참여해야 하고, 특히 대통령이 속한 정당의 의원 중 일부가 이탈해 탄핵에 동의해야 한다. 초당성은 정치 엘리트 수준에서 그치지 않고 유권자 수준에서도 이뤄져야 한다. 당파를 초월하는 탄핵 연합이 폭넓게 꾸려질 때 탄핵은 성공한다. 지난 박근혜 탄핵 후 새누리당은 궤멸적 타격을 입고 정권을 넘겨줬다. 주요 인사들이 줄줄이 구속됐다. 당이 쪼개졌고 주류 정당의 위상을 잃었다. 탄핵 정당이란 멍에도 뒤집어썼다. 순순히 또 당할까. 탄핵의 후폭풍이 대선과 향후 정치 판도에 끼칠 파괴적 영향을 고려하면 국민의힘으로선 극한까지 버티는 게 합리적인 선택이다. 게다가 국민의힘 의원 중 65.6%가 박근혜 탄핵에도 변함없는 지지를 보여준 영남 지역 출신이라는 점도 고려해야 한다.

셋째, 대중성이다. 민주주의는 결국 주권자인 국민이 결정하는 거버넌스다. 국민의 초다수가 대통령을 그 자리에 두는 '현상(status quo)'이 부적절하다는 판단을 내렸을 때 탄핵은 정당성을 얻는다. 특정 성향, 특정 정당 지지를 넘어서는 광범위한 대중적 동의가 확보되지 않은 탄핵은 실패한다. 노무현 탄핵과 박근혜 탄핵의 성패도 여기서 갈렸다. 대중의 분노를 자극해야 광범위한 국민적 동의, 이른바 탄핵 합의가 형성될 수 있다. 지금은 그 분노를 자극할 스캔들이 없다고 할 수도 없고, 있다고 할 수도 없는 묘한 상황이다. 임성근 전 사단장 구명 로비가 스캔들로 비화할 조짐을 보이고 있긴 하다. 그런데 아직 '스모킹 건'이 나오지 않아 탄핵 방아쇠를 당길 트리거라고 단정하기 어렵다. 만약 윤석열 대통령과 김건희 여사가 이 로비의 몸통이라는 사실이 드러나면 게임 체인저가 될 것이다.

지금 시점에서 탄핵은 시기상조다. 중대한 위반이 눈에 띄지 않고 초당성도 안 보인다. 여당의 균열 조짐도 없다. 국민의힘의 108석은 굳건한 의회방패다. 대중성도 아직 없다. 이른바 '반윤 정서'는 크고 강하지만 이 정서가 탄핵 합의로 진화한 것으로 보이진 않는다. 윤석열 거부 정서가 탄핵 찬성으로 나아갈지는 일차적으로 윤 대통령에게 달려 있다. 대통령 하기 나름이다. '탄핵을 할 테면 해라'라는 식의, 어떻게 되든 '내가 하고 싶은 대로 하겠다'는 태도는 탄핵에 기름을 붓는 것이다. 대통령이 이래선 안 된다. 탄핵을 의식해 대통령이 조심하고 절제하도록 만드는 효과, 이 또한 탄핵제도의 취지 중 하나다. 요컨대 탄핵을 무시하면 탄핵당한다.

트럼프 탄핵을 둘러싼 갈등 상황에서 미국의 나탄 박Nathan Park 변호사가 2017년 7월 2일자 《워싱턴포스트》 기고를 통해 탄핵을 성공시키려면 한국으로부터 배워야 한다고 조언했다. 박근혜 탄핵에 대해 민주적 질서를 유지하는 가운데 현직 대통령을 물러나게 한 "마스터 클래스master class"라며, 그 성공의 교훈으로 신중함을 들었다. 더불어민주당은 "신중하게 움직였다(moved diliberately)". 탄핵에 이르는 과정에서 한국의 진보 세력은 히스테리나 급진주의를 표출하지 않았다. 정당 지도자들이나 시민사회의 활동가들 모두 폭력 등 과격한 행동을 선동하는 대신 그들이야말로 혼란을 수습하고 질서를 회복할 수 있는 세력이라는 믿음을 얻는 데 주력했다. 그럼으로써 자신들이 주류이고, 보수는 변방의 비주류로 포지셔닝되는 구도를 만들어낼 수 있었다.

"(혼란을 두려워하는) 많은 유권자를 설득하기 위해서 탄핵을 추진하는 사람들은 더 많은 대중에게 그들이 정부를 안정시키고 상식을 되찾게 할 것이란 믿음을 줘야 한다. 이것이 바로 한국의 진보 세력이 해낸 일이다." 탄핵을 성급하게 밀어붙이면 실패하기 쉽다. 노무현 탄핵이 실패한 원인이기도 하다. 국민이 제 손으로 뽑은 대통령을 그 직에서 물러나게 하려면 국민이 이해할 수 있게끔 충분히 설명하고, 설득하고, OK 사인을 줄 때까지 기다려야 한다. 신중함이 탄핵 정치의 요체다. 서두르면 망치고, 무리하면 망한다.

더 많은 국민을 탄핵으로 움직이도록 하기 위해서는 언론의 입장도 중요하다. 레거시 미디어든 소셜 미디어든, 보수든 진보든 언론이 가리지 않고 탄핵을 요구해야 분위기가 조성된다. 보수 언론이 가진 박근혜 탄핵의 트라우마를 고려하면 그들은 쉽사리 탄핵에 동조하지 않을 전망이다. 노무현·박근혜 탄핵 때도 그들은 탄핵을 주저했다. 보수 언론이 탄핵에 동조하는 조짐은 아직 없다. 진보 언론만으로는 대세를 형성하기 어렵다. 진보와 보수라는 정파적 구분을 넘어 옳고 그름의 차원으로 전환되어야만 탄핵은 실행 가능한 옵션이 된다.

선의가 때론 나쁜 결과를 낳는다. 그렇다면 탄핵은 어떨까. 탄핵은 민주주의를 바로잡기 위한 교정 장치로 고안되었지만 탄핵 역사를 보면 반대 세력의 정치적 무기로 활용된 사례가 부지기수다. 따라서 민주주의의 관점에서 보면 마땅히 탄핵의 오남용은 제어되어야 한다. 다시 말해 걸핏하면 탄핵이 거론되고 시도 때도 없이 탄핵을 시도한다면 온전한 민주주의 국가라고 말하기 어렵다. 탄핵 오남용은 민주주의의 질을 떨어뜨릴 뿐만 아니라 아예 민주주의 자체를 파괴한다.

탄핵 때문에 정치적 양극화가 촉진될 수 있다. 우리 정치사를 보면 정치적 양극화의 중대 계기 중 하나가 대통령 탄핵이었다. 노무현 탄핵은 역풍을 맞아 보수정당이 사상 처음으로 총선에서 패배하는 결과를 초래했다. 다수당 지위를 잃었다. 탄핵과 총선을 거치면서 국민의힘 계열 정당과 민주당 계열 정당 간의 정서적 적대감, 감정적 대치가 깊어졌다. 이는 노무현 전 대통령의 사망으로 더욱 심화했다. 박근혜 대통령 탄핵 탓에 국민의힘 계열 정당으로선 깊은 좌절과 분노의 감정을 가지는 게 당연했다. 탄핵에 그치지 않고 박 대통령에 대한 사법 처리, 그 주변 인사들의 대거 투옥으로 원한의 강도가 더 세졌다.

결국 탄핵으로 인한 정치적 양극화는 우리 정치를 열화(degradation)의 길로 밀어 넣었다. 이런 점을 깊이 유념해야 한다. 탄핵으로 대통령을 쫓아낼 수 있다. 탄핵을 무기로 대통령을 정신 차리게 할 수도 있다. 그런데 탄핵이 민주주의를 회복하기 위한 보정 수단으로 작용하지 않고 민주주의를 해치는 퇴행 요인으로 작용하게 해서는 안 된다. 탄핵을 통한 보정 외의 정치적 이익을 도모하려고 하면 권력을 얻을지는 몰라도 체제를 잃을 수도 있다. 거듭 강조하건대, 탄핵은 잘 쓰면 약 못 쓰면 독이다.

주

들어가며

1 한규섭, 2024.

2 유시민, 2024.

1장 탄핵이란 무엇인가

1 한자어 彈劾은 바로잡다는 뜻의 '탄'과 고발하다는 뜻의 '핵'을 합친 말이다. 바로잡기 위해 고발한다는 뜻이다. 조선 시대에는 신하의 잘못을 따져 왕에게 알리는 것을 '탄핵'이라 불렀다. 영어 impeachment는 구속하다, 방해하다는 뜻의 옛 프랑스어 empêchier에서 유래되었다고 한다.

2 린츠, 1994, 44쪽.

3 의회가 대통령의 정신이 이상하다고 선포함에 따라 축출된 예는 에콰도르의 부카람이다. 그는 취임 후 평균 2주에 한 번꼴로 언론의 스캔들 폭로에 시달렸고, 경제정책을 규탄하는 대규모 시위 때문에 축출됐다. 파라과이의 쿠바스는 탄핵에 직면하자 사임을 선택했다. 부통령 후보였던 그는 자신의

보스가 군사재판에 의해 출마가 봉쇄되자 대신 나섰다. 취임 후 의리를 좇아 자신의 보스를 석방하자 대법원이 위헌이라고 판결했다. 대치가 이어지던 중 현직 부통령이 총격으로 사망하는 사건까지 발생했다. 결국 탄핵이 추진됐다.

4 Kim, 2014.

5 2019년 1월 16일 영국 하원에서 테리사 메이Theresa May 내각 불신임안 투표가 진행된 것을 예로 들 수 있다. 전날 테리사 메이 내각이 제출한 브렉시트 합의안이 기록적인 패배를 당하면서, 다음 날 영국 의회에서는 총리에 대한 불신임안 투표가 실시됐다. 이 불신임 투표는 찬성 306표, 반대 325표로 부결됐다. 브렉시트 합의안에 반대했던 보수당 내 강경론자와 민주연합당(DUP)은 메이 총리가 정권을 유지하는 데에는 손을 들어줬다.

6 불능 선포는 의회가 대통령의 육체적·정신적 장애를 이유로 대통령직을 수행할 수 없다고 선포하는 것이다. 원래 이 제도는 대통령이 생물학적으로 살아 있기는 하나 장애로 인해 그 직무를 수행할 수 없을 때 교체하기 위한 목적으로 고안됐다. 여기서 '불능(incapacity)'이라는 단어가 대통령이 위기에 처했을 때의 의미를 왜곡 또는 확장했다. 멀쩡한 대통령을 축출하려는 방편으로 사용된 것이다. 불능에는 정신적 불능(mental incapacity, 1997년 에콰도르의 부카람)과 도덕적 불능(moral incapacity, 2000년 페루의 후지모리)이 있다. 참고로 후지모리의 경우 본인이 먼저 해외로 도망간 뒤에 사직서를 제출했으나 의회는 이를 수용하지 않고 불능 선포로 그를 대통령직에서 쫓아냈다. 비슷한 방법으로 의회가 표결을 통해 대통령이 그 직을 '포기(desertion, 1993년 베네수엘라의 페레스, 2000년 에콰도르의 마후아드)'한 것으로 선포함으로써 축출할 수도 있다.

7 국민소환은 국민이 직접 대통령을 소환하는 투표를 청원할 수 있게 하는 제도다. 한국에 있는 주민소환제의 확장판이라 볼 수 있다. 국민소환은 많이 사용되지는 않지만 중남미 국가의 헌법에 대부분 들어 있다. 2004년 베네수엘라에서 실제 사례가 있었다. 대통령에 대한 국민소환을 헌법에 적시한 나라는 콜롬비아(1991)와 베네수엘라(1999)다. 소환은 미국의 여러 주

에서 채택하고 있으며, 유럽의 의회제 국가에서도 의원들을 소환한 경우가 더러 있었다(Marseintredet & Berntzen, 2008).

8 미국 헌법에도 대통령의 직무 불능 관련 조항이 있다. 바로 수정헌법 제25조다. 제25조 4절에 "부통령 또는 행정 각부의 장관 또는 연방의회가 법률에 따라 설치한 기타 기관의 장들 대다수가 상원의 임시의장과 하원의장에게, 대통령이 그 직무 권한과 임무를 수행할 수 없다는 것을 기재한 서한을 송부할 경우에는 부통령이 즉시 대통령 권한대행으로서 대통령직의 권한과 임무를 맡는다"라고 되어 있으며 1967년에 제정됐다. 미국의 조항은 의회가 일방적으로 선포하는 중남미의 조항과는 내용상 차이가 크다.

9 Baumgartner, 2003, p3.

10 Gerhardt, 2019, p.112.

11 헌법재판소, 2001, 36~37쪽.

12 유진오, 1952, 168쪽.

13 헌법재판소, 2004.

14 문홍주, 1971, 7쪽.

15 김하열, 2005, 91쪽.

16 내무부 장관과 전쟁부 장관을 역임한 바 있는 헨리 던다스라는 정치인이 작위를 받아 멜빌경이 되었는데, 해군부 장관 시절 공금의 부적절한 사용으로 탄핵되었다.

17 문홍주, 1971.

18 라틴어 'Curia Regis'는 영어로는 Royal Council, King's Court를 뜻한다. 우리말로는 왕실고문협의회 또는 국왕재판소나 왕립법원으로 번역할 수 있다. 왕회는 1066년 노르만 정복 이후 이른바 '현인회의'를 대신해 등장했다. 왕족, 수도원장, 주장관, 궁내관 등으로 구성되었다. 입법을 비롯해 일부 행정과 사법 기능도 담당했다. 왕회는 대의회, 소의회로 나뉘었다. 전자에서 의회, 후자에서 추밀원과 재판소 등이 파생돼 나왔다.

19 국회도서관 입법조사국, 1966. 헌법재판소, 2001. 정종섭, 2006.

20 장인석, 1991. 김하열, 2005.

21 1776년 버지니아주와 사우스캐롤라이나주, 1780년 메사추세츠주가 주헌법에 탄핵제도를 도입했다.

22 문홍주, 1971, 10쪽.

23 토크빌도 "아메리카에서 법률을 만드는 당국은 거의 절대적인 권한을 행사한다. 입법부는 아주 신속하게, 그리고 아무런 저항도 받지 않고 원하는 것을 하나하나 성취할 수"(2018, p.423) 있다고 의회의 독재적 측면을 간파했다. 오늘날의 '제왕적' 대통령과 달리 헌법 제정 당시에는 '강한 의회-약한 대통령'의 구도가 입안자들의 뜻이었다.

24 최형익, 2013. Tribe & Matz, 2018. 헌법 입안자들은 초대 대통령 워싱턴을 제외하면 누구도 과반수 득표를 하기 어렵다고 봤다. 대표적으로 조지 메이슨George Mason은 20번 중 19번은 과반 득표자가 나오지 않으리라고 전망했다. 이런 전망은 정당의 출현으로 그야말로 전망으로 끝났다. 참고로 미국에서 하원은 건국 후 124년 동안 유일하게 직접선거로 선출되는 기구였다. 상원의원 직선제는 1913년 수정헌법 17조에 의해 도입됐다.

25 이 '불능' 우려는 1967년에 이르러 수정헌법 25조에 명문 규정으로 반영됐다.

26 입안자들은 논의 과정에서 '실정'을 '중대 범죄와 비행'으로 대체했기 때문에 처음부터 일반적 무능, 잘못된 정책, 현명치 못한 인사 결정 등은 탄핵 사유에서 제외했다.

27 2024년까지 미국의 하원에서 탄핵 표결은 22차례 있었다. 15번은 연방판사, 네 번은 현직 대통령, 두 번은 행정부 공직자, 한 번은 상원의원이었다. 미국 헌법에 그 사유는 '반역죄, 뇌물죄, 기타 중대 범죄와 비행'이라고 되어 있다. 22번의 사례를 그 이유로 나눠보면 반역은 한 번도 없었고, 뇌물은 세 번이었다. 나머지는 중대 범죄와 비행에 해당했다.

28 2019년 12월 18일 하원에서 표결이 이뤄졌는데, 전체 435명 중 431명이 참여했다. 민주당 233명, 공화당 197명, 무소속 1명이었다. 직권남용 혐의에 대한 찬성은 230표, 의회 방해 혐의는 229표였다. 2020년 2월 5일의 상원 표결에서 권력 남용 혐의와 의회 방해 혐의는 각각 52 대 48, 53 대 47로 부결됐다.

29 2021년 1월 13일 하원에서 표결(232 대 197)로 가결됐다. 민주당 소속 222명 전원이 찬성표를 던졌고, 공화당 소속 211명 중 10명이 찬성표를 던졌다. 반대는 197표, 기권은 4표였다. 2월 13일 상원에서 57 대 43으로 부결됐다.

30 김선화, 2019.

31 탄핵소추안이 본회의에 보고된 후 표결 직전, 탄핵소추안 발의 직전 사퇴한 경우도 있다. 앞의 사례는 이동관이고, 후는 김홍일이다. 둘 다 방송통신위원장으로 재직 중이었다. 본회의에서 탄핵안이 발의되고, 법사위로 회부된 경우도 있다. 강백신·김영철·박상용·엄희준 검사에 대한 탄핵소추안이 2024년 7월 현재 법사위에서 심의 중이다.

32 의결 당시 의원 재적 275명, 총투표 247표 중 찬성 95표, 반대 146표, 기권 5표, 무효 1표.

33 의결 당시 의원 재적 275명, 총투표 264표 중 찬성 120표, 반대 143표, 기권 1표.

34 의결 당시 의원 재적 299명, 총투표 249표 중 찬성 88표, 반대 158표, 기권 1표, 무효 2표.

35 의결 당시 의원 재적 298명, 총투표 291표 중 찬성 145표, 반대 140표, 기권 2표, 무효 4표.

36 의결 당시 의원 재적 271명, 총투표 195표 중 찬성 193표, 반대 2표.

37 의결 당시 의원 재적 300명, 총투표 299표 중 찬성 234표, 반대 56표, 기권 2표, 무효 7표.

38 의결 당시 의원 재적 300명, 총투표 288표 중 찬성 179표, 반대 102표, 기권 2표, 무효 4표. 2021년 10월 28일 헌재는 임성근이 현직이 아니라는 이유로 각하했다. 임성근은 탄핵소추 의결 직후인 2월 28일 사직했다.

39 의결 당시 재적 299명, 총투표 293표, 찬성 179표, 반대 109표, 무표 5표.

40 의결 당시 재적 298명, 총투표 287표, 찬성 180표, 반대 105표, 무효 2표. 2024년 5월 30일 헌재는 검사 안동완에 대한 탄핵소추안을 5 대 4로 기각했다.

41 의결 당시 재적 298명, 총투표 180표, 찬성 175표, 반대 2표, 기권 1표, 무효 2표(손준성), 찬성 174표, 반대 3표, 기권 1표, 무효 2표(이정섭). 2024년 8월 29일 헌재는 검사 이정섭에 대한 탄핵소추안을 만장일치로 기각했다.

42 의결 당시 재적 300명, 총투표 188표, 찬성 186표, 반대 1표, 무효 1표.

43 김하열의 분류다. 김하열은 1993년 3월부터 2008년 2월까지 헌법재판소 헌법연구관으로 근무하였고, 현재 고려대학교 법학전문대학원 교수로 재직하고 있다. 그의 박사학위 논문 주제가 〈탄핵심판에 관한 연구〉였다.

44 Chemerinsky, 2002. 정영화, 2005, 77쪽에서 재인용.

45 프랑스의 정치학자 페레스-리냔이 대표적이다. 아니발 페레스-리냔은 프랑스 노터데임대학교의 정치학 교수다. 그의 연구는 민주화와 정치제도, 그리고 새로운 민주주의의 법치주의에 초점을 맞추고 있다. 《중남미의 대통령 탄핵과 새로운 정치 불안정》, 《중남미의 민주주의와 독재정권: 비상, 생존 및 추락》 등의 저서가 있다.

46 1/2 이상을 요구하는 경우를 말하는데, 3/5, 2/3, 3/4 등이 있다.

47 최장집은 사법부가 정치적 행위자로 등장한 것에 대해 심각한 우려를 표명한다. "법원에 의한 정치적 결정은 사회의 핵심적 갈등 이슈를 정치의 영역에서 배제함으로써 정치를 내부로부터 약화시키는 효과를 갖는다."(최장집, 1995, 43쪽) 정치가 행정부 대 입법부 또는 여야 대립을 통해 교착상태에 빠지고, 그럼으로써 "경쟁적 여론 동원과 사법 권력의 개입을 동반한 이 과정은 정치를 정치권 밖으로 끌어내는 직접적 효과를 만들어냈고, 정치에 대한 부정적 인식이 팽배와 더불어 정치의 다운사이징 내지 탈정치화를 초래하였다."(최장집, 1995, 64쪽)

48 미국 헌법 8절(연방의회 권한) 11항에 전쟁 선포 권한은 의회의 권한으로 정해져 있다.

49 헌법재판소, 2001, 45~46쪽.

50 해밀턴, 2019, 491쪽.

51 Gerhardt, 2019.

52 Baumgartner & Kada, 2003, p.5.

53 Posner, 1999, p.98.

54 양건, 2002, 285~288쪽.

55 Perkins, 2003, pp.21~22.

56 불신임 결의안은 이때가 처음이자 마지막이었다. 클린턴 시절 이 사례에 빗대어 탄핵 대신 불신임 결의안으로 대신하자는 논의가 있었으나 성사되진 않았다. 불신임 제도는 미국 헌법에 없으며, 따라서 의회제의 불신임과 달리 법적 효과가 없는 정치적 선언에 불과하다.

57 단점정부란 한 정당이 행정부와 입법부를 동시에 장악하는 경우이고, 분점정부는 두 정당이 행정부와 입법부를 각기 장악하는 경우를 말한다. 대통령과 의회 다수당이 같은 당인지 여부에 따라 구분된다.

58 휘그란 명칭은 영국의 정당명에서 따온 것이다. 휘그당은 1834년에 결성됐다. 당시 대통령이던 앤드루 잭슨에 반대하는 세력들이 '반잭슨'의 기치 아래 모여서 만든 정당이다. 윌리엄 해리슨과 재커리 테일러라는 두 대통령을 배출했으나, 두 대통령 모두 재임 중에 사망했다. 휘그당은 당내 분파 갈등으로 내홍으로 겪다 남부 휘그당원들은 민주당으로, 북부 휘그당원들은 공화당에 합류함으로써 1854년 마침내 정당으로서의 역할을 사실상 마감했다.

59 휘그당은 타일러 대통령이 연방은행 부활 법안에 대해 거부권을 행사하자 그를 당에서 축출했다.

60 Perkins, 2003, pp.30~31.

61 "합중국에서 출생하거나 귀화하고, 합중국 관할권에 속하는 모든 사람은 합중국 및 자신이 거주하는 주의 시민이다. 모든 주는 합중국 시민의 특권과 면책권을 박탈하는 법률을 제정하거나 시행할 수 없다. 모든 주는 정당한 법 절차에 의하지 않고서는 어떤 사람으로부터도 생명, 자유, 또는 재산을 박탈할 수 없으며, 그 관할권 내에 있는 어떤 사람에 대해서도 법률에 따른 동등한 보호를 거부하지 못한다."(제1절) 흑인의 동등권 권리를 보장하는 내용이다.

62 "부통령직이 궐위되었을 때에는 대통령이 부통령을 지명하고, 지명된 부통

령은 연방의회 양원의 다수결에 의한 인준에 따라 취임한다."(제2절)

63 통상 부통령이 상원의장을 맡는데, 부통령이 없으면 임시의장이 대행한다.

64 헌법재판소, 2001, 37쪽.

65 토크빌, 2018, 185쪽.

66 김병호, 2023, 117쪽.

67 Baumgartner, 2003, pp.7~13.

68 Sustein, 1999, p.700.

69 McGeever, 1974.

70 Kim, 2014.

71 Hinojosa & Pérez-Liñán, 2003, pp.65~79.

72 Kada, 2003, p.144.

73 Kada, 2003, pp.144~150.

74 Pérez-Liñán, 2018.

75 Fukuyama et al., 2005. Hinojosa & Pérez-Liñán, 2006. Pérez-Liñán, 2007. Kim, 2014.

76 Kada, 2003, pp.148~149.

77 Kada, 2003. Hinojosa & Pérez-Liñán, 2006.

78 Pérez-Liñán, 2007, pp.146~156.

79 콜로르, 페레스, 쿠바스가 고립을, 부카람이 대결을, 삼페르와 마치Gonzalez Macchi가 협상을 채택했다.

80 Llanos & Marsteintredet, 2010, p.219.

81 Hochstetler, 2011, pp.132~133.

82 Pérez-Liñán, 2003, p.110.

83 Hinojosa & Pérez-Liñán, 2006, pp.662~666.

84 삼페르는 하원의 54%, 상원의 55% 의석을 확보하고 있었다.

85 하원에서는 공화당 의석이 44%에 불과해 닉슨이 탄핵소추를 막기엔 역부족이었다. 그러나 상원에서는 42%를 차지해 탄핵 저지선(34%)을 상회하는 의석을 확보하고 있었다. 하원에서 공화당 의원들이 탄핵 찬성으로 돌

아서는 등 이탈이 확인되자 닉슨은 더 이상 탄핵을 막을 수 없다고 판단해 사임했다.

86 미디어 스캔들이 없었던 대통령 26명 중 8명(31%)이 도전에 직면했고, 그중 3명만이 축출됐다. 부패 혐의를 받았던 14명의 대통령 중 6명(43%)이 임기를 마쳤다.

87 31명의 소수파 대통령 중에서도 14명(45%)이 도전받았고, 8명(26%)이 축출됐다. 다수파 대통령 9명 중에 오직 2명(22%)만이 도전받았고, 그중 1명(11%)이 몰락했다.

88 Hochstetler, 2006, pp.402~404.

89 단어의 뜻을 그대로 풀면 '제도 대 거리'가 되어야 하나 의미를 살려 '의회 대 광장'으로 옮긴다. '제도'는 의회를 말하고, '거리'는 대중이 집회를 하거나 시위를 하는 곳을 상징하므로 광장으로 옮기는 것이 더 적절해 보이기 때문이다.

90 Hochstetler, 2006,, pp.409~410.

91 Hochstetler, 2006. Pérez-Liñán, 2007. Kim, 2014. Marsteintredet, 2014.

92 Hochstetler, 2006, p.410.

93 Hochstetler & Edwards, 2009, pp.52~53.

94 Llanos & Marsteintredet, 2010.

95 Llanos & Marsteintredet, 2010, pp.213~216.

96 ibid, pp.219~223.

97 Nolte, 2010.

98 Martinez, 2017, pp.49~51.

99 Gerring et al., 2005.

100 Martinez, 2017, p.50.

101 Zamosc, 2012, pp.190~195.

102 사회적 책임성은 언론이나 사회운동 등 시민사회의 다양한 조직들이 수행하는 정치·사회적 비판 및 감시·감독 기능을 말한다.(현재호, 2017) 현재호는 2016년의 촛불집회가 수평적 책임성이 작동하지 않는 가운데 사회적

책임성이 작동한 전형적인 사례로 꼽는다. 사회적 책임성의 개념에 대해서는 스물로비츠 외(Smulovitz et al. 2000)를 참조.

103 Zamosc, 2012, pp.262~265.

104 Pérez-Liñán & Polga-Hecimovich, 2017.

105 Pérez-Liñán, 2007, p.206.

106 Pérez-Liñán, 2007, pp.142~143.

107 파라과이의 루고 대통령은 2008년 진보 성향의 독자 후보로서 보수정당인 자유당의 지원을 받아 당선됐다. 그의 당선으로 콜로라도당의 60년 집권이 끝났다. 2012년 4년 차까지 지지율도 나쁘지 않았다. 그 해 6월 농지 무단 점유자들과 경찰 간에 폭력적 충돌이 일어났고, 이로 인해 17명이 사망했다. 대통령은 즉각 경찰청장과 내무장관을 경질했다. 이런 신속한 대응 덕분에 대통령의 사임을 요구하는 사회운동이 거리에서 일어나지 않았다. 그런데도 의회는 사망 사건 후 1주일도 되지 않은 시점에 그를 탄핵했다. 정당 간, 분파 간 이해타산 때문이었다. 대통령이 콜로라도당 출신을 내무장관으로 임명했는데, 이게 화근이었다. 그를 지지했던 자유당은 다음 선거에서 자기당 후보를 지원하기로 한 약속을 대통령이 뒤집은 것으로 받아들였고, 콜로라도당의 유력 대선 후보는 당내 반대파를 강화하는 인사 조치로 받아들였다. 탄핵안은 하원에서 76 대 1, 상원에서 39 대 4로 통과됐다.

108 Carey, 2005. Marsteintredet & Berntzen, 2008.

109 Pérez-Liñán, 2014.

110 Hochstetler & Edwards, 2009, p.46.

111 Pérez-Liñán, 2018, pp.2~3. 페레스-리냔은 이들 사례에서 발견되는 다른 공통점도 제시했다. 첫째, 거의 모든 사례에서 대통령 퇴진을 요구하는 대규모 사회적 동원이 있었다. 둘째, 대통령이 의회방패를 잃었다. 소수파라서 처음부터 의회방패가 없었거나 당내 분파주의나 집권 연합의 붕괴 등으로 방패를 잃어버린 경우도 있었다.

112 Kim, 2014, pp.527~528.

113 Kim, 2014.

114 Llanos & Marsteintredet, 2010, p.217.

115 의회에서의 낮은 당파적 지지는 모든 연구자가 지적하는 탄핵 요인이다(Baumgartner & Kada, 2003. Hochstetler, 2006. Pérez-Liñán, 2007. Kim & Bahry, 2008. Llanos & Marsteintredet, 2010. Marsteintredet et al., 2013. Martínez, 2017. Pérez-Liñán and Polga-Hecimovich, 2017). 낮은 당파적 지지의 원인에 대해서는 정당 체제의 분절화를 말하는 연구(Kim & Bahry, 2008. Alvarez & Marsteintredet, 2010), 집권 연합의 붕괴를 말하는 연구(Mejia Acosta & Polga-Hecimovich, 2011), 대통령의 부족한 리더십을 말하는 연구(Llanos & Margheritis, 2006. Pérez-Liñán, 2007) 등이 있다.

116 Llanos & Marsteintredet, 2010, p.226.

117 Figueiredo, 2010.

118 Hochstetler, 2011.

119 Hochstetler, 2006.

120 Llanos & Pérez-Liñán, 2020, p.3.

121 Linz, 1994.

122 이노호사와 페레스-리냔, 2006.

123 최장집, 2002.

124 강우진, 2017, 50쪽.

125 엄밀하게 말하면 마르티네스가 언급한 민주적 자산은 이 책에서 쓰는 의미와 좀 다르다. 민주적 자산이 부족하면, 다시 말해 민주주의가 공고화되지 못하면 대통령이나 국회의원 등 정치 행위자들이 단기 이익을 추구하기 위해 시스템·관행·약속 등을 인위적으로 바꾸거나 법을 위반하는 유혹에 쉽게 굴복하기 때문이다. 선거에 의한 결과나 법·제도에 대한 존중 없이 정치적 유불리에 따라 편의적으로 움직이기 때문에 대통령 탄핵 시도가 발생하기 쉽다는 의미다. 이 책에서는 이 개념을 차용하되, 그 의미는 더 넓게 확장했다. 다시 말해 대통령이나 국회의원 등 제도적 정치 행위자들뿐만 아니라 대중의 판단에 영향을 미치고 있는 민주주의에 대한 역사적 경험과 그것에 의해 형성된 정치적 가치·규념까지 포괄하는 개념으로 사용한다.

126 Pérez-Liñán, 2007, pp.187~188.

127 미국 클린턴 탄핵의 경우, 1998년 중간선거가 탄핵을 쟁점으로 치러진 선거였다. 여당인 민주당이 하원 선거에서 예상 밖으로 5석을 늘리는 데 성공했다. 이는 1934년 이래로 집권당이 중간선거에서 의석을 잃지 않고 오히려 늘린 최초의 사례였다. 이 선거 결과가 상원의 탄핵심판에 영향을 미쳤을 것이다.

128 Tribe & Matz, 2018.

2장 돌아온 대통령

1 안병진, 2003, 57쪽.

2 2002년 4월 15일자 《중앙일보》 조사 결과다(안부근, 2003, 85쪽).

3 최규선은 김대중 대통령이 야당 총재이던 시절 보좌했던 참모다. 최규선 게이트는 그가 2002년 김대중 대통령의 아들 김홍걸에게 뇌물을 주고 체육 사업자 선정 등 각종 이권 사업을 따냈다는 의혹 사건을 말한다. 그는 검찰에 의해 기소됐고, 재판에서 유죄판결을 받았다. 이 사건으로 김대중 정부와 여당은 정치적으로 상당한 타격을 입었다.

4 홍삼 게이트는 2001~2002년 김대중 대통령의 세 아들(김홍일, 김홍업, 김홍걸)이 각각 비리에 연루되었다는 의혹을 받고 있던 까닭에 이를 하나로 묶어서 부르는 이름이다. 장남 김홍일은 기업체 사장에게서 인사 청탁과 함께 뇌물을 받은 혐의, 둘째 김홍업은 최규선에게서 뇌물 등을 받은 혐의가 있었다. 세 사람 모두 대법원에서 유죄판결이 확정됐다. 당시 야당이던 한나라당은 세 아들이 모두 '홍'자 돌림이라 '홍삼 트리오'라 부르며 파상적인 정치 공세를 펼쳤다. 홍삼 게이트로 인해 김대중 정부는 4년 차부터 20%대의 지지율에 머물렀다.

5 2002년 10월 8일자 《신동아》-KRC 조사 결과다.

6 한국의 구체제 엘리트들에게 노무현 대통령은 일시적 바람으로 인해 우연히 승리한 노사모의 대통령으로 간주됐다(안병진, 2004a).

7 최장집, 2004.

8 옷 로비 사건은 1999년 모 그룹 회장의 부인이 검찰 수사를 받고 있던 남편의 구명을 위해 검찰총장 부인의 옷값을 대신 내줬다는 의혹을 받은 사건으로 김대중 정부가 추락하는 결정적 계기가 되었다. 이 사건으로 김대중 정부의 지지율이 처음으로 50%대로 떨어졌고, 역사상 처음으로 특별검사 제도가 도입됐다.

9 Kada, 2003, p.138.

10 Pérez-Liñán, 2017, p.9.

11 재신임 관련 노 대통령의 발언은 다음과 같다. "측근 비리와 관련해 재신임 묻겠다."(《동아일보》, 2003년 10월 10일) "다른 정책과 연계하지 않는 순수 재신임 국민투표하자."(《조선일보》, 2003년 10월 13일)

12 김홍덕, 2006, pp.24~25.

13 탄핵소추의 가결을 위해서는 재석 271석의 2/3, 즉 181석이 필요했다. 당시 한나라당은 145석, 새천년민주당 62석, 자유민주연합이 10석이라 민주당의 협조 없이는 탄핵소추가 불가능했다.

14 이는 파라과이의 루고 대통령에 대한 탄핵에서 두 개의 주요 정당이 손을 잡은 것과 흡사하다. "행정부에 대한 이념적 적대감 때문에 자극받고, 선거에서의 득실 계산 때문에 용기를 얻은 전통의 두 정당 지도자들이 급속하게 연대해서 대통령에게 맞섰다."(Cerna Villagra and Solis Delgadillo, 2012. Pérez-Liñán, 2014, p.37에서 재인용)

15 이 문단에서 인용된 직접 언급은 《동아일보》 2004년 5월 6일자 "노무현 대통령 탄핵일지"에 따른 것이다.

16 박명림(2004)은 한나라당의 탄핵에 대해 '자폭적인 전략적 선택'이라고 규정하고, 이로 인해 시민 저항과 민주주의 발전을 불러왔다고 지적했다. 또 야당이 내부 리더십의 문제와 총선 준비라는 두 수준의 전략적 차원에서 탄핵을 선택한 것으로 파악했다.

17 박관용, 2005, p.33.

18 Pérez-Liñán, 2018, p.11.

19 2024년 2월 18일 발언과 24일 발언을 말한다. "개헌 저지선까지 무너지

면 그 뒤에 어떤 일이 생길지 나도 정말 말씀드릴 수가 없다."(경인지역 언론사 합동회견, 《경향신문》, 2004년 2월 18일자) "국민들이 총선에서 열린우리당을 압도적으로 지지해줄 것을 기대한다. 대통령이 뭘 잘해서 표를 얻을 수만 있다면 합법적인 모든 것을 다하고 싶다."(방송기자클럽 회견, 《한겨레》, 2004년 2월 24일자)

20 2004년 3월 4일 노 대통령은 청와대 홍보수석을 통해 선거 개입을 경고하는 중앙선관위의 결정에 대해 "납득할 수 없다"며 반발하는 한편, 선거법을 "관건 선거 시대의 유물"이라고 비판했다(《매일경제》 2004년 3월 4일자).

21 Sunstein, 1999, p.699.

22 Sunstein, 1998, p.279.

23 이후 9월 23일에 1명, 10월 14일에 1명, 11월 1일에 1명이 추가로 민주당을 탈당했고, 한나라당에서 탈당한 의원 5명, 개혁당 소속의 의원 2명이 합류해서 총 47명의 의원이 열린우리당을 창당하게 된다.

24 탈당 직후 새천년민주당은 정치 신의의 문제로 중간평가, 재신임을 물어야 한다고 주장했다.

25 박관용, 2005, 24쪽.

26 Gerhardt, 2000, p.313.

27 최한수, 2006, 15쪽.

28 헌법재판소, 2004.

29 김문수, 2018, 74쪽.

30 김용훈, 2017, 6쪽.

31 김하열, 2005, 129쪽.

32 주선회, 2007.

33 Tribe & Matz, 2018, p.42. 미국 헌법에서 'high'와 'crimes'를 결합해서 쓴 경우는 탄핵 조항이 유일하다고 한다. 그만큼 탄핵 사유를 매우 엄중한 범죄에 한정하려는 것이 헌법 입안자들의 의도라고 해석된다.

34 김종철, 2004, 11~12쪽.

35 게르하르트는 미국의 헌법상 탄핵 사유는 정치적 범죄이고, 정치적 범죄는

권력 남용이나 공직의 덕목이나 신뢰를 저버리는 위법행위를 뜻한다고 봤다. 그러면서 정치적 범죄가 탄핵 사유가 되는지 여부는 위법의 심각성뿐만 아니라 그 타이밍, 위법행위와 그 직이 요구하는 책임성이나 특별한 신뢰 간의 연계성, 다른 교정수단, 대중에게 끼친 해악의 정도 등을 고려해야 한다고 지적한다. 탄핵심판에서는 이처럼 엄밀한 고려와 신중한 판단이 필요하다. Gerhardt, 1999a, p.929.

36 최인화, 2018, 177쪽.

37 최장집, 2005, 64~65쪽.

38 Stoker, 2006, p.3.

39 Medvic, 2013, p.30.

40 Gerhardt, 2019, p.21.

41 당시 언론에서는 새정치국민회의(후에 새천년민주당으로 당명 변경)의 김대중(DJ)과 자유민주연합의 김종필(JP) 간의 선거·정치 연합을 DJP로 약칭하곤 했다.

42 원내총무란 호칭은 2003년 열린우리당의 창당 이후 원내대표로 바뀌었다. 당의 대표가 임명하던 방식에서 벗어나 의원들이 선출하는 방식으로 바뀌면서 그 권한이 세졌다. 이는 당시 원내정당론이란 이론적 기치 아래 이뤄진 정치 개혁의 일환이었다.

43 최한수, 2006, 109쪽.

44 김희민, 2013, 136쪽.

45 김승열, 2008, 149~150쪽.

46 탄핵을 스페인어로 judicio politico이라 하는데, 정치적 판단이라는 의미다. 연구자들은 스페인 용어가 탄핵의 의미를 가장 정확하게 표현한다고 말한다(Hochstetler, 2006; Marsteintredet et al., 2008).

47 Geyh, 2006, p.116.

48 Pérez-Liñán, 2007, pp.87~124.

49 김종철, 2004, 16~17쪽.

50 게르하르트는 미국 탄핵 역사의 교훈이 생각이 다르거나 정책적 차이 또는

사소한 판단 실수 때문에 공직자를 처벌하거나 보복하는 수단으로 사용해서는 안 된다고 지적했다. 또 탄핵이 주로 당파적 목적을 위해 사용되어서도 안 된다는 교훈도 지적했다. 공직자를 탄핵하려면 그의 부정이 공화국이나 헌정 체제에 심각한 손상을 끼쳐야 하고, 직무와 연관된 것이라야 한다는 조건을 제시했다. Gerhardt, 1999b, pp.624~625.

51 이동윤, 2005, 11쪽.

52 최장집, 2005, 64쪽.

53 조성대, 2004b, 66쪽.

54 이동윤, 2005, 20쪽.

55 강우진, 2016, 217쪽.

56 조진만·임성학, 2008, 214쪽.

57 강원택, 2005. 강우진, 2016.

58 대통령제의 이원적 정당성 때문에 입법부와 행정부 간의 경쟁은 어쩔 수 없다. 과거 군사 쿠데타로 집권한 권위주의 정부 시절에는 대통령이 취약한 정당성 때문에 제도적으로 야당(민주화 세력)의 정치적 운신이 보장되는 의회를 끊임없이 매도하는 캠페인을 펼쳤다. 이른바 '날치기'에 의한 법 통과도 대통령의 지시에 의한 것인데도 오히려 의회가 불신받는 효과를 낳았다. 의회 불신을 검토할 때는 이 두 가지 점을 고려해야 한다.

59 Llanos & Marsteintredet, 2010. Mejía Acosta & Polga-Hecimovich, 2011.

60 김근태, 2004.

61 참고로 노태우 대통령의 1년 차의 1분기와 4분기, 2년 차 1분기 지지율은 각각 29%, 41%, 45%였다. 이명박 대통령의 경우엔 각각 52%, 32%, 34%였고, 박근혜 대통령의 경우엔 각각 42%, 54%, 55%, 문재인 대통령의 경우엔 81%, 68%, 75%였다. 윤석열 대통령의 경우엔 50%, 34%, 33%였다. 이에 비춰 보면, 노 대통령은 시작은 괜찮았으나 곧바로 하락해 2년 차 4분기까지 앞뒤의 다른 대통령들보다 낮은 지지율을 보였다. 재임 중 수치상으로 노 대통령보다 낮은 지지율을 보인 대통령은 1년 차 2분기의 윤석열 대통령(29%, 당시 노 대통령은 40%), 3년 차 1분기의 윤석열 대통령(24%, 당시 노

대통령은 33%)뿐이다.

62 페레스-리냔(2007)의 분류에 따른 것.

63 Coslovsky, 2002, pp.8~9.

64 Pérez-Liñán, 2007, p.149.

65 이동윤, 2005, 22쪽. 비공식적 증언에 따르면 노 대통령도 탈당과 신당 창당에 반대했으나 의원들이 독자적으로 탈당을 결행하는 바람에 어쩔 수 없이 그 길로 나아가게 되었다고 한다. 노 대통령의 속내에 대해서는 당시나 그 후에도 한동안 언론의 관심사였다. 《월간조선》 2015년 9월호는 노 대통령이 탈당에 반대했고, 신당에도 어쩔 수 없이 따라간 것이라는 주장을 상세히 다루었다. 만약 이 주장이 진실에 더 부합한다면 탄핵 파동의 책임에서 친노 그룹도 자유로울 수 없다. 그들의 선택으로 인해 노 대통령의 탄핵 위기가 시작됐다고 볼 수 있기 때문이다.

66 윤종빈, 2005, 211쪽.

67 Sunstein, 1998.

68 김민영, 2004, 157쪽.

69 Taylor-Robinson & Ura, 2013.

70 강우진, 2017, 82쪽.

71 박상훈, 2017, 260쪽.

72 비토크라시는 프랜시스 후쿠야마가 고안한 개념으로 행정부와 입법부 또는 여야가 서로 비토권을 행사함으로써 정부가 기능 부전에 빠지는 거버넌스를 말한다. 통상 상대 정파의 정책과 주장을 모조리 거부하는 극단적 파당 정치로 해석된다. 후쿠야마 본인은 '거부에 의한 통치(rule by veto)'로 설명한다. Fukuyama, 2013.

73 최장집, 2004.

74 Pious, 1999, p.904.

75 조성대, 2004b, 80쪽.

76 정상호(2004)에 따르면 탄핵 시도에 영향을 미친 요인에 대한 연구는 세 가지 입장으로 분류할 수 있다. 첫째, 선거를 코앞에 두고 지지도의 정체·

하락으로 심각한 위기를 겪고 있었던 야당 전체의 국면 타개 방안으로 탄핵을 보는 시각이다. 둘째, 야 3당의 리더십 위기가 잠재적 위협 카드이던 탄핵을 실제 대안으로 현실화했다는 시각이다. 셋째, 탄핵을 사건의 최종 귀결이 아니라 권력구조 개편을 위한 출발점으로 보는 시각이다. 현실에선 세 입장이 착종돼 영향을 미쳤다.

77 안병진, 2004b, 30~31쪽.

78 윤종빈, 2005, 207쪽.

79 Pious, 1999.

80 Tribe & Matz, 2018, p.139.

3장 파면된 대통령

1 허준기·윤세라, 2018, 151~155쪽. 2024년에 나온 박근혜 회고록을 보면 박 대통령은 최소한 원내 1당은 차지할 것으로 예상했다. 그도 왜 패했는지 잘 알고 있었던 걸로 보인다. "결국 이런 이변은 선거를 앞두고 여권이 보여준 한심한 자중지란에 대한 국민의 준엄한 심판이었고, 궁극적으로 나의 책임으로 귀결될 수밖에 없는 패배였다."(박근혜, 2024, 242쪽)

2 '정치'는 의회를 존중하고, 여야 간의 대화와 타협을 통한 합의를 추구한다. 또 개인의 고집보다는 여론의 동향, 국민 정서를 중시한다. 이에 반해 '통치'는 권위와 지시를 앞세운다. 권력을 위임받은 대통령이 책임지고 밀어붙이는 방식이다. 의회 민주주의가 정치 모델이라면 위임 민주주의가 통치 모델이다. "위임 민주주의의 핵심 내용은 ① 대통령은 자신을 정당들 '위에' 존재하는 것으로 처신하며 ② 의회나 사법부와 같은 기구들을 귀찮은 존재로 간주하며 ③ 대통령과 그 보좌진들은 정치의 모든 것을 관장하며 ④ 대통령은 자신을 기존의 모든 정치 제도로부터 격리하고, 자신만이 정책에 유일하게 책임을 지는 사람으로 만든다."(스테판 & 스카시, 1994, 274쪽)

3 강원택, 2014.

4 세월호 참사는 인천에서 제주로 향하던 여객선 세월호가 2014년 4월 16일 진도 부근 해상에서 침몰하면서 단원고 학생 등 승객 304명이 사망·실종

된 대형 참사다. 이 참사에 대한 진상 규명과 책임자 처벌 등을 둘러싸고 여야 간에 심각한 갈등이 빚어졌다. 특히 정부의 무책임한 대응과 대통령의 리더십 부재를 비판하는 여론이 형성돼 정부·여당을 두고두고 괴롭혔다.

5 김동춘, 2017, 205쪽.

6 TV조선에서 이 취재팀을 이끌던 이진동 기자의 회고에 의하면 그들은 처음부터 이 사건이 '최순실의 국정농단'이라는 것을 알고 있었다. "박근혜 대통령을 등에 업고, 비선 실세로서 호가호위하는 최순실의 국정농단을 드러내는 게 취재의 목표다."(이진동, 2018, 15쪽) 그럼에도 보도에는 최순실의 실명을 쓰진 않았다.

7 화장품 회사 대표 정운호가 상습 해외 불법도박 혐의로 기소돼 전직 판사를 변호사를 고용했으나, 이 변호사가 정운호를 폭행 혐의로 고발하면서 터지게 된 법조 비리 사건이다. 현직 청와대 민정수석비서관, 현직 검사장, 게임회사 대표, 조선일보 주필 등이 거론됐다.

8 TV조선의 보도가 중단된 데에 대해 김의겸은 소식통에게서 들은 얘기를 통해 보수 진영의 내부 갈등으로 설명했다. "TV조선이 미르재단을 취재하니까 박근혜 대통령이 바짝 긴장했다. 자신의 정치적 생명과 관련된 사안이기 때문이다. 하지만 정면 대응을 할 수는 없었다. 그만큼 미르재단이 약점이 많기 때문이다. 그런데 반격의 기회가 왔다. 엉뚱하게도 조선일보가 우병우 민정수석의 처가 땅 문제를 보도한 것이다. 박 대통령으로서는 울고 싶던 차에 뺨을 때려준 꼴이다. 미르재단은 모르는 체하고 우병우 보도만을 문제 삼아 조선일보에 융단폭격을 퍼붓고 있는 것이다."(김의겸, 2017, 24쪽)

9 김의겸 외, 2016.

10 우상호, 2024, 185쪽.

11 우상호, 2017.

12 박 대통령은 취임 초부터 국회에서 개헌을 제안할 때까지 시종일관 부정적 입장을 밝혔었다. "민생이 어렵고 남북관계가 불안한데 개헌 논의가 블랙홀이 될 가능성이 있다."(2013년 4월) "민생 법안과 경제 살리기에 주력해야

하는데 개헌 논의 등 다른 곳으로 국가 역량을 분산시킬 경우 또 다른 경제의 블랙홀을 유발시킬 수 있다."(2014년 10월) "그동안 개헌과 관련해서 입장이 달라진 건 없다."(2016년 10월)

13 장윤선, 2016

14 2019년 3월 9일 JTBC가 보도한 김무성 의원의 인터뷰에 따르면, 당시 "박근혜 대통령이 탄핵당하길 기다렸다"고 한다. 노무현 대통령의 케이스처럼 헌재에서 기각당할 것으로 확신한 탓으로 추정된다. 그런데 3차 담화문에선 여당의 비박계 의원들의 요구를 수용해 탄핵을 저지하려고 시도했다. 박 대통령은 두 가지 대응책, 즉 헌재에서의 기각과 국회에서 탄핵소추 부결 사이에서 오락가락한 것으로 보인다.

15 이현우 외, 2017.

16 새누리당 내 김무성 등이 참여한 비상시국회의의 간사인 오신환 의원에 따르면, 11월 24일 탄핵 연판장에 찬성 의사를 밝힌 의원은 40명에 달했다. 이런 분위기가 대통령의 3차 담화로 흔들린 것이다.

17 우상호, 2017.

18 우상호, 2024, 199쪽.

19 Pious, 1999, pp.903~904에서 재인용

20 정영화, 2016, 247~256쪽.

21 ibid, p.257.

22 미국에서 닉슨 대통령에 대한 탄핵이 추진되는 과정에서 하원 법사위원회가 제출한 보고서의 결론 부분에 나오는 표현이다. House Judiciary Committee, 1974, p.26.

23 국가정보원 여론 조작 사건은 2012년 대선 기간 중 국정원 소속 심리정보국 소속 요원들이 국정원의 지시에 따라 인터넷에 게시글을 남김으로써 18대 대선에 개입했다는 사건을 일컫는다.

24 페레스-리냔, 2007.

25 강우진, 2017, 69~70쪽

26 Pérez-Liñán, 2003.

27 Pérez-Liñán, 2007, p.123.

28 이진동(2018)은 이에 대해 언론이 촛불을 만들고, 촛불은 박근혜를 심판했다고 표현했다.

29 허준기·윤세라, 2018, 165쪽.

30 최태민은 경찰을 지낸 전직 승려라고 하는데, 박근혜 대통령과는 박정희 대통령 시절부터 특수한 관계를 맺고 있었다고 알려진 인물이다. 2016년 11월 4일자 《조선일보》는 '노태우 정부 최태민 관련 조사 보고서'의 내용에 대해 보도했다. "보고서는 최 씨가 박 대통령이 이사장으로 있던 육영재단과 한국문화재단에 따로 사무실을 두고 박 대통령과 수시로 접촉하며 재단 운영에 개입했다고 했다. 최 씨가 측근을 재단 간부와 비서·경호원 등으로 근무하도록 해 박 대통령의 활동을 일일이 수집하는 식으로 재단 운영을 배후 조종했다는 것이다. 민정수석실은 당시 최 씨가 박 대통령 이동 시에 경호차까지 붙였다며 박 대통령이 탄 차를 뒤에서 따라가며 경호하는 차량 사진까지 첨부했다."

31 Kada, 2003, p.154.

32 우상호, 2024.

33 의원 명단은 다음과 같다. 김무성, 유승민, 강길부, 권성동, 김성태, 김세연, 김영우, 김재경, 김학용, 박성중, 박인숙, 여상규, 오신환, 유의동, 이군현, 이은재, 이종구, 이진복, 이학재, 이혜훈, 장제원, 정병국, 정양석, 정운천, 주호영, 하태경, 홍문표, 홍일표, 황영철.

34 Mustapic, 2010, p.24.

35 박소현 기자, "김무성, '대통령에게 저도 여러분도 속았다' 탄핵 요구", 《연합뉴스》, 2016년 11월 13일자.

36 Walter Ehrlich, 1974.

37 황대진·이옥진 기자, "지금 새누리론 어렵다, 다른 세력과 손잡아야", 《조선일보》, 2016년 10월 13일자.

38 신현철·전범주·추동훈 기자, "중도보수 대통합론 꺼낸 이정현 새누리당 대표", 《매일경제》, 2016년 10월 23일자.

39 “박근혜 ‘의리가 없으면 사람도 아니다’… 청산회 메시지”, 《뉴시스》, 2011년 12월 9일자.

40 김봉기 기자, “朴대통령, ‘배신·진실·은혜’ 1980년대부터 말했다”, 《조선일보》, 2015년 11월 13일자.

41 현재호, 2017.

42 Hochstetler, 2006. Pérez-Liñán, 2007.

43 최장집·박상훈, 2017, 50쪽.

44 이현우 외, 2017, 46쪽.

45 강우진, 2017, 76쪽.

46 김현진, 2017, 211~212쪽.

47 장훈, 2017, 39~61쪽.

48 Tribe & Matz, 2018, p.104.

4장 탄핵과 민주주의

1 박상훈, 2024.

2 레비츠키 & 지블랫, 2018.

3 선거가 아닌 방식으로 권력을 쟁취하거나 정치적으로 유리한 지형을 창출하기 위한 권력투쟁의 정치를 뜻한다. 주로 스캔들의 폭로(revelation), 수사(investigation), 기소(prosecution), 즉 ‘RIP’에 의해 정치적 변화를 도모하는 방식이다(Gisberg & Shefter, 2002).

4 Pérez-Liñán, 2007.

5 최장집·박상훈, 2017, 105쪽.

6 이지호 등, 2017.

7 김영삼 대통령은 자신의 아들이 관련된 부패 스캔들(한보 게이트)로 총체적 위기에 직면했고, ‘역사바로세우기’로 회복된 40%대의 지지율이 폭락했다. 김대중 대통령은 옷 로비 사건으로 한 차례 급락한 후 역시 아들들(이른바 홍삼 트리오)의 부패 스캔들(이용호·정현준·진성호 게이트)로 지지율이 20%대로 떨어졌다. 노무현 대통령도 임기 초반 측근 비리에 대한 수사로 지지율

이 거의 반 토막이 났다. 이처럼 한국의 국민은 권력 남용에 의한 비리나 부패에 유난히 민감하다. 이에 대해서는 정한울(2011)을 참고할 수 있다.

8 O'Donnell, 1994, p.62.

9 사법방패는 의회방패에 빗댄 표현이다. 사법부, 즉 헌재를 통한 탄핵 저지를 뜻한다. 이론적으로는 대통령이 헌법재판관을 임명하기 때문에 영향력을 행사할 수 있다. 게다가 정치적 양극화로 인해 진영 대결이 극심하고, 탄핵 찬반에 대한 여론이 팽팽한 경우도 가정할 수 있다. 사찰, 협박, 매수 등 공작정치를 일삼는 정보기관이 역할을 할 수도 있다. 다양한 네트워크를 통한 비공식적 압박, 거래 등 로비가 동원될 수도 있다. 어떤 방식을 취하든 헌법재판관을 움직여 탄핵을 막는 것이다. 9인 중 7인 이상이어야 탄핵심리가 가능하고, 6인의 동의가 있어야 인용 결정이 내려진다. 따라서 9인의 재판관 중 4인만 '포섭'하면 사법방패는 가능하다.

10 박상훈, 2017, 260쪽.

11 최장집·박상훈, 2017, 46쪽.

12 최장집, 2005, 17쪽.

13 박은정, 2010.

14 박종현, 2017.

15 Sartori, 1994.

16 함재학, 2010, 634쪽.

17 Gerhardt, 2019, p.183.

18 Sunstein,1998.

19 박근혜 탄핵이 한국 정치의 정서적 양극화, 진영 대결을 심화한 점 때문에 탄핵이 과연 바람직한 결과를 낳았는지 의문을 제기하기도 한다. 탄핵을 당한 쪽에서 보면 억울하고 보복의 기회를 노릴 수도 있다. 그러나 선거 패배와 마찬가지로 국민적 선택에 입각한 탄핵이면 수긍할 수밖에 없다. 한국 정치가 혐오와 적대의 정치로 변질된 원인은 탄핵 그 자체보다 검찰이 탄핵 과정에 개입해 박 대통령을 구속하고, 대통령 주변 인사들을 대거 형사처벌한 '수사 포퓰리즘'에 있다.

20 시간이 흐르면서 탄핵안이 제기되는 경우가 점점 늘어났다. 건국 후 162년 동안 하원에서 탄핵 결의안이 제출된 대통령은 5명에 불과했다. 1951년 이후 2021년까지 70년 동안에는 7명이었다.

21 Gerhardt, 2019, p.192.

22 Llanos & Pérez-Liñán, 2020, pp.1~9.

23 Williams, 2011.

나오며

1 김승일, 2024.

2 박상현, 2024.

참고문헌

국문 자료

- 가상준·노규형, 〈지지율로 본 노무현 대통령의 임기 5년〉, 《한국정당학회보》, 2010, 제9권 2호, 61~86쪽.
- 강우진, 〈한국 의회 불신의 결정 요인에 대한 연구〉, 《국제정치연구》, 2016, 제19권 1호, 215~244쪽.
- 〈87년 체제와 촛불시민혁명〉, 《정치비평》, 2017, 제10권 1호, 47~84쪽.
- 강원택, 《한국의 정치 개혁과 민주주의》, 2005, 인간사랑.
- 강정인, 〈민주화 이후 한국 정치에서 자유민주주의와 법치주의의 충돌〉, 《서울대학교 법학》, 2008, 제49권 3호, 40~75쪽.
- 국정홍보처, 《참여정부 국정운영백서 8》, 2008, 삼화인쇄.
- 국회도서관 입법조사국, 《중요 각국의 탄핵제도》, 1966.
- 김동춘, 〈촛불시위, 대통령 탄핵과 한국 정치의 새 국면〉, 《황해문화》, 2017, 제94권 1호, 202~220쪽.
- 김문수, 〈법치주의 관점에서 본 탄핵 결정 요건으로서 헌법·법률 위배의

중대성〉, 《연세 공공거버넌스와 법》, 2018, 제9권 1호, 59~82쪽
- 김민영, 〈탄핵무효운동은 우리에게 무엇이었나〉, 《시민과 세계》, 2004, 제6권, 154~171쪽.
- 김병호, 《탄핵으로 본 미국사》, 2023, 호메로스.
- 김선화, 〈미국 대통령 탄핵제도와 사례 분석〉, 《이슈와 논점》, 2019, 1630호.
- 김승렬, 〈대통령의 법률안 거부권에 관한 고찰〉, 《월간 법제》, 2008, 제4권, 130~192쪽.
- 김용훈, 〈탄핵심판제도의 입헌 취지 및 심리 방향성 소고〉, 《법학논총》, 2017, 제37집, 1~33쪽.
- 김종철, 〈노무현 대통령 탄핵심판사건에서 헌법재판소의 주요 논지에 대한 비판적 검토〉, 《세계헌법연구》, 2004, 제9권, 1~22쪽.
- 김하열, 〈탄핵심판에 관한 연구〉, 2005, 고려대학교 박사학위논문.
- 김태형, 《한국인의 마음속엔 우리가 있다》, 2023, 온더페이지.
- 김현진, 〈헌법재판소 탄핵 결정의 정치적 의미〉, 《기억과 전망》, 2017, 제37권, 174~236쪽.
- 〈대의정치와 헌법재판 - 헌법 소송의 정치적 동기 유형화〉, 2018, 서울대학교 박사학위논문.
- 김형준, 〈17대 총선과 세대: 정당 지지 분석을 중심으로〉, 《사회연구》, 2004, 제2권, 47~77쪽.
- 김홍덕, 〈2004년 대통령 탄핵 사태에 관한 게임이론적 분석〉, 2006, 성균관대학교 석사학위논문.
- 김희민, 《게임이론으로 푸는 한국의 민주주의》, 2013, 서울대학교출판문화원.
- 미치가미 히사시 지음, 윤현희 옮김, 《한국인만 모르는 일본과 중국》, 2016, 중앙북스.
- 문홍주, 〈탄핵제도〉, 《공법 연구》, 1971, 제1호, 5~22쪽.
- 박관용, 《다시 탄핵이 와도 나는 의사봉을 잡겠다》, 2005, 아침나라.
- 박근혜, 《어둠을 지나 미래로》, 2024, 중앙books.

- 박명림, 〈탄핵 사태와 한국 민주주의 – 의미와 파장〉,《당대비평》, 2004, 제26권. 27~41쪽
- 〈헌법, 헌법주의, 그리고 한국 민주주의: 2004년 노무현 대통령 탄핵 사태를 중심으로〉,《한국정치학회보》, 2005, 제39권 1호, 253~400쪽.
- 박명호, 〈17대 총선과 정당정치의 변화: 지역주의 정당체계와 관련하여〉,《정치정보연구》, 2004, 제7권 1호, 1~26쪽.
- 박상훈 외 3인, 〈촛불과 정치변화: 무엇이 바뀌었으며, 무엇을 바꿔야 하는가〉,《양손잡이 민주주의》, 2017, 후마니타스, 255~288쪽.
- 박은정, 〈'정치의 사법화'와 민주주의〉,《서울대학교 법학》, 2010, 제51권 1호, 1~26쪽.
- 박종현, 〈정치의 사법화의 메커니즘: 헌법 재판에 의한 정치의 사법화 현상에 대한 분석 및 평가〉,《법학연구》, 2017, 제27권 1호, 101~141쪽.
- 배종윤, 〈2004년 대통령 탄핵 사건과 정치의 사법화〉,《동서연구》, 2014, 제26권 3호, 185~214쪽.
- 법무부 장관,《2004헌나 대통령 탄핵 사건 의견서》, 2004.
- 송웅섭, 〈조선 성종대 전반 언론의 동향과 언론 관행의 형성〉,《한국문화》, 제50권, 27~55쪽.
- 스티븐 레비츠키·대니얼 지블랫 지음, 박세연 옮김,《어떻게 민주주의는 무너지는가》, 2018, 어크로스.
- 안병진, 〈16대 대선 캠페인 평가: 현대적 포퓰리즘의 등장〉 김세균 편,《16대 대선의 선거 과정과 의의》, 2003, 51~79쪽.
- 《노무현과 클린턴의 탄핵 정치학》, 2004a, 푸른길.
- 〈탄핵 이슈와 제17대 총선: 미국 1998년 중간선거와의 비교〉,《한국정치연구》, 2004b, 제13권 2호, 21~37쪽.
- 안부근, 〈16대 대선의 지지도 변화와 투표 결과〉 김세균 편,《16대 대선의 선거과정과 의의》, 2003, 81~101쪽.
- 알렉산더 해밀턴·제임스 메디슨
- 존 제이 지음, 박찬표 옮김,《페더럴 리스트》 2019, 후마니타스.

- 양건, 〈미국 헌법상 대통령과 의회의 권한 관계〉, 《공법연구》, 2002, 제31집 1호, 275~294쪽.
- 우상호, 《민주당 1999-2024》, 2024, 메디치.
- 유시민, 《그의 운명에 대한 아주 개인적인 생각》, 2024, 생각의길.
- 유진오, 《선고 헌법해의》, 1952, 일조각.
- 윤종빈, 〈17대 총선에서 나타난 탄핵 쟁점의 영향력 분석〉, 《한국정당학회보》, 2005, 제4권 1호, 205~227쪽.
- 음선필, 〈대통령 탄핵심판사건: 법치주의를 위한 변론〉, 《사회과학연구》, 2004, 제10권 1호, 145~176쪽.
- 이동윤, 〈대통령의 리더십과 의회정치: 노무현 대통령의 참여정부 전반기 평가〉, 《동서연구》, 2005, 제17권 2호, 5~34쪽.
- 이상윤, 〈미국 탄핵제도의 헌법적 연구〉, 《공법학연구》, 2006, 제7권 4호, 235~273쪽.
- 이준일, 《촛불의 헌법학》, 2017, 후마니타스.
- 이지호, 〈'박근혜 촛불', 누가 왜 참여했나〉, 《한국정치연구》, 제26권 2호, 75~102쪽.
- 이지호·이현우·서복경, 《탄핵 광장의 안과 밖》, 2017, 책담.
- 이진동, 《이렇게 시작되었다: 박근혜-최순실, 스캔들에서 게이트까지》, 2018, 개마고원.
- 이현우·이지호·서복경, 〈'촛불'·'맞불'집회에 대한 태도와 19대 대선〉, 《현대정치연구》, 2017, 제10권 2호, 43~74쪽.
- 장윤선, 《우리가 촛불이다》, 2018, 창비.
- 장인석, 〈영국 의회와 탄핵제도의 기원에 관한 연구〉, 《법학논총》, 1991. 제17권. 221~234쪽.
- 장훈, 〈촛불의 정치와 민주주의 이론: 현실과 이론, 사실과 가치의 긴장과 균형〉, 《의정연구》, 2017, 제23권, 2호, 39~65쪽.
- 정병기·도묘연·김찬우, 《2016~17년 촛불집회》, 경산: 영남대학교출판부.
- 정상호, 〈제도주의 관점에서 본 탄핵 사태의 분석〉, 《동향과 전망》, 2004,

제60권, 68~96쪽.
- 정영화, 〈대통령 탄핵, '중대한' 법 위반: 미국과 한국의 비교〉, 《미국헌법연구》, 2016, 제27권 3호, 241~277쪽.
- 정종섭, 〈탄핵심판에 있어 헌법재판소의 탄핵여부결정권〉, 《서울대학교 법학》, 2005, 제46권 1호, 514~544쪽.
- 〈탄핵제도와 헌법디자인〉, 《법과 사회》, 2006, 제30권, 141~173쪽.
- 정한울, 〈역대 정권 레임덕 현상과 4년 차 이명박 정부의 과제〉, 《EAI Opinion Review》, 2011, 동아시아연구원.
- 조너선 하이트 지음, 권오열 옮김, 《행복의 가설》, 2010, 물푸레.
- 조성대, 〈4·15총선과 한국 정치의 갈등 구조: 지역주의와 갈등의 대체〉, 《의정연구》, 2004a, 제10권 2호, 209~235쪽.
- 〈정치 이벤트, 정당 지지도, 그리고 17대 총선〉, 《21세기정치학회보》, 2004b, 제14권 3호, 63~81쪽.
- 조지형, 〈미국의 대통령 탄핵과 입헌취지〉, 《미국학논집》, 2004a, 제36권 3호, 324~353쪽.
- 《탄핵, 감시 권력인가 정치적 무기인가》, 2004b, 책세상.
- 조진만·임성학, 〈한국 국회의 불신에 영향을 미치는 정치적 요인 분석〉, 《정치정보연구》, 2008, 제11권 2호, 213~237쪽.
- 채명성, 《탄핵 인사이드 아웃》, 2019, 기파랑.
- 최선, 〈대통령 탄핵과 정치적 변화의 가능성〉, 《의정논총》, 2017, 제12권 2호, 137~161쪽.
- 최인화, 〈대통령 탄핵심판 제도의 문제점과 개선방안〉, 《서강법률논총》, 2018, 제7권 1호, 145~182쪽.
- 최장집, 《민주주의 이후의 민주화》, 2002, 후마니타스.
- 〈한국 민주주의의 제도적 결함…새로운 헌정 구조 모색을〉, 《교수신문》, 2004년 3월 18일자.
- 〈민주주의와 헌정주의: 미국과 한국 - 한국어판 서문〉, 로버트 달, 박수형·박상훈 옮김, 《미국 헌법과 민주주의》, 2005, 후마니타스, 7~69쪽.

- 최장집·박상훈·서복경·박찬표, 《양손잡이 민주주의》, 2017. 후마니타스, 7~69쪽.
- 최준영, 〈스캔들, 정치적 성과, 그리고 대통령 지지율: 미국의 경우〉, 《한국정당학회보》, 2014, 제13권 3호, 157~182쪽.
- 최한수, 〈노무현 대통령 탄핵에 관한 소고〉, 《대한정치학회보》, 2006, 제13권 3호, 97~119쪽.
- 최형익, 〈대통령과 탄핵, 4·15총선 그리고 한국 민주주의〉, 《문화과학》, 2004, 제38권, 280~291쪽.
- 《대통령제, 정치적인 너무나 정치적인》, 2013. 비르투.
- 한겨레신문 특별취재반, 《최순실 게이트》, 2017, 돌베개.
- 함재학, 〈헌법 재판의 정치성에 대하여〉, 《헌법학연구》, 2010, 제16권 3호, 613~649쪽.
- 허준기·윤세라, 〈2016~17년 촛불혁명의 정치적 기회구조와 시민사회운동 확장에 관한 연구〉, 《시민과 세계》, 2018, 제33권 2호, 141~171쪽.
- 헌법재판소, 《탄핵심판제도에 관한 연구》, 2001.
- 《'대통령(노무현) 탄핵' 헌재 결정문(2004헌나1)》, 2004
- 《'대통령(박근혜) 탄핵' 헌재 결정문(2016헌나1)》, 2017
- 현재호, 〈위임민주주의 관점에서 본 대통령제와 정당정치〉, 《동서연구》, 2017, 제29권 4호, 39~63쪽.
- 언론 보도
- 김승일 논설위원, "탄핵의 쓸모", 《부산일보》, 2024년 7월 7일자.
- 김의겸·김창금·방준호 기자, "K스포츠 이사장은 최순실 단골 마사지 센터장", 《한겨레》, 2016년 9월 20일자.
- 뉴시스, "윤 정부 출범 이후 야 탄핵만 18번, 문재인 정부 때의 3배… 일상화돼버린 탄핵", 2024년 8월 4일자.
- 이진우, "'뉴노멀'이 된 탄핵 정치", 《경향신문》, 2024년 8월 6일자.
- 박상훈, "우리 국회, 잘하고 있는 걸까", 《중앙일보》, 2024년 7월 23일자.
- 박상현, "J.D. 밴스의 전향", 〈OTTER LETTER〉, 2024년 7월 31일자.

- 박소현 기자, "김무성 '대통령에게 저도 여러분도 속았다' 탄핵 요구", 《매일경제》, 2016년 11월 13일자.
- 박창식 기자, "서운한 DJ를 활짝 웃게 하라", 《한겨레21》 김근태 인터뷰, 2004년 1월 29일자.
- 송두율, "탄핵과 협치", 《경향신문》, 2024년 7월 31일자.
- 신현철·전범주·추동훈, "중도보수 대통합론 꺼낸 이정현 새누리당 대표", 《매일경제》, 2016년 10월 23일자.
- 정의길 기자, "트럼프 '탄핵 전쟁'은 끝나지 않았다", 《한겨레21》, 2020년 2월 14일자.
- 조용우 기자, "2004년 탄핵심판 주심 주선회 전 헌재 재판관 인터뷰", 《동아일보》, 2007년 6월 12일자
- 조성식, "탄핵의 필요조건과 충분조건", 《오마이뉴스》, 2024년 8월 5일자.
- 천관율 기자, "우상호 '이제는 말할 수 있다, 탄핵안 가결 막전 막후'", 《시사in》, 2017년. 11월 7일자.
- 최민우 기자, "제왕적 대통령제 특성 뚜렷… 행정부 법안 가결률 나쁘지 않아" 中 강원택 발언, 《중앙일보》, 2014년 1월 26일자.
- 최재혁, "박근혜 정부는 왜 무너졌겠나", 《조선일보》, 2024년 7월 12일자.
- 한규섭, "뉴노멀된 한국적 '탄핵 민주주의'", 《동아일보》, 2024년 8월 5일자.
- 황대진·이옥진 기자, "지금 새누리론 어렵다, 다른 세력과 손잡아야", 《조선일보》, 2016년 10월 13일자.
- CBS 라디오, 〈김현정의 뉴스쇼〉, 2016년 11월 22일자.

영문 자료

- Alvarez, M. E. and Marsteintredet, L. "Presidential and Democratic Breakdowns in Latin America: Similar Causes, Different Outcomes." in *Presidential Breakdowns in Latin America: Causes and Outcomes of Executive Instability in Developing Democracies*, ed. M. Llanos and L. Marsteintredet, 2010, New York: Palgrave Macmillan. pp.33~52.

- Barker, Scott S. *Impeachment - A Political Sword*, 2018, History Publishing Company LLC.
- Baumgartner, Jody C. and Naoko Kada. *Checking Executive Power: Presidential Impeachment in Comparative Perspective*, 2003, Praeger: Westport.
- Baumgartner, Jody C. "Introduction: Comparative Presidential Impeachment." In *Checking Executive Power: Presidential Impeachment in Comparative Perspective*, ed. J. Baungartner and N. Kada, 2003, Praeger: Westport, pp.1~19.
- Thompson, Benjamin. "Political Theories of Presidential Impeachment." 《대한정치학회보》, 30집 1호, 2022, pp. 221~248.
- Berger, Raul. *Impeachment: The Constitutional Problems*, Harvard University Press, 1973.
- Buitrage, Miguel A. "Civil Society, Social Protest, and Presidential Breakdown in Bolivia." in *Presidential Breakdowns in Latin America: Causes and Outcomes of Executive Instability in Developing Democracies*, ed. M. Llanos and L. Marsteintredet, 2010, New York: Palgrave Macmillan, pp.91~107.
- Carey, John M. "Legislature and Political Accountability: Building Credibility." *ReVista: Harvard Review of Latin America*, (Fall), 2002, pp.32~34.
- Cheibub, Jose, Adam Przeworski and Sebastian Saiegh. "Government Coalitions and Legislative Success under Parliamentarism and Presidentialism." *British Journal of Political Science*, 2004, Vol.34, No4, pp.565~587.
- Chemerinsky, Erwin. *Constitutional Law*, 2002, Aspen Law & Business.
- Cheibub, Jose. 2002. "Minority Government, Deadlock Situations, and the Survival of Presidential Democracies." *Comparative Political Studies*, Vol.35, No3, pp.284~312.
- Cheney, Liz, Oath and Honor: A Memoir and a Warning, 2023, Little, Brown & Company.

- Coslovsky, Salo Vinocur. *Neoliberalism, Populism, and Presidential Impeachments in Latin America*, 2002, M.A. thesis. Turf University.
- Edwards, M. E. "Understanding Presidential Failure in South America." *Latin American Politics and Society*, 2015, Vol.57, No2, pp.111~131.
- Ehrlich, Walter. *Presidential Impeachment: An American Dilemma*, 1974, Saint Charles, MO: Forum Press.
- Elgie, Robert. "From Linz to Tsebelis: Three Waves of Presidential/Parliamentary Studies?", *Democratization*, 2005, Vol.12, No1, pp.106~122.
- Figueiredo, "The Coloor Impeachment and Presidential Government in Brazil." in *Presidential Breakdowns in Latin America: Causes and Outcomes of Executive Instability in Developing Democracies*, ed. M. Llanos and L. Marsteintredet, 2010, pp.111~127, New York: Palgrave Macmillan.
- Fukuyama, Francis, "The Decay of American Political Institutions." 2013, *The American Interest*, vol.9. no.3.
- Fukuyama, Francis, Bjorn Dressel, Boo-Seung Chang. "Facing the Perils of Presidentialism." *Journal of Democracy*, 2005, Vol.16, No.2, pp.102~116.
- Gerhardt, Michael J. "Putting the Law of Impeachment in Perspective." *Saint Louis University Law Journal*, 1999a, Vol.43, pp.905~930.
- ________________. "The Lessons of Impeachment History." *The George Washington Law Review*, 1999b, Vol.67, No3, pp.603~625.
- ________________. "The Perils of Presidential Impeachment." *The University of Chicago Law Review*, 2000, Vol.67, pp.293~313.
- ________________. *Impeachment*, 2018, Oxford University Press.
- ________________. *The Federal Impeachment Process: A Constitutional and Historical Analysis, Third Edition*, 2019, Chicago & London: University of Chicago Press.
- Gerring, J., Bond, P., Barndt, W. T. and Moreno, C. "Democracy and Economic Growth: A Historical Perspective." *World Politics*, 2005, Vol.57, No3,

pp.323~364.

- ____."Democracy and Economic Growth." *World Politics*, Vol.57, No3, pp.323~364.
- Geyh, Charles G. *When Courts & Congress Collide: The Struggle for Control of America's Judicial System*, 2006, The University of Michigan Press.
- Ginsberg, Benjamin and Martin Shefter. *Politics by Other Means*, 2002, New York·London: W. W. Norton & Company.
- Guillermo O'Donnell. "Delegative Democracy." *Journal of Democracy*, 1994, Vol.5, No1, pp.55~69.
- Hinojosam Victor J. and A. Pérez-Liñán. "Presidential Impeachment and the Politics of Survival: The Case of Colombia." In *Checking Executive Power: Presidential Impeachment in Comparative Perspective*, ed. J. Baungartner and N. Kada, 2003, Praeger: Westport, pp.65~79.
- ________________________________. "Presidential Survival and Impeachment Process: The United States and Colombia." *Political Science Quarterly* 2006, Vol.121, No4, pp.653~675.
- Hochstetler, K. "Rethinking Presidentialism: Challenges and Presidential Falls in South America." *Comparative Politics*, 2006, Vol.38, No4, pp.401~418.
- __________. "The Fate of Presidents in Post-Transition Latin America: From Democratic Breakdown to Impeachment to Presidential Breakdown." *Journal of Politics in Latin America*, 2011, Vol.3, No1, pp.125~141.
- Hochstetler, K. and David Samuels. "Crisis and Reequilibration: The Consequence of Presidential Challenge and Failure in Latin America." *Comparative Politics*, 2011, Vol.43, No2, pp.127~145.
- Hochstetler, K. and M. E. Edwards. "Failed Presidencies: Identifying and Explaining A South American Anomaly." *Journal of Politics in Latin America*, 2009, Vol.1, No2, pp.31~57.
- House Judiciary Committee. "Constitutional Grounds for Presidential

Impeachment.", 1974.

- Kada, Naoko. *Political Impeachment in Latin America.* 2002, Unpublished doctoral dissertation. University of California, Sandiego.
- __________. "Comparative Presidential Impeachment: Conclusions." In *Checking Executive Power: Presidential Impeachment in Comparative Perspective*, ed. J. Baungartner and N. Kada, 2003, pp.137~156. Praeger: Westport.
- Kernell, Samuel. *Going Public: New Strategies of President leadership*, 2006, CQ Press.
- Kim, Young Hun and Donna Bahry. "Interrupted Presidencies in Third Wave Democracies." *Journal of Politics*, 2008, Vol. 70, No3, pp.807~822.
- Kim, Young Hun. "Impeachment and Presidential Politics in New Democracies." *Democratization*, 2014, Vol.21, No3, pp.519~553.
- Levitsky, Steven and Daniel Ziblatt. *How Democracies Die.* 스티븐 레비츠키·대니얼 지블랫 지음, 박세연 옮김, 《어떻게 민주주의는 무너지는가》, 2018, 어크로스.
- Linz, Juan. *The Breakdown of Democratic Regimes*, 1978, Baltimore: Johns Hopkins University Press.
- ________. *The Perils of Presidentialism.* 1990, The Johns Hopkins University Press.
- Lilla, ark. The Once and Future Liberal. 2017, Harpercollins Publishers.
- Linz, Juan J. "Presidential or Parliamentary Democracy: Does It Make a Difference?" In *The Failure of presidential democracy*, ed. J. J. Linz and A. Valenzuela, 1994, Baltimore, Md.: Johns Hopkins University Press, pp.3~90.
- Linz, Juan J., Arturo Valenzuela, *The Failure of Presidential Democracy: Comparative Perspectives*, 린츠·바레주엘라. 신명순·조정관 공역, 《내각제와 대통령제》, 1994, 나남출판, pp.31~194.
- Llanos, M. and Leiv Marsteintredet. *Presidential Breakdowns in Latin America: Causes and Outcomes of Executive Instability in Developing Democracies.* 2010, New

York: Palgrave Macmillan.

- Llanos, Maria and Leiv Marsteintredet. "Conclusion: Presidential Breakdown Reconsidered." In *Presidential Breakdowns in Latin America: Causes and Outcomes of Executive Instability in Developing Democracies*, ed. M. Llanos and L. Marsteintredet, 2010, New York: Palgrave Macmillan, pp.213~228.
- ______________________________. "Introduction: Presidentialism and Presidential Breakdown in Latin America." In *Presidential Breakdowns in Latin America: Causes and Outcomes of Executive Instability in Developing Democracies*, ed. M. Llanos and L. Marsteintredet, 2010, New York: Palgrave Macmillan, pp.1~13.
- Llanos, Mariana & Pérez-Liñán. "Oversight or Representation? Public Opinion and Impeachment Resolutions in Argentina and Brazil." *Legislative Studies Quarterly*, 2020, Vol. 45, No1, pp.1~32.
- Llanos, Mariana, and Ana Margheritis. "Why do Presidents Fail? Political Leadership and the Argentine Crisis(1999-2001)." *Studies in Comparative International Development*, 2006, Vol. 40, No4, pp.77~103.
- Mainwaring, Scott and Matthew Shugart. 1997. "Juan Linz, Presidentialism, and Democracy." *Comparative Politics*, Vol. 29, No4, pp.449~471.
- Marsteintredet, Leiv and Fredrik Uggla. "Allies and Traitors: Vice-Presidents in Latin America." *Journal of Latin American Studies*, 2019, Vol.51, No3, pp.665~688.
- Marsteintredet, Leiv, Mariana Llanos, and Detlef Notle. "Paraguay and the Politics of Impeachment," *Journal of Democracy*, 2013, Vol. 24, No4, pp.110~123.
- Marsteintredet, Leiv. "Executive-Legislative Deadlocks in the Dominican Republic." *Latin American Politics and Society*, 2008, Vol. 50, No2, pp.131~160.
- ______________. "Reducing the Perils of Presidentialism in Latin America Through Presidential Interruptions." *Comparative Politics*, 2008,

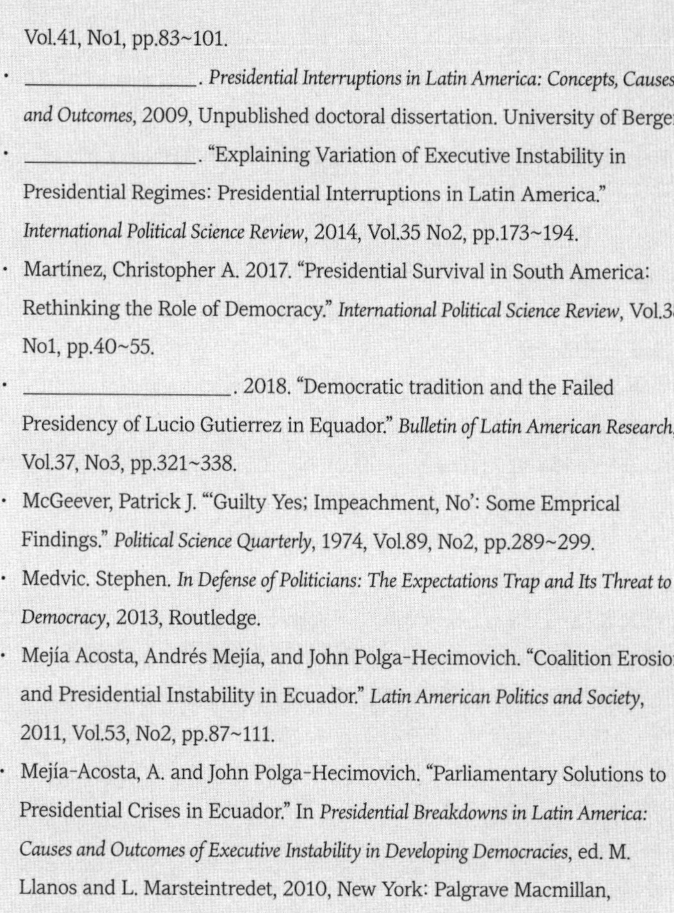

Vol.41, No1, pp.83~101.

- ________________. *Presidential Interruptions in Latin America: Concepts, Causes, and Outcomes*, 2009, Unpublished doctoral dissertation. University of Bergen.
- ________________. "Explaining Variation of Executive Instability in Presidential Regimes: Presidential Interruptions in Latin America." *International Political Science Review*, 2014, Vol.35 No2, pp.173~194.
- Martínez, Christopher A. 2017. "Presidential Survival in South America: Rethinking the Role of Democracy." *International Political Science Review*, Vol.38, No1, pp.40~55.
- ____________________. 2018. "Democratic tradition and the Failed Presidency of Lucio Gutierrez in Equador." *Bulletin of Latin American Research*, Vol.37, No3, pp.321~338.
- McGeever, Patrick J. "'Guilty Yes; Impeachment, No': Some Emprical Findings." *Political Science Quarterly*, 1974, Vol.89, No2, pp.289~299.
- Medvic. Stephen. *In Defense of Politicians: The Expectations Trap and Its Threat to Democracy*, 2013, Routledge.
- Mejía Acosta, Andrés Mejía, and John Polga-Hecimovich. "Coalition Erosion and Presidential Instability in Ecuador." *Latin American Politics and Society*, 2011, Vol.53, No2, pp.87~111.
- Mejía-Acosta, A. and John Polga-Hecimovich. "Parliamentary Solutions to Presidential Crises in Ecuador." In *Presidential Breakdowns in Latin America: Causes and Outcomes of Executive Instability in Developing Democracies*, ed. M. Llanos and L. Marsteintredet, 2010, New York: Palgrave Macmillan, pp.73~90.
- Morgenstern, Scott, Juan Negri and A. Pérez-Liñán. "Parliamentary Opposition in Non-Parliamentary Regimes: Latin America." *The Journal of Legislative Studies*, 2008. Vol.14, No1/2, pp.160~189.
- Mustapic, Ana M. "Presidentialism and Early Exits: The Role of Congress."

In *Presidential Breakdowns in Latin America: Causes and Outcomes of Executive Instability in Developing Democracies*, ed. M. Llanos and L. Marsteintredet, 2010, New York: Palgrave Macmillan, pp.17~32.

- Negretto, Gabriel. "Minority Presidents and Democratic Performance in Latin America." *Latin American Politics and Society*, 2006, Vol.48, No3, pp.63~92.
- Neto, Amorim O. "The Presidential Calculus Executive Policy Making and Cabinet Formation in the Americas." *Comparative Political Studies*, 2006, Vol.39, No4, pp.415~440.
- Nolte, Detlef, 2010, "Paraguay: The President in his General's Labyrinth", in *Presidential Breakdowns in Latin America: Causes and Outcomes of Executive Instability in Developing Democracies*, ed. M. Llanos and L. Marsteintredet, 2010, pp.147~161, New York: Palgrave Macmillan.
- O'Donnell, Guillermo. "Delegative Democracy." *Journal of Democracy*, 1994, Vol.5, No1, pp.55~69.
- Park, Nathan, "A few helpful tips from Seoul on how to impeach a president," The Washington Post. 2017년 7월 27일자.
- Perkins, William B. "The Political Nature of Presidential Impeachment in the United States." In *Checking Executive Power: Presidential Impeachment in Comparative Perspective*, ed. J. Baungartner and N. Kada, 2003, Praeger: Westport, pp.11~44.
- Pious, Richard M. "Impeaching the President: The Intersection of Constitutional and Popular Law." *Saint Louis University Law Journal*, 1999, Vol.43, No3, pp.59~904.
- Posner, Richard A. *An Affair of State: The Investigation, Impeachment, and Trial of President Clinton*, 1999, Cambridge, MA: Harvard University.
- Pérez-Liñán, A. "Presidential Crises and Democratic Accountability in Latin America, 1990~1999." In *Whose Justice? What Justice? Fighting for Fairness in*

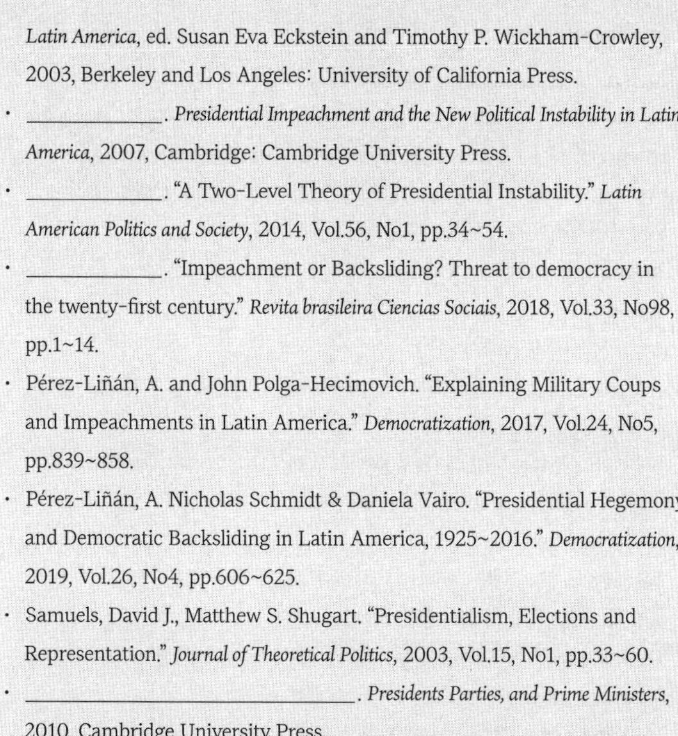

Latin America, ed. Susan Eva Eckstein and Timothy P. Wickham-Crowley, 2003, Berkeley and Los Angeles: University of California Press.

- ______________. *Presidential Impeachment and the New Political Instability in Latin America*, 2007, Cambridge: Cambridge University Press.
- ______________. "A Two-Level Theory of Presidential Instability." *Latin American Politics and Society*, 2014, Vol.56, No1, pp.34~54.
- ______________. "Impeachment or Backsliding? Threat to democracy in the twenty-first century." *Revita brasileira Ciencias Sociais*, 2018, Vol.33, No98, pp.1~14.
- Pérez-Liñán, A. and John Polga-Hecimovich. "Explaining Military Coups and Impeachments in Latin America." *Democratization*, 2017, Vol.24, No5, pp.839~858.
- Pérez-Liñán, A. Nicholas Schmidt & Daniela Vairo. "Presidential Hegemony and Democratic Backsliding in Latin America, 1925~2016." *Democratization*, 2019, Vol.26, No4, pp.606~625.
- Samuels, David J., Matthew S. Shugart. "Presidentialism, Elections and Representation." *Journal of Theoretical Politics*, 2003, Vol.15, No1, pp.33~60.
- ________________________________. *Presidents Parties, and Prime Ministers*, 2010, Cambridge University Press.
- Sartori, Giovanni. *Comparative Constitutional Engineering*, 1997, New York: New York University Press.
- Shugart, Matthew S. and John Carey. *Presidents and Assemblies: Constitutional Design and Electoral Dynamics*, 1992, Cambridge: Cambridge University Press.
- Smulovitz, Catalina and Enrique Peruzzoti. "Societal Accountability in Latin America." *Journal of Democracy*, 2000, Vol.11, No4, pp.147~158.
- Stepan, Alfred and Cindy Skach. "Constitutional Frameworks and Democratic Consolidation: Parliamentarism versus Presidentialism." *World Politics*, 1993, Vol.46, No1, pp.1~22. 스테판·스카시. "대통령제와 내각제:

비교적 시각." 1994.

- ____________________. Presidentialism and Parliamentalism in Comparative Perspective. *In The Failure of Presidential Dmeocracy: Comparative Perspectives*, ed. J. J. Linz and A. Valenzuela, 1994, Baltimore, Md.: Johns Hopkins University Press, pp.119~137. 린츠·바레주엘라. 신명순·조정관 공역, 《내각제와 대통령제》, 나남출판, pp.247~279.
- Stoker, Gerry. *Why Politics Matters*, 2006, Palgrave.
- Sunstein, Cass R. "Impeaching The President." *University of Pennsylvania Law Review 147*, 1998, pp.279~315.
- ______________. "Impeachment and Stability." *The George Washington Law Review*, 1999, Vol.67, No3, pp.699~711.
- Taylor-Robinson, Michelle and Joseph Daniel Ura. "Public Opinion and Conflict in the Separation of Powers." *Journal of Theoretical Politics*, 2013, Vol.25, No1, pp.1~23.
- Tocqueville, Alexis de. *Democracy in America1*, 알렉시스 드 토크빌. 이용재 옮김. 《아메리카의 민주주의1》, 2018, 아카넷.
- Tribe, Laurence and Joshua Matz. *To End Presidency*, 2018, New York: Basic Books.
- Tsebelis, George. "Decision-Making in Political Systems: Veto Players in Presidentialism, Parliamentarism, Multicameralism, and Multipartyism." *British Journal of Political Science*, 1995, Vol.25, No3, pp.289~325.
- Valenzuela, Arturo. "Latin American Presidencies Interrupted." *Journal of Democracy*, 2004, Vol.15, No4, pp.5~19.
- Weyland, Kurt. "Limitations of Rational-choice Institutionalism for the Study of Latin American Politics," *Studies in Comparative International Development*, 2002, Vol.37, No1, pp.57~85.
- Williams, Laron K. "Unsuccessful Success? Failed No-Confidence Motions, Competence Signals, and Electoral Support." *Comparative Political Studies*, 2011,

Vol.44, pp.1474~1499.

- Young Hun Kim. "Impeachment and Presidential Politics in New Democracies." *Democratization*, 2014, Vol.21, No3, pp.519~553.
- Zamosc, Leon. "Popular Impeachment: Ecuador in Comparative Perspective." In *Shifting Frontiers of Citizenship: The Latin American Experience*, ed. M. Sznajder, L. Roniger and C. A. Forment. Brill, 2012, pp.237~266.

그림·표 목록

나쁜 권력은 어떻게 무너지는가

탄핵의 정치학

초판 1쇄 2024년 11월 6일 발행
초판 2쇄 2024년 11월 29일 발행

지은이 이철희
펴낸이 김현종
출판본부장 배소라 **책임편집** 황정원 **디자인** 김기현
마케팅 안형태 김예리 **경영지원** 박정아

펴낸곳 ㈜메디치미디어
출판등록 2008년 8월 20일 제300-2008-76호
주소 서울특별시 중구 중림로7길 4, 1층
전화 02-735-3308 **팩스** 02-735-3309
이메일 medicimedicimedia.co.kr **홈페이지** medicimedia.co.kr
페이스북 medicimedia **인스타그램** medicimedia

ISBN 979-11-5706-377-2(03340)